中国社会科学院大学卓越人才项目"儿童经济保障发展战略与路径研究"
中国社会科学院国情调研重大项目"加快建立中国特色医疗保障制度调研"

中国儿童福利与保护改革研究

薛在兴◎编著

ZHONGGUO ERTONG
FULI YU BAOHU GAIGE YANJIU

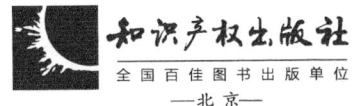

全国百佳图书出版单位
—北京—

图书在版编目（CIP）数据

中国儿童福利与保护改革研究/薛在兴编著． —北京：知识产权出版社，2019.12
ISBN 978-7-5130-6673-0

Ⅰ.①中… Ⅱ.①薛… Ⅲ.①儿童福利—福利政策—研究—中国 Ⅳ.①D632.1

中国版本图书馆 CIP 数据核字（2019）第 278882 号

内容提要

本书旨在为新时期完善我国儿童福利和保护政策提供总体思路和具体建议。内容包括对现行儿童福利和保护政策的梳理和问题分析，探讨儿童福利和保护改革试点的经验与不足，提出我国儿童福利和保护政策的总体设想，并提出完善相关政策的可行建议。

策划编辑：蔡　虹　　　　　　　　责任校对：谷　洋
责任编辑：韩　冰　　　　　　　　责任印制：孙婷婷

中国儿童福利与保护改革研究
薛在兴　编著

出版发行：	知识产权出版社 有限责任公司	网　　址：	http：//www.ipph.cn
社　　址：	北京市海淀区气象路50号院	邮　　编：	100081
责编电话：	010-82000860 转 8126	责编邮箱：	hanbing@cnipr.com
发行电话：	010-82000860 转 8101/8102	发行传真：	010-82000893/82005070/82000270
印　　刷：	北京九州迅驰传媒文化有限公司	经　　销：	各大网上书店、新华书店及相关专业书店
开　　本：	720mm×1000mm　1/16	印　　张：	16.5
版　　次：	2019年12月第1版	印　　次：	2019年12月第1次印刷
字　　数：	250千字	定　　价：	69.00元
ISBN 978-7-5130-6673-0			

出版权专有　侵权必究
如有印装质量问题，本社负责调换。

序

儿童是祖国的未来，每个儿童都是，不管他是智商超群、多才多艺，还是调皮捣蛋，抑或残障。遗憾的是，有多少人能从内心里认识到并认可这一点？成王败寇的思想深入我们的骨髓，我们的文化当中缺少对失败和多样性的宽容。在家庭里，我们都希望生一个聪明的孩子，希望自己的孩子将来出人头地。这原是人类的本能，是社会进步的力量源泉。但如同赛跑，总有一些人会落在后面。我们在为胜利者喝彩的时候，是如何看待失败者的呢？嘲弄还是同情？假如我们第二天在足球赛场上看到昨天赛跑的失败者大放异彩，带领球队夺冠，我们又该如何看待田径场上的他呢？是的，天生我材必有用。每个孩子都有自己的特长，根据他的禀赋来培养，他就会成为一个对社会有用的人。但我们的社会界定成功的标准还是很单一，判断孩子成功的标准就更是苛刻了。如同爱因斯坦所说，每个人都是天才，但是你如果以爬树的本领来判断一条鱼的本领，那它终其一生都会以为自己是个笨蛋。

退一步讲，如果这个孩子不管用哪一条标准来衡量都不是一个成功者，我们又该如何看待他呢？我们当然会有不甘心、失望。但是孩子希望我们如何看待他呢？成人也经常有失败的时候，我们希望别人如何看待自己呢？特别是自己至亲的人。我想不仅仅是安慰和鼓励，我们更需要的是理解和认可。你已经尽力了，这就够了。丑小鸭变成白天鹅的故事很美，但是如果它就是一只丑鸭，我们可以从生物多样性的角度去允许它甚至欣赏它吗？儿童亦是如此。育儿焦虑在很大程度上源于成人之间的竞争。不管我们在社会竞争中是成功者还是失败者，我们都不希望孩子输在起跑线上。但是，我们之所以组成社会，是因为我们是命运共同体。因此，我们需要一种超个人的力量来尽可能地保证每个孩子都处在同一起跑线上，帮助那些不善奔跑的孩子也能分享运动的快乐。这种超个人的力量就是政府和第三部门。他们帮助儿童的制度性安排和服务就是社会福利。如何帮助？有两种基本的范式。一种方式是向所有的儿童提供均等的津贴和服务，这是普惠型儿童福利；另一种方式是只向困境儿童提供救助和服务，这是残补型儿童福利。两种类型的儿童福利分野的根源在于对家庭和政府承担儿童责任的理解不同。普惠型儿童福利从公民权理论出发，强调的是儿童权利和政府对每个儿童的责任；残补型儿童福利则强调家庭在儿童养育方面的首要责任，政府只有在家庭失灵的时候才会介入。

除了政府和家庭的关系之外，儿童和父母的关系是什么？这就涉及儿童观的问题。是将孩子仅仅看成家长的附属品，还是看作独立的人？作为家长的附属品，家长有权利决定孩子的一切。孩子的表现不仅是他个人的问题，更关系到整个家庭以及家长的面子问题。因此，家长很难接受一个不完美的孩子，会竭尽全力地确保孩子在自己预定的轨道上运行。相反，如果我们能够承认并尊重孩子的独立人格，那我们就可以更好地理解家长的责任：我们是园丁而不是魔法师，我们需要对孩子细心呵护而不是按照我们想要的样子去塑造他。

与成人相比，儿童只是在能力上有不足，但在人格上是一样的，他们也是有权利的人。承认儿童权利、尊重每个孩子的独立人格、儿童利益最大化，这正是儿童保护的要义所在。当然，这并不意味着要求家长对孩子放手不管。事实上，呵护和管教对孩子成长同样是重要的。但是，管教应该是建立在平等和尊重基础之上的，儿童有权利要求他们的父母履行抚养其成人的责任，有权利对家庭暴力说不。但儿童是弱小的，他们还不具有完全能力来维护自己的权利。因此，全社会都有责任保护儿童，不得使其受到任何形式的身心摧残、伤害或凌辱。这是联合国《儿童权利公约》和我国《未成年人保护法》规定的儿童的基本权利。当然，父母和孩子不是天生的敌人，政府也不应该只做裁判者和监督者。国家和社会应当是家庭育儿的协作者。当家庭育儿有困难时，社会就应该伸出关爱之手，和家长一起共同把孩子抚养成人。这就是社会的责任。所以,《儿童权利公约》规定:为保证和促进本公约所列举的权利,缔约国应在父母和法定监护人履行其抚养儿童的责任方面给予适当协助,并应确保发展育儿机构、设施和服务。这就回到了儿童福利。可见,儿童福利和儿童保护是唇齿相依,不可分割的。

我国历来重视儿童利益。我国第一部《宪法》就明确规定:婚姻、家庭、母亲和儿童受国家保护。在文化上,我国同西方国家有根本的不同。我国的儿童福利是建立在亲密的家庭关系基础之上的,它在总体上是属于残补型的。但随着我国现代化进程的加快,这种模式的儿童福利遇到越来越多的挑战。第一,家庭小型化、女性高就业率和家长外出务工使家庭育儿功能大大削弱;第二,封闭式的、远离社区和家庭的、以儿童福利院和未成年人保护中心为代表的儿童机构养育模式越来越不能适应时代的要求;第三,碎片化的管理体制和行政化的福利递送体系与儿童综合性、个别化的需求之间的矛盾日益凸显。2010年以来,民政部先后开展了适度普惠儿童福利制度改革和未成年人社会保护改革试点工作,国务院先后出台《关于加强农村留守儿童关爱保护工作的意见》和《关于加强困境儿童保障工作的意见》两个重要文件。儿童福利和保护改革取得了积极成效,但一些根本性的问题,如模式选择、法制建设、管理体制和队伍建设等尚未得到有效解决,改革任重而道远。

本书结合我国当前社会经济新形势,分析了儿童福利和保护改革的机遇和限制;详细梳理了我国儿童福利和保护的相关政策,分析了我国儿童福利和保护改革的成效与困境;分东中西三个地区分析了我国儿童福利和保护改革的具体情况;最后提出了我国儿童福利和保护目标模式的顶层设计和进一步改革思路。本书是中国社会科学院国情调研重大项目"加快建立中国特色医疗保障制度调研"和中国社会科学院大学卓越人才项目"儿童经济保障发展战略与路径研究"的阶段性成果。感谢中国社会科学院大学的资金支持。本书是我和几位同事集体智慧的结晶。本书写作分工如下:

薛在兴(第一、四、五、八、九章和第六章第一节)

杨蓉蓉（第三章和第七章第一节）

梁金刚（第六章第二节）

宣飞霞（第七章第二节）

郭磊（第二章）

另外，我的研究生叶瑶同学、张肖洁同学、邢质敏同学和徐其龙同学也都为书稿做出了很多贡献，在此一并致谢。研究不当之处，敬请读者批评指正。

薛在兴

2019 年 10 月于北京

Abstract

Over the past 40 years of reform and opening up, China's economy has been growing at a high speed, and China's economic aggregate has become the second largest in the world. Fiscal income has been growing fast at the same time. These provide solid foundation for the development of children welfare in China. Despite the rapid economic growth, GDP per capital is still low, lower than the world average. In recent years, China's economy has stepped into the "new normal" phase and the developments in different areas are quite unbalanced. The growth of fiscal revenue has declined, and the pressure of the balance between the fiscal revenue and expenditure has increased. The relationship between central government and local governments has not been straightened out. And children's welfare sustainability should be paid more attention. With the rapid development of economy, Chinese society has already been structurally changed. Family instability has increased and the parent – child ability has been weakened. The division of urban and rural areas is being obscured by rural floating population. But migrant workers are far from being integrated into the city and migrant children can't fully enjoy the urban public services. The absent guardianship for the left – behind children may cause a high risk of injury. These all show that the traditional children's welfare and protection modes have been unable to meet the needs of the times, and therefore, reform is imminent. At the same time, the low birth rate has brought an important opportunity for the adjustment of children's welfare. The contradiction between children welfare and family planning policy will become increasingly weakened. In the future, there may be a need to rely on child welfare policies to encourage population growth.

The purpose of this book is to provide the overall ideas and specific suggestions for improving children's welfare and protection policies in China in new situations. The book includes the analysis of current policies on children's welfare and protection policies, exploration of the experience and problems of children's welfare and protection trials, overall vision on children's welfare and protection policies and feasible suggestions for improving relevant policies.

In this book, children refer to those less than 18 years old. Welfare refers to the economic support and services provided by the government and society to children in need and their families to solve their survival difficulties or improve their living conditions. Protection refers to the action and due responsibilities that prevent children from being abused or treated badly. This book mainly adopts the method of literature review, interview and focus group to collect information and selects Beijing, Guangdong, Hunan, Henan and Sichuan as research regions.

Currently, children's welfare policies in China include minimum living guarantee for urban and rural residents, basic living guarantee for orphans, disabled children social security, and rural five guarantees system for children, medical assistance, education assistance, temporary assistance and so on. Among them, minimum living guarantee for urban and rural residents is the most basic, the most extensive and comprehensive social security system; basic living guarantee for orphans, disabled living allowance, rural five guarantees system are social security systems classified by the crowd; education assistance and medical assistance are designed according to different needs. In addition, temporary assistance system also exists. The above children's welfare policies constitute a relatively complete social welfare system. The children protection policies mainly include *Law on the Protection of Minors*, *Law on the Prevention of Juvenile Delinquency*, *Criminal Law*, *and Law on Penalties for Administration of Public Security* and so on.

In order to solve the problems in children welfare and protection in China, such as heavy relief and light protection, narrow coverage, and insufficient security for children in trouble, the Ministry of Civil Affairs has carried out two reforms: one on the moderate and universal children's guarantee system, and the other one on children's social protection system. Reform has made some achievements, but the main problems are: the moderate and universal children's welfare system reform is ambiguous; the reforms on children's welfare and children's protection systems has been implemented separately and the system is not well connected; social forces to participate in is overall insufficient; the imbalance between different regions and so on.

The book puts forward to the overall goal of improving the children's welfare and protection policies is to rationalize the mechanism, make up the short board, hold on to the bottom line and maintain fair and efficient. The basic idea is to clarify the responsibility, guide social participation, optimize the structure, integrate the system, co-ordinate resources, promote development and strengthen supervision. The perfection of the children's welfare and protection policies should be done in steps and with emphasis.

To solve the existing problems in children's welfare and protection policies, some suggestions are put forward. Based on the basic national conditions, holding on to the bottom line as the optimized objective, we should rationally choose the social security models for children. Besides, we should abandon the moderate and universal children allowance and adopt the universal minimum living guarantee policy. Then we should strengthen the system integration and resource co-ordination and classify children's welfare and protection systems on the basis of difficulty types. The special relief should be provided according to the needs of children, decoupled from the minimum living system. Co-ordinate the existing all kinds of children's institutions, achieve functional transformation; improve the supportive, complementary and alternative services for children. Coordinate children adoption and foster care resources to make sure that the focus of financial investments transfers from the construction of children's welfare institutions to the support of children's adoption and foster care. Pay attention to financial guidance; mobilize social forces to participate in children's welfare and protection through the government's buying public services, tax incentives and PPP models, etc. Establish the access mechanism of children's welfare institutions; promote the fair competition between public and private welfare institutions and the change of government's roles. Focus on supporting the construction of children welfare systems and family capabilities, establish a family care allowance system, innovate relief models and support trials of conditional cash transfer payments and children development accounts.

摘　要

改革开放 40 多年来，中国经济高速发展，中国经济总量已经稳居世界第二，财政收入同步快速增长，这为发展儿童福利事业提供了物质条件。尽管经济总量增长很快，但人均国内生产总值仍然较低，低于世界平均水平。近几年中国经济发展进入新常态，而且地区经济发展很不平衡，财政收入增幅下降，财政收支平衡压力增大，中央财政与地方财政关系尚未理顺，儿童福利事业必须注意可持续性发展的问题。随着经济快速发展，中国社会已经发生了结构性变革。家庭不稳定性增强、亲子能力弱化，城乡分割的藩篱正被汹涌的农村流动人口大潮冲破，但农民工家庭并没有融入城市，流动儿童无法充分享受城乡基本公共服务，留守儿童监护缺失、受伤害风险大。这些表明，传统儿童福利和保护模式已经不适应时代的需要，改革迫在眉睫。同时，人口少子化则为调整儿童政策带来了重要机遇，儿童福利与计划生育政策的矛盾将日趋弱化，将来甚至有可能需要依靠儿童福利政策鼓励人口生育。

本书旨在为新形势下完善我国儿童福利和保护政策提供总体思路和具体建议。内容包括对现行儿童福利和保护政策的梳理和问题分析，探讨儿童福利和保护改革试点的经验与不足，提出我国儿童福利和保护政策的总体设想，并提出完善相关政策的可行建议。

本书所称儿童是指 18 周岁以下的未成年人。福利是指政府和社会向有需要的儿童及其家庭提供的、旨在解决其生存困境或改善其生活状况的经济支持和服务，保护是指为防止儿童被虐待或受到不良待遇而采取的行动和应有的责任。本书主要采取文献法、访谈法和焦点小组的方法收集资料，选择北京、广东、湖南、河南和四川五省市进行实地调研。

当前，我国儿童福利政策包括城乡居民最低生活保障、孤儿基本生活保障、残疾儿童社会保障、农村五保儿童供养、医疗救助、教育救助和临时救助等。其中，城乡居民最低生活保障是最具有基础性、覆盖面最广、综合性最强的一项社会保障制度；孤儿基本生活保障、残疾儿童社会保障、农村五保儿童供养属于按人群分的社会保障制度；教育救助和医疗救助属于专项救助；另外还有临时救助制度。上述各项儿童福利政策构成了一个相对完整的福利体系。儿童保护政策主要包括《未成年人保护法》《预防未成年人犯罪法》《刑法》《治安管理处罚法》等。

为解决我国儿童福利和保护存在的重救助、轻保护，儿童福利和保护覆盖面窄，困境儿童和困境家庭儿童保障不足等问题，民政部组织开展了适度普惠儿童保障制度改革和儿童社会保护改革。改革取得了一定的成效，但存在的主要问题是：适度普惠的儿童福利制度改革定位模糊；儿童福利和儿童保护制度改革分别实施，制度衔接不够；社会力量参与总体较弱；区域不平衡等。

本书提出，完善儿童福利和保护政策的总体目标是理顺机制、补齐短板、兜住底线、公平高效。基本思路是责任明确、社会参与、优化结构、制度整合、促进发展。儿童福利和保护政策的完善应该分步骤、有重点地实施。

针对当前儿童福利和保护政策存在的问题，建议：立足基本国情，以守底线为优选目标，理性选择儿童社会保障模式。放弃普惠型的儿童津贴，采用普适型的最低生活保障政策。加强制度整合和资源统筹，统一按困难类型划分儿童福利和保护制度。根据儿童需要提供专项救助，且确保专项救助与低保资格脱钩。统筹整合现存各类儿童机构，实现功能转型，提高儿童支持性、补充性和替代性服务水平。统筹儿童收养和寄养资源，确保财政投入重点从建设儿童福利院转向支持儿童收养和寄养工作。注重财政引导，调动社会力量参与儿童福利和保护，通过政府购买公共服务、税收优惠政策和PPP模式等措施，吸引社会力量参与儿童福利和保护工作。建立儿童福利院准入制度，促进公立和民营福利院公平竞争，推进政府职能转变。重点支持儿童福利体系建设和儿童家庭能力建设，建立家庭护理津贴制度。创新救助模式，支持有条件现金转移支付和儿童发展账户的试点。

CONTENTS

目　录

第一章　绪　论 ………………………………………………………… 1
　第一节　研究背景 ……………………………………………………… 1
　第二节　研究目标和研究范围 ………………………………………… 5
　　一、研究目标 ………………………………………………………… 5
　　二、研究范围 ………………………………………………………… 5
　第三节　概念界定与研究方法 ………………………………………… 6
　　一、概念界定 ………………………………………………………… 6
　　二、研究方法 ………………………………………………………… 7
第二章　儿童福利和保护的理论基础和国际经验 …………………… 9
　第一节　儿童福利和保护的理论基础 ………………………………… 9
　　一、家庭功能失灵是国家公权介入的前提 ………………………… 9
　　二、家庭与国家在儿童福利和保护供给中的关系 ………………… 10
　第二节　西方国家儿童保护经验 ……………………………………… 11
　　一、典型国家的儿童福利和保护政策 ……………………………… 11
　　二、西方国家的儿童虐待预防和干预模式比较 …………………… 15
　第三节　国外儿童福利制度安排和公共支出 ………………………… 17
　　一、儿童福利公共支出占国内生产总值的比例 …………………… 17
　　二、国外儿童抚养责任划分 ………………………………………… 20
　　三、国外儿童贫困情况 ……………………………………………… 29
　　四、国外儿童受虐待和安置处理办法 ……………………………… 34
第三章　儿童福利与保护需求分析 …………………………………… 37
　第一节　身体健康受损 ………………………………………………… 37
　　一、营养不良的儿童 ………………………………………………… 37

二、受意外伤害的儿童 ………………………………………… 38
　　三、发育异常的儿童 …………………………………………… 38
　　四、残疾的儿童 ………………………………………………… 38
　　五、超重与肥胖的儿童 ………………………………………… 39
　　六、受家暴的儿童 ……………………………………………… 39
　　七、性教育缺失未婚先孕的儿童 ……………………………… 39
　　八、受艾滋病影响或感染艾滋病的儿童 ……………………… 39
　第二节　心理和精神健康问题严重 ………………………………… 40
　　一、性格呈现自负和自卑两种极端倾向 ……………………… 40
　　二、认知出现偏差 ……………………………………………… 42
　　三、存在精神障碍 ……………………………………………… 44
　第三节　社会融入困难 ……………………………………………… 45
　　一、学业困难儿童 ……………………………………………… 46
　　二、人际交往障碍儿童 ………………………………………… 47
　　三、校园欺凌者 ………………………………………………… 47
　　四、受歧视的艾滋病感染者 …………………………………… 47
　　五、有多种疾患而发展受限者 ………………………………… 48
　　六、遭遇制度障碍者 …………………………………………… 48
　第四节　道德失范 …………………………………………………… 49
　　一、学风败坏的儿童 …………………………………………… 49
　　二、社会交往行为不端的儿童 ………………………………… 49
　　三、性道德失范的儿童 ………………………………………… 50
　　四、严重违法犯罪的儿童 ……………………………………… 51
　　五、自杀轻生的儿童 …………………………………………… 51
　第五节　讨论与结论 ………………………………………………… 51

第四章　儿童福利和保护的现状分析 ………………………………… 53
　第一节　分类别儿童福利政策 ……………………………………… 53
　　一、孤儿 ………………………………………………………… 53
　　二、受艾滋病影响的儿童 ……………………………………… 56
　　三、残疾儿童 …………………………………………………… 57

四、流浪儿童 ·· 61
　　五、流动儿童 ·· 63
　　六、留守儿童 ·· 64
　　七、贫困儿童 ·· 65
　第二节　儿童专项福利政策 ······································ 66
　　一、教育福利 ·· 66
　　二、医疗福利 ·· 71
　第三节　儿童保护政策 ·· 74
　第四节　儿童福利和保护的融合 ·································· 79

第五章　儿童福利与保护存在的问题及改革 ···························· 80
　第一节　存在的突出问题 ·· 80
　　一、重救助、轻保护 ·· 80
　　二、儿童福利和保护覆盖面窄，困境儿童和困境家庭儿童
　　　　保障不足 ·· 80
　第二节　儿童福利面临的挑战 ···································· 82
　　一、儿童城乡居民最低生活保障面临的挑战 ···················· 82
　　二、孤儿基本生活保障制度面临的主要挑战 ···················· 83
　　三、残疾儿童福利面临的挑战 ································ 84
　　四、农村未成年人五保供养制度面临的挑战 ···················· 86
　　五、儿童医疗福利面临的挑战 ································ 87
　　六、儿童教育福利面临的挑战 ································ 92
　　七、儿童临时救助需着力解决的问题 ·························· 95
　　八、流浪儿童救助保护依然是儿童福利和儿童保护的短板 ········ 96
　第三节　儿童福利和儿童保护改革 ································ 99
　　一、适度普惠型儿童福利制度改革 ···························· 99
　　二、未成年人社会保护改革 ·································· 99
　　三、评价 ··· 100

第六章　东部地区儿童福利与保护改革试点 ·························· 105
　第一节　北京市儿童福利与保护改革试点 ·························· 105
　　一、北京市现行儿童福利政策概述 ··························· 105

二、北京市儿童福利政策面临的挑战 …………………………… 116
　　三、北京市完善儿童福利政策的策略 …………………………… 127
　　四、北京市儿童保护现行政策概述 ……………………………… 128
　　五、北京市未成年人社会保护试点的基本做法 ………………… 131
　　六、北京市困境儿童社会保护试点遇到的困难 ………………… 143
　第二节　广东省儿童福利与保护改革试点 …………………………… 148
　　一、广东省流浪乞讨人员救助管理概况 ………………………… 148
　　二、广东省适度普惠型儿童福利建设开展概况 ………………… 151
　　三、深圳市适度普惠儿童福利制度发展概况 …………………… 155

第七章　中部地区儿童福利与保护改革试点 ……………………………… 158
　第一节　湖南省儿童福利与保护改革试点 …………………………… 158
　　一、困境儿童的基本情况 ………………………………………… 158
　　二、困境儿童福利和保护政策及其实施情况 …………………… 163
　　三、望城区困境儿童基本生活保障试点实施情况 ……………… 165
　　四、湖南省困境儿童福利和保护改革的成效和经验 …………… 169
　　五、完善困境儿童福利和保护政策的建议 ……………………… 170
　　六、讨论与总结 …………………………………………………… 174
　第二节　河南省儿童福利与保护改革试点 …………………………… 175
　　一、基本情况 ……………………………………………………… 175
　　二、"洛宁模式"经验总结 ………………………………………… 178
　　三、存在的问题 …………………………………………………… 180
　　四、完善儿童福利和保护政策的建议 …………………………… 181

第八章　西部地区儿童福利与保护改革试点 ……………………………… 183
　第一节　成都市儿童福利与改革试点 ………………………………… 184
　　一、成都市困境儿童的现状特点 ………………………………… 184
　　二、成都市儿童社会福利和保护体系的政策规划 ……………… 184
　　三、成都市困境儿童福利和保护工作实地开展情况 …………… 193
　第二节　仁寿县儿童福利与保护改革试点 …………………………… 195
　　一、仁寿县财政局的未成年人福利和保护情况 ………………… 196
　　二、仁寿县关工委对未成年人福利和保护情况 ………………… 197

  三、仁寿县残疾儿童福利状况 …… 198

  四、仁寿县未成年人救助保护中心试点——"1685"

    工程模型 …… 201

  五、存在的问题 …… 206

  六、建议 …… 208

第九章　全面深化儿童福利与保护改革的建议 …… 212

第一节　总体目标、基本思路和步骤 …… 212

  一、总体目标 …… 212

  二、基本思路 …… 213

  三、步骤 …… 213

第二节　目标模式构建 …… 214

  一、加强儿童福利制度和儿童保护制度的整合 …… 215

  二、儿童福利制度内部的整合 …… 216

  三、儿童福利和保护资源统筹 …… 218

第三节　社会力量参与 …… 219

  一、加大政府购买服务力度，制定儿童福利和保护政府

    购买服务办法 …… 219

  二、大力推进政府和社会资本的合作，引导社会力量参与

    儿童福利和保护 …… 221

  三、管办分离、分类改革，实现儿童机构的公平竞争 …… 222

  四、综合运用税收优惠政策，助力儿童福利和保护 …… 222

第四节　服务能力建设 …… 223

  一、重点加强儿童福利递送体系建设 …… 223

  二、重点加强儿童家庭服务 …… 226

第五节　创新福利模式 …… 226

参考文献 …… 229

图目录

图1-1 当前中国儿童政策变革的社会背景 …………………… 3
图2-1 部分OECD国家（2003年）和中国（2005年）儿童福利支出 …………………… 18
图2-2 部分OECD国家儿童福利支出占GDP的比例（2009年） …………………… 19
图2-3 OECD国家总人口贫困率和儿童贫困率（2010年） …… 31
图2-4 部分OECD国家儿童贫困率的变化情况（20世纪90年代中期至2010年） …………………… 32
图5-1 分年龄重大疾病患病率分布图 …………………… 92
图6-1 北京市儿童福利政策体系 …………………… 106
图6-2 2010—2014年北京市人均GDP …………………… 117
图6-3 2010—2014年北京市城市居民人均可支配收入 …… 117
图6-4 2010—2014年农村人均可支配收入 …………………… 117
图6-5 二元三层混合福利模式 …………………… 121
图6-6 朝阳区受伤害未成年人发现、报告和响应机制 ……… 142
图7-1 湖南省困境儿童疾病生活保障试点工作困境儿童分类 …………………… 159
图7-2 长沙市试点区县困境儿童发生率（每10万人口） …… 160
图7-3 按成因分长沙市试点区县困境儿童类型 …………… 160
图7-4 按成因分长沙市自身困境儿童类型 …………………… 161
图7-5 长沙市望城区困境儿童生活补贴受惠儿童数及增幅 … 161
图7-6 按成因分望城区不同类型困境儿童占比 …………… 162

图 8-1　仁寿县未成年人社会保护试点工作"1685 工程"模型图 …………… 202

图 8-2　仁寿县未成年人社会保护试点工作部门联动帮扶机制示意图 …………… 202

图 8-3　仁寿县未成年人保护试点工作帮扶个案项目化管理示意图 …………… 203

图 9-1　儿童福利和保护的总体框架 …………… 216

表目录

表2-1 儿童保护模式和家庭服务模式的比较 …………… 16
表2-2 部分OECD国家儿童福利支出占GDP的比例
　　　（2009年） ………………………………………… 18
表2-3 OECD国家儿童抚养制度的特点 …………………… 21
表2-4 OECD国家单亲家长的趋势 ………………………… 26
表2-5 国外儿童抚养费用水平 ……………………………… 28
表2-6 OECD国家总人口贫困率和儿童贫困率（2010年）…… 29
表2-7 部分OECD国家儿童贫困率的变化情况（20世纪
　　　90年代中期至2010年） ………………………… 31
表2-8 OECD国家儿童和有儿童的家庭贫困率（2010年）…… 33
表2-9 部分发达国家受虐待儿童庇护程序和安置体系比较 …… 35
表5-1 北京、广州、郑州、成都、长沙医疗救助标准比较 …… 88
表6-1 北京市农村"五保"人口及未成年人占比 ………… 108
表6-2 北京市临时救助支出统计表 ………………………… 116
表6-3 社会救助和社会福利的比较 ………………………… 119
表6-4 中鼎社工事务所服务项目列表 ……………………… 134
表6-5 北京市试点区县困境儿童类型 ……………………… 139

第一章　绪　论

第一节　研究背景

改革开放以来，中国经济社会结构发生了巨大转变，可以概括为"五化"——经济市场化、财政常态化、家庭少子化、家庭核心化、人口城镇化（见图1-1）。经济市场化推动中国经济高速发展。从1978年到2017年，我国国内生产总值按不变价计算增长33.5倍，年均增长9.5%。2017年，我国人均国内生产总值59660元，扣除价格因素，比1978年增长22.8倍，年均实际增长8.5%❶。但自2012年以来，中国经济增速明显减缓，中国经济发展进入新常态阶段。相应地，财政收支表现为相同的发展态势。在财政收入方面，2018年全国一般公共预算收入183352亿元，同比增长6.2%。财政支出方面，2018年全国一般公共预算支出220906亿元，同比增长8.7%。财政赤字2.38万亿元，赤字率为2.6%。

经济市场化在推动中国经济迅速发展的同时，也打破了"单位制"以及依附于"单位制"的集体福利。单位不再对职工的家庭生计承担责任，失业也成为正常现象。2018年年底全国城镇登记失业率为3.8%，城镇登记失业人数为974万❷。城市出现"新贫困"，大部分

---

❶ 国家统计局. 波澜壮阔四十载　民族复兴展新篇：改革开放40年经济社会发展成就系列报告之一［EB/OL］.（2018-08-27）［2019-10-15］. http://www.stats.gov.cn/ztjc/ztfx/ggkf40n/201808/t20180827_1619235.html.

❷ 国家统计局. 中国统计年鉴2019［M］. 北京：中国统计出版社，2019.

的研究结果表明,当前中国城市贫困人口规模为2000万~3000万人❶。市场化首先是经济的市场化,但同时又渗入到政治、社会的各个层面。例如,中国的医疗卫生体制改革经历了一段以市场化为导向的改革弯路,人均医疗卫生支出从改革前基本免费增加到2017年个人现金卫生支出15133.60亿元,占当年医疗卫生总费用的29%❷;再如儿童福利院体制,封闭的、大型的儿童福利院越来越不能适应时代的需要,社区化、小型化、专业化成为儿童福利院未来发展的方向。

经济市场化还打开了中国城乡分割的缺口。大量的农民离开土地,走向城市,成为农民工。近些年,全国农民工总量一直保持稳中有增,目前已接近3亿人。随着农民工流动,农民工的子女相应出现两个选择:要么跟随父母一起外出,成为流动儿童;要么留在家里,成为留守儿童。流动儿童的困境主要在于不能公平地享受城市公共服务,面临着医疗、贫困、社会保护以及社会排斥等问题。留守儿童的困境要比流动儿童更为突出,他们不仅缺少父母的有效监护,而且心理问题和安全问题更为突出。如贵州毕节,2012年11月,5名儿童为避寒躲在垃圾箱内因一氧化碳中毒身亡。又如2015年4月,4名留守儿童因疑似服农药而集体自杀。为此,李克强总理做出专门批示,要求避免类似事件一再发生❸。

在20世纪70年代中期开始实施的计划生育政策使中国人口年龄结构发生重大改变。0~14岁人口从2005年的26543万人下降到2018年的23523万人,少儿抚养比则从2005年的28.1%下降到2018年的23.7%。2014年,全国各地陆续落实"单独二孩"政策。但截至2014年12月,符合条件的1100万对夫妇当中,只有100万对"单独"夫妇申请生二孩,最终实施生育的仅有47万对。相对于目前中

---

❶ 魏后凯,邹晓霞. 中国的贫困问题与国家反贫困政策 [N]. 中国经济时报,2007-5-31 (A01).
❷ 国家统计局. 中国统计年鉴2019 [M]. 北京:中国统计出版社,2019.
❸ 参考消息. 美报关注毕节事件:中国留守儿童缺乏爱和陪伴 [EB/OL]. (2015-06-14) [2019-10-15]. http://www.cankaoxiaoxi.com/china/20150614/817197.shtml

国每年 1600 万左右的出生人口而言，这一数字显然微不足道❶。学者们普遍担心，如果中国不及时调整人口政策，很有可能掉入"低生育率陷阱"，进而引发人口老化、劳动年龄人口不足等一系列问题。

受到家庭少子化的影响，中国的家庭结构也进入了核心家庭占主导地位的阶段。2010 年，全国第六次人口普查数据显示全国平均家庭户均规模是 3.10 人，较之 1973 年的 4.81 人，近 40 年中，户均规模下降了 1.71 人，与 1990 年的户均规模 3.97 人相比，下降了 0.87 人。《中国家庭发展报告 2015》显示，现在二人家庭、三人家庭是主体，由两代人组成的核心家庭占六成以上❷。与此同时，家庭的稳定性越来越差。据《中国家庭发展报告 2014》，单亲家庭比例逐年上升，2010 年为 2396 万户，成因以离异为主，70% 为单亲母亲家庭❸。

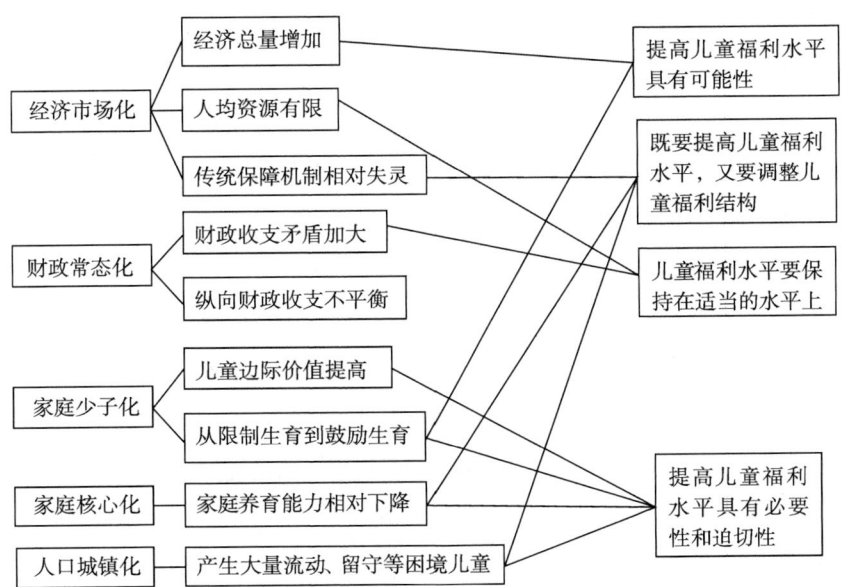

图 1-1　当前中国儿童政策变革的社会背景

---

❶　阮雅婕，等. 基于系统动力学的"单独二孩"政策仿真研究 [J]. 人口学刊，2015 (5)：5-17.
❷　国家卫生与计划生育委员会. 中国家庭发展报告 2015 [EB/OL]. (2015-05-14) [2019-10-15]. http://jtjy.china.com.cn/2015-05/14/content_7906488.htm.
❸　国家卫生与计划生育委员会. 中国家庭发展报告 2014 [M]. 北京：中国人口出版社，2014.

中国经济社会发展要求儿童政策也必须进行相应的调整。这种调整既包括量上的，也包括结构性的，甚至是模式的变革。

第一，中国经济总量的增长为中国儿童福利事业的发展创造了物质条件。但是，人均国内生产总值偏低，特别是在经济新常态下财政收支矛盾加大和纵向收支不平衡等现实国情提醒我们，中国的儿童政策必须立足本国实际，既要突破传统观念和体制的束缚，真正按照"儿童利益最大化"的要求发展儿童事业，又必须发展适度的儿童福利，保证儿童福利的可持续发展。

第二，家庭少子化为我国调整生育政策带来了重要机遇。长期以来，儿童津贴制度因与计划生育政策相冲突而裹步不前。当前，人们的生育意愿显著降低，即使全面放开计划生育政策，生育率也不会达到2.1的更替水平❶。所以，向儿童发放津贴不仅有利于缓解家庭贫困，而且有利于鼓励生育，应对人口老龄化。

第三，一方面，数以万计的留守儿童、流动儿童以及流浪儿童得不到来自父母的有效监护，因父母离异、患重病、残疾、吸毒、服刑乃至死亡等原因导致儿童生活陷入困境的风险在增大。另一方面，家庭核心化、双亲职业化意味着家庭独立养育子女的能力在降低。这两方面的因素表明，儿童政策上传统的"剩余模式"必须加以调整，政府和社会要承担更大的责任。但是，在新模式的探索过程中，如何避免社会介入影响家庭功能的发挥需要认真对待。

第四，区域经济发展不平衡、儿童流动和流浪对我国户籍制度、中央与地方财政责任带来挑战。传统意义上，儿童福利项目的提供是以户籍为条件和前提，以地方财政承担为原则的。儿童福利面临的困境是如何平衡中央和地方责任，将是未来亟待解决的问题。

第五，随着家庭亲子功能的相对弱化，儿童受伤害、虐待、忽视的风险在增加。近些年一些针对儿童的恶性事件频频被报道，说明加强儿童保护刻不容缓。从供需角度来看，儿童需求日益多元化，儿童

---

❶ 阮雅婕，等. 基于系统动力学的"单独二孩"政策仿真研究［J］. 人口学刊，2015（5）：5-17.

安全需求表现得越来越突出，单纯依靠现金待遇给付已经远远不足以帮助其摆脱困境。

第二节 研究目标和研究范围

一、研究目标

本书研究的总目标是为完善我国儿童福利和保护的财政政策提供总体思路和具体建议。分目标包括：

（1）梳理国外儿童福利和保护政策的基本做法及对我国的借鉴经验。

（2）总结我国儿童福利和保护现行政策，并分析其缺失。

（3）选择代表地区对其儿童福利和保护做法进行深度剖析。

（4）提出完善我国儿童福利和保护政策的总体设想，并围绕总体设想提出可行建议。

二、研究范围

（1）儿童福利和保护的理论研究。包括国家、社会和家庭在儿童福利和保护中的责任分担理论以及儿童福利和保护模式划分理论。

（2）国外儿童福利和保护的基本经验。包括国外儿童福利和保护模式、具体政策的总结和比较，以及西方国家儿童福利支出的定量分析。

（3）国内儿童福利和保护的政策梳理。包括现有儿童生活救助、专项救助和临时救助政策综述，儿童保护相关政策综述，儿童福利和保护政策存在问题分析。

（4）国内儿童福利和保护试点情况调查分析。在东、中、西部地区各选一个试点城市，分析民政部门未成年人社会保护试点和适度普惠型儿童福利制度建设试点情况，重点分析其试点的成效及存在的问题。

（5）困境儿童及其需求分析。包括困境儿童的范畴及界定办法，儿童陷入困境的家庭、经济、社会和制度等原因分析。

（6）完善儿童福利和保护政策的建议。包括完善儿童福利和保护政策的原则、框架、制度，加强儿童保护机构和专业社工队伍的建设，以及研究儿童保护机构设置的标准、规模和职责等。

第三节 概念界定与研究方法

一、概念界定

本书所称"儿童"是指 18 周岁以下的人。在书中有时会使用"未成年人"的概念，与此处所指"儿童"为同一概念。

儿童福利有广义和狭义之分。广义的儿童福利是以全体儿童为服务对象，目的在于谋求儿童身心健全的发展，使儿童有受教育的权利与义务，不因种族、宗教等差别而受到歧视，不受任何形式的忽视、虐待与剥削，让儿童在父母及社会大众的保护下得以安安稳稳地成长。联合国《儿童权利宣言》对儿童福利的定义是：凡是以促进儿童身心健全发展与正常生活为目的的各种努力、事业及制度均称为儿童福利。狭义的儿童福利则特指以特定需要的儿童为对象所提供的特定服务。大多为遭遇各种不幸情境的儿童或家庭，如贫困儿童、孤儿、残障儿童、破碎家庭的儿童、被忽视或受虐待的儿童、行为偏差或受情绪困扰的儿童等，针对个性问题的需求采取救助、养护、保护、矫正、辅导等措施，使之有效地改善所面临的问题。本书采取中观的定义，即儿童福利是政府和社会向有需要的儿童及其家庭提供的、旨在解决其生存困境或改善其生活状况的各项经济支持和服务。

儿童保护也有广义和狭义之分。广义的儿童保护是指现代福利国家为改善儿童状况，促进儿童福利的所有制度安排❶。狭义的儿童保

---

❶ 尚晓媛．儿童保护制度的基本要素［J］．儿童福利，2014（8）：2-5．

护则是指为防止儿童被虐待或受到不良待遇而采取的行动❶。除非特别说明，本报告所称儿童保护通常是指狭义的儿童保护。

儿童福利和儿童保护是两个不同但又密切相关的概念。单从福利和保护两个概念来看，福利主要是经济方面的，是通过制度安排为儿童提供物质上的帮助，使其能够过上基本的生活；保护则主要是身体和精神方面的，是运用法律的手段和社会服务的方式防止脆弱群体被伤害。但对儿童而言，这两个概念又是密切相关的。一方面，儿童保护离不开儿童福利。大量的研究表明，贫困是导致儿童虐待最主要的原因。所以，一味强调禁止儿童虐待而不能解决儿童家庭的经济问题，往往不能保证儿童的长久安全。另一方面，儿童福利也离不开儿童保护，仅仅给予物质上的支持，不足以保证儿童利益最大化。为避免二者的割裂，本项目将儿童福利和儿童保护合并在一起进行研究，统称为儿童福利和保护，它是以保障儿童经济安全和人身安全为目标的社会政策体系。

二、研究方法

（一）技术路线

（1）界定核心概念。本项研究的核心概念包括儿童、福利和保护。

（2）分析当前中国儿童福利和保护政策的缺失。首先，梳理中国现有儿童福利和保护政策，形成政策框架。其次，分析困境儿童陷入困境的成因，比较制度供给与儿童需求之间的差距。最后，梳理国外儿童福利和保护政策，与我国现行政策相对照，发现可供借鉴之处。

（3）提出完善儿童福利和保护的策略。首先，仔细研读中央部委关于完善儿童福利和保护的文件，把握政策方向。其次，选择有代表性的地区进行调研，重点了解其政策、具体做法、经费来源及投入、效果等方面的信息。综合上述信息，提出完善儿童福利和保护制度的

---

❶ 英国救助儿童会. 儿童保护之机构政策：保护儿童、防止虐待［C］. 英国救助儿童会出版资料，2003.

政策建议。

(二) 资料收集方法

(1) 文献法。通过查阅国内外儿童福利和保护相关专著、论文、研究报告、文件等，了解国外儿童福利和保护的基本理论、政策要点和发展趋势等，掌握我国儿童福利和保护的相关政策，获得研究者对我国儿童福利和保护存在的问题、改革思路等的意见和建议信息。通过查阅《中国统计年鉴》《中国民政统计年鉴》以及经济合作与发展组织（OECD）Social Expenditure Database 等获得国内外关于儿童福利和保护的定量数据。

(2) 访谈法。包括对困境儿童的访谈和对相关政府部门领导的访谈。对困境儿童的访谈主要是了解其生存现状及陷入困境的原因，对政府部门的访谈主要是为了对现行政策及改革思路有更充分的了解。

(3) 实地调研。在东部和中部各选两个试点地区，在西部选择一个试点地区进行实地调研。调研主要采取焦点小组、访谈法和观察法收集资料。其中，焦点小组由调研地区财政、民政、人社、卫生、妇联、残联、团委、关工委等部门领导组成，根据预定的调研提纲进行座谈，了解其在儿童福利和儿童保护方面的基本做法、成效、存在的问题及改革的思路等。

第二章　儿童福利和保护的理论基础和国际经验

第一节　儿童福利和保护的理论基础

一、家庭功能失灵是国家公权介入的前提[1]

家庭作为社会的最基本单元，对儿童的人格塑造具有不可替代的作用。但随着社会结构的变迁，家庭功能已经逐渐发生变迁并式微。虽然许多传统上的家庭功能被或多或少地替代，但是家庭所承担的社会化功能与情感功能，是难以通过金钱的补助、外在环境而取代的。

家庭是儿童最先接触的环境，是儿童社会化的前哨站。家庭是儿童情感需求的持续提供者。父母通过情感上的联系，塑造孩子健全的人格，培养其社会正义感、责任心和同情心。但是，并非每个家庭都可以尽其功能，当家庭不能尽其应尽功能时，我们把它称为"失灵家庭"。此时，家庭不但不能成为儿童人格养成的助力，而且还会形成阻力，对于儿童健康发展是有害的。此时，国家公权力的干预，不仅是出于对作为公民的儿童的权利保护的需要，也是国家维护社会公平正义，进而维护社会秩序的需要。

国家作为家庭功能的辅助者，会在家庭功能失灵时介入家庭，保护处于弱势的儿童。其内容可分为支持、补充与替代。"支持性保护"

---

[1] 许育点，陈碧玉. 国家公权力介入家庭后的冲突关系：以儿少保护为核心［J］. 东海大学法学研究，2014，42（4）：1-15.

是指支持或增强父母亲正向的教养能力，由福利机构提供知识、技巧和精神上的支援，例如亲子教育；"补充性保护"是指当家庭无法提供儿童教育或者抚养上的需求时，通过一些措施补充该家庭的功能，例如托育服务；"替代性保护"是指当儿童陷于非常危险的境地，需要短暂或永久性地限制父母的抚养权，才能维护儿童的权益，例如将遭遇家庭虐待的儿童送到儿童福利院集中供养。

二、家庭与国家在儿童福利和保护供给中的关系[1]

未成年的儿童没有足够的能力从竞争性市场中获取生活资源。因此，儿童保障体系与模式的改革与完善，实际上是要调整好家庭、社会与国家三者在儿童保障供给过程中的关系模式与角色定位。根据家庭与国家在儿童保障供给中的关系，福克斯·哈丁（Fox Harding）在理论层面上区分出四种不同的儿童保障类型：自由放任主义模型、国家家长主义模型、父母权利中心模型与儿童权利中心模型。

自由放任主义模型倡导不干预、小政府、市场主导原则，坚持最大限度地限制国家介入，强调维系"不受干扰的家庭生活"的重要性。这一模型支持既存的家庭内部成人之间的权利关系模式，亦支持传统的亲子关系模式，只愿意对边缘儿童提供必要援助。

国家家长主义模型高度强调儿童的脆弱性与依赖性，认为国家应该通过有组织的保护儿童的行动去捍卫并提高儿童福利。其主导的儿童社会保障不仅应该关注得不到家庭充分照顾的孩童，也应该设法增强一般正常家庭的育儿能力；现代国家培育的专业儿童工作者（如医生、教师、法官与社工等）往往比家长更能准确判断什么才是儿童的最佳需要，以及怎么做有利于维护其最佳利益。

父母权利中心模型强调国家介入儿童抚育事务的合理性，但反对强制的、逼迫性的国家干预服务。在这个模型中，父母是一个需要国家支持的儿童照顾者，但是国家绝不可轻易剥夺父母的监护权，不可轻易将儿童放置到儿童之家、儿童中心等替代性的社会儿童照顾机构

---

[1] 程福财. 家庭、国家与儿童福利供给［J］. 青年研究，2012（1）：50-56，95.

之中；即使是那些真的需要离开父母接受国家照顾的孩子，替代性照顾方案也应该协助儿童与他们的家长进行必要的沟通与联络。在这个模型中，家长的权利与需要和儿童的权利与需要并重。

儿童权利中心模型坚持儿童的感受、理解、希望、自由、选择与行动至关重要，所有关于儿童的安排都应该让儿童参与。和前面三个模型有所不同，该模型强调儿童的参与权利，突出儿童的能力与主体性。

在强调家庭作用的政策体系中，国家只有在家庭功能失灵时，才发挥其作用、协助困难家庭抚育孩童。这是一种残余福利模式，注重对问题儿童、困难儿童及其家庭的帮助。国家为本的制度性儿童福利政策模型则注意通过公共政策预防儿童问题，促进儿童的正面成长。其保障的对象通常是所有儿童，而不仅仅是边缘弱势孩童。但是，各国保障体系都是经济、政治、文化等多种因素共同作用的结果，在"家庭－国家"轴心外，有研究者开始注重亲属网络、社区伙伴、志愿者等非正式、第三部门在儿童保障服务过程中的作用，由此提出了社区为本的儿童公共政策模型。纵观所有的理论与实践模型，大都强调在家庭无力承担起抚育儿童的责任时，国家才应该承担儿童抚育事务的责任。

第二节　西方国家儿童保护经验

一、典型国家的儿童福利和保护政策

（一）美国

美国一向重视儿童保障，有"儿童天堂"之称。1909年，第一次美国白宫会议召开。会议成果之一是在联邦政府设立了美国儿童局，负责儿童保障和相关事务，各州相继制定法律提供儿童津贴，这种津贴始于孤儿等困境儿童，以寡妇年金、母亲年金的形式支付。其显著特点是由公共财政付费，而非慈善组织援助。在1919年第二次

白宫会议上,威尔逊总统将该年定为"儿童年",并从"战争紧急基金"中为儿童年的会议和活动拨出 15 万美元的专项款。同时要求每个州对其儿童福利法立法的间隔时间予以规定,定期修订,不断完善。白宫会议确定了联邦和各州政府在儿童福利中的责任以及政府主导的儿童福利体系。1935 年,通过并实施了《社会安全法》。在其 10 项社会安全计划中,儿童福利就占了 4 项,包括:失依儿童补助、妇幼保健服务、残疾儿童服务、一般儿童福利服务,其确立的"家庭援助计划"面向孤儿、单亲家庭或父母无工作能力的家庭,是儿童福利方面重要的津贴制度,所需资金由联邦政府和州政府共同负担。联邦政府承担的比例由各州人均收入决定,一般占总开支的 50%~79.6%。

第二次世界大战后至 20 世纪 60 年代,美国儿童福利发展主要体现在快速增长的政府支出上。1965 年美国社会保障支出增加到 297 亿美元,1972 年支出 430 亿美元,1976 年支出 3324 亿美元,占当年国民生产总值的 20.9% 和政府财政总支出的 60.3%。这一时期美国福利开支明显高于西欧主要国家(1979 年法国、联邦德国、英国分别为 47.7%、27.5%、26.7%)❶。

(二)澳大利亚

1970 年被视为澳大利亚的社会福利改革年。在儿童福利领域,这种改革主要包括:一是社会福利委员会的建立和澳大利亚援助计划的发展;非营利组织的发展。二是 1973 年,实施母亲福利支援行动,大大提高了对独立抚养子女的离异单身母亲的保障。三是 1974 年建立孤儿福利和残疾儿童津贴制度。四是 1975 年家庭法案高度强调儿童利益的保护,在对儿童提供比较完善的福利保障的同时,建立起儿童权利保护制度。

除了儿童福利津贴的财政支出外,澳大利亚政府还支持儿童养育机构的运转。1972 年澳大利亚政府第一次以财政拨款的方式资助儿童养育,通过了儿童养护法案,并提供 650 万美元的资金给地方政府和

---

❶ 邹明明,赵屹. 美国的儿童福利制度[J]. 社会福利,2009(10):58-59.

非营利组织，用于资助儿童养育机构，这些儿童养育机构负责照料孤儿、父母工作或父母生病的儿童。1983—1985 年，联邦政府新资助了 6120 个儿童养育机构（5000 个日间儿童养育机构，1120 个学校时间以外的儿童养育机构）。1985—1987 年，建立了 11000 个全日制养育中心，2400 个临时养育机构，5650 个家庭日间养育机构以及其他养护机构。1988 年宣布国家儿童养护战略，计划另外建立 3000 个儿童养护机构，州政府与联邦政府共同分担费用。

从 20 世纪 70 年代开始，澳大利亚更加重视对儿童权利的立法保护。《1975 年家庭法案》和《儿童和青少年法案》的颁布实施，奠定了儿童立法保护框架。近些年来，澳大利亚在少年司法制度方面，全面贯彻儿童利益最大化、家庭社区参与等理念，形成了令世界各国瞩目的独特模式。以新南威尔士州为例，该州制定的与少年司法有关的法律有《儿童法院法》《青少年罪犯法》《儿童（刑事诉讼）法》《证据（儿童）法》《儿童（社区服务令）法》《儿童（感化中心）法》等。其内容缜密、体系完备，构成了完备而科学的少年司法制度的框架。1975 年《家庭法》、1991 年《社会保障法》、1995 年《家庭法改革法》、1989 年《儿童抚养（评估）法》和 2001 年《儿童法》均对儿童福利、儿童权益保护、支持家庭功能等做了详细的规定，这些法律的颁布使澳大利亚的儿童福利和儿童权利保护趋于成熟，对我们也具有现实的借鉴意义[1]。

（三）瑞典

瑞典的儿童福利制度建设主要体现在儿童津贴制度的建立和相关税收优惠政策的出台上，如儿童津贴、生育补贴、税收优惠措施等。同时，公共托幼服务和父母亲假期制度逐步建立。特别是 20 世纪 60 年代，瑞典大规模投资于公共托幼和儿童养育设施，鼓励母亲就业。1985 年以来瑞典的女性就业率就一直维持在 70% 左右，即使是有 7 岁以下孩子的妇女也有 80% 的就业率。相对地，瑞典政府为保障就业

---

[1] 北京师范大学儿童福利研究中心. 澳大利亚的儿童福利制度[J]. 社会福利，2011 (3)：49-50.

妇女及其子女的权益,也将育婴假及儿童的公共托育服务等列入优先实施的福利措施。1947年,实施普及式儿童津贴,凡未满16周岁儿童均可领取,经费完全由政府承担,与保险无关,同时也不必经过家庭收入调查。对单亲家庭的每个孩子,由地方社会保险署付给监护方父母每月1173克朗的生活费补贴;抚养残疾儿童的父母可以收到一笔补贴,用于照顾孩子;对育有子女的家庭,当父母无法照顾子女时,由地方政府的社会福利委员会安排家庭协助服务。对受虐待的儿童及犯罪青少年,将其送往寄养家庭是儿童保护的主要措施。1982年施行《社会服务法》之后,将寄养家庭改为"家庭之家"(Family Homes),以尊重个人隐私,并消除寄养子女的概念❶。

在支出方面,瑞典政府用于社会福利的经费,约占国内生产总值的30%,国民缴纳的税金约占所得收入的40%,这两项比例之高也是世界少见的。儿童福利方面,本着政府承担责任的政策取向,其目的在于,从每一国民出生后即满足其成长所需,使其适时接受教育、适时获得职业,并能自立参与社会生活。

(四) 英国

英国是世界上推行儿童福利最早的国家。1948年英国政府通过了具有深远意义的《儿童法》,致力于一系列的儿童照料服务——建立儿童指导中心、儿童精神病医疗中心和集体宿舍。该服务机构在融合被忽视的儿童和未成年人过程中起到了促进作用。1969年《儿童和青少年法案》开始实施,代表着英国对现行少年司法制度进行重大调整。在原先救助与保护的原则之外,根据变化了的刑罚理念、青少年犯罪现状以及社会舆论导向等因素,对少年司法制度更多引进了惩罚和预防的理念,通过一些法案和措施来保障儿童权利和健康成长。

儿童津贴规定,凡居住在英国境内的国民,家中有两个以上未成年子女者,自第二个子女起,开始领取儿童津贴,包括普及的家庭津贴与低收入家庭儿童的家庭所得补助两种。父母离婚或父亲死亡的儿

---

❶ 邹明明. 瑞典的儿童福利制度 [J]. 社会福利, 2009 (12): 58-59.

童,还可领取特别津贴。儿童信托基金是英国另外一项重要的儿童福利保障制度。这是一种长期的免税存款和投资账户,政府给每一名符合资格的儿童 250 英镑作为起始资金。还有税收减免计划,如果成年人与儿童或者青少年一起居住,便可申请税收抵免❶。

(五) 日本

1973 年是日本的福利元年。在国际上,人们往往把日本作为特殊的福利国家来研究,并明确把它定义为"日本型福利社会"。"日本型儿童福利"政策的特色充分体现出带有东方传统儒家思想色彩的以家庭为中心的理念,即"以家庭功能的稳固充实、个人自立为指向的福利政策理念"。

从 19 世纪末 20 世纪初开始,日本陆续建立起儿童福利保护的规则、设施和相关法律的雏形,先后制定《感化法》《儿童保护法案》和《儿童扶助法案》。

真正意义上的日本儿童社会福利保障制度是在第二次世界大战以后形成和确立起来的。那时,以儿童"救助"为重心的"补缺型"儿童福利政策正式立法并在全国实行。

在日本,关于未成年人的法律法规有很多种,也正是有了明确的法律依据,未成年人保护问题才得到整个社会的高度重视。纵观日本儿童福利法的发展,发现日本拥有健全的法律保障支持体系来保障儿童的福利和安全,为日本的儿童福利政策提供了强有力的后盾和法律基础。

二、西方国家的儿童虐待预防和干预模式比较❷

Neil Gilbert 根据儿童虐待预防和干预的价值假设和制度安排,将儿童虐待预防和干预模式分为两类:儿童保护模式和家庭服务模式。儿童保护模式强调政府通过司法途径对高危家庭进行干涉,以英国、

---

❶ 邹明明. 英国的儿童福利制度 [J]. 社会福利,2009 (11):56 - 57.
❷ 陈云凡. 儿童防虐体系比较:社会政策视角 [J]. 中国青年研究,2011 (9):43 - 45,52.

加拿大和美国等英语系国家为主。家庭服务模式强调通过对家庭提供支持性服务来预防和处理家庭儿童虐待现象，以瑞典、丹麦、法国、德国等为主。下面，从介入基础、评估程序、介入方式、介入机构、介入效果等维度进行比较（见表2-1）。

表2-1 儿童保护模式和家庭服务模式的比较

维度	儿童保护模式	家庭服务模式
代表国家	英国、加拿大和美国等英语系国家	瑞典、丹麦、法国、德国
政府与家庭关系	父母被认为既是儿童照顾的唯一负责人，又是儿童遭受虐待的主要原因。政府只对角色缺位的父母进行干预，干预目标主要是改变父母的个人行为，干预的形式主要是通过司法途径。	儿童被虐待被认为是因社会因素导致的家庭功能失常所致。在政府干预的过程中，政府与家庭是一种合作关系。政府的干预主要通过对家庭提供支持服务和加强亲子交流来恢复家庭正常功能。
父母与儿童关系	儿童被法律保护免遭伤害的权利是凌驾于任何家庭支持之上的。该模式强调的是保护儿童在家庭中免遭伤害。	儿童和父母的关系是极少被完全或者暂时分离的。强调获取父母的同意和支持。
调查评估程序	政府只有在儿童管理相关机构出具儿童虐待的调查报告，且确认家庭已经违反了相关法律规定的情况下，才能继续介入。社区工作人员在对儿童虐待家庭调查的过程中，主要是按照标准化的程序做记录。	专业性工作人员参与评估被举报家庭的状况，但这种评估不是为法庭收集证据，而是对家庭需要进行评估，使得他们能根据家庭需要提供支持。
介入方式	管理的目标强调监测和控制高风险家庭父母行为，倾向于对儿童和家庭行为进行控制。在处理方式上，主要通过司法途径加以干预。	管理目标强调提供服务支持家庭和维系亲子关系，倾向于与家庭合作。在处理方式上建立家庭成员、社会服务工作人员和调解员及法官之间的协调机制，尽可能避免通过司法途径解决。
介入机构	儿童保护和防虐功能是由一个单独的专门机构负责，委托给独立的公共或者准公共机构。	通常是由社会福利和司法机构多部门合作管理，并且在两个系统之间的信息是相互流动的，有正式授权对儿童虐待预防和干预组织参与，也有福利组织，如日托机构。

续表

维度	儿童保护模式	家庭服务模式
介入效果	以保护儿童的个人权利为目标。在该模式中,国家与家庭是一种对立的关系,家庭对于国家的干预有比较大的抵触情绪。	以促进社会团结为目标,国家与家庭是一种合作的关系,家庭对于国家的干预不仅没有抵触情绪,而且还比较主动接受国家所提供的服务。

第三节 国外儿童福利制度安排和公共支出

一、儿童福利公共支出占国内生产总值的比例

政府、社会和家庭都对儿童的成长负有不可推卸的责任,也有义务为儿童的健康成长各司其职。其中,政府在儿童福利支出中的公共财政责任不可替代,儿童福利支出占国内生产总值(GDP)的比例也反映了政府的努力程度。公共支出在儿童福利方面的项目包括政府财政直接支出和资助的服务和设施。图2-1反映了较早的部分OECD国家(2003年)和中国(2005年)在儿童福利上的支出情况。显而易见,北欧各国作为福利国家的典型代表,在儿童福利支出上也处于领先地位,丹麦达到了4%,而挪威和瑞典也在3.5%左右;位于第二梯队的法国、英国和德国紧随其后,儿童福利支出占GDP的比例在3%左右;美国和日本等发达国家的儿童福利支出占GDP的比重并不是很高,为0.5%~1%;最后,韩国和中国的儿童福利支出较少,从图中几乎难以观察到。一种合理的解释是图2-1中的儿童福利现金支出和服务支出不包含教育和医疗支出,而这两项在上述排名靠后的国家(美国、日本、韩国和中国)中却占有不小的比例。

那么,近年来各国儿童福利支出占GDP的比重有没有明显变化呢?排名靠前的北欧国家是否仍然保持较大比例的投入?排名较后的国家有没有增加投入?较新的数据来源于韩国保健社会研究院2013

年发布的《OECD国家和韩国的儿童家庭福利支出比较》报告。数据显示，2012年韩国政府在儿童福利上投入的预算仅占整体社会福利预算的0.25%。儿童福利的适用对象也仅限于6岁以上的普通儿童，因此韩国儿童的主观生活质量（Subjective Well-Being）在OECD国家中垫底。

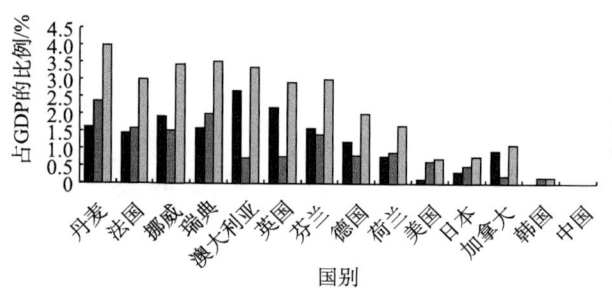

图2-1 部分OECD国家（2003年）和中国（2005年）儿童福利支出

资料来源：OECD国家数据来源于Social Expenditure Database，中国数据来源于《中国统计年鉴（2006）》《中国劳动和社会保障年鉴（2005）》《中国2006年国民经济和社会发展统计公报》。

如表2-2所示，按照2009年的标准，OECD国家平均儿童家庭福利支出约占GDP的2.3%，高于平均值的国家有爱尔兰（4.1%）、冰岛（4%）、卢森堡（4%）、丹麦（3.9%）、英国（3.8%）、瑞典（3.7%）、匈牙利（3.6%）、新西兰（3.5%）、芬兰（3.3%）、法国（3.2%）、挪威（3.2%）、奥地利（2.9%）、澳大利亚（2.8%）和比利时（2.8%）等国。韩国的儿童福利支出水平为0.8%，仅高于美国（0.7%），排名倒数第二位，仅为OECD国家平均水平的1/3，远远不及儿童福利预算最高的爱尔兰（见图2-2）。

表2-2 部分OECD国家儿童福利支出占GDP的比例（2009年）

国家	儿童福利支出占GDP的比例
爱尔兰	4.1%
冰岛	4%
卢森堡	4%
丹麦	3.9%

续表

国家	儿童福利支出占 GDP 的比例
英国	3.8%
瑞典	3.7%
匈牙利	3.6%
新西兰	3.5%
芬兰	3.3%
法国	3.2%
挪威	3.2%
奥地利	2.9%
澳大利亚	2.8%
比利时	2.8%
OECD 国家平均水平	2.3%
韩国	0.8%
美国	0.7%

资料来源：《OECD 国家和韩国的儿童家庭福利支出比较》（2013）。

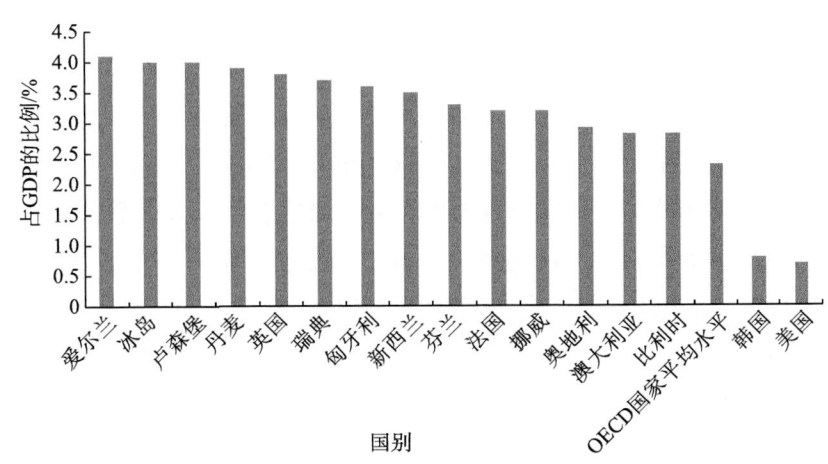

图 2-2 部分 OECD 国家儿童福利支出占 GDP 的比例（2009 年）

需指出的是，大部分欧洲国家在儿童福利支出各具体项目中，发放现金和支援实物的比重基本持平，福利体系相对完善，但在韩国儿童福利支出中，支援实物占了绝大部分。

更为深层次的问题是韩国儿童家庭福利支出不仅规模较小，且主要支援对象限于低收入阶层等弱势群体。总体来看，这与我国的情况类似，以其他 OECD 国家的经验来看，需要政府完善政策，不断增加儿童福利支出，积极扩大福利对象，使更多的儿童能够享受应得的福利。

二、国外儿童抚养责任划分

在儿童的成长过程中，抚养问题牵涉政府、社会和家庭各方，是儿童健康成长的重要物质保障。儿童（子女）抚养费是指所有子女都有权向其父母领取合理必要的生活资助，直至其达到法定年龄或结婚、服兵役或生活可以自立。在许多国家，在子女仍是全日制学生的情况下，会将该时间界限再延续一年或两年。在父母分居或离婚的情况下，父母双方仍然必须抚养其子女。通常情况下，享有子女监护权一方父母通过照顾子女日常生活的方式来履行其抚养义务，而另一方父母则必须通过向该监护父母支付一定抚养费的方式来履行其抚养义务，抚养费一般是现金形式，但也可能是其他形式；但当父母双方对子女的监护方式为共同生活监护时，法院也可能命令具有较高收入的一方父母向较低收入的另一方父母支付一定数额的抚养费。表2-3反映了 OECD 国家儿童抚养制度（Child Support Regimes）的特点：在儿童抚养参与问题上，表中所有国家都有父母的参与，大多数国家有法院的参与（如奥地利、比利时、法国、德国、日本、美国等），其中部分国家的法院只是发挥补充作用（如澳大利亚、新西兰、芬兰、挪威、英国等），还有一些国家有机构（儿童支持机构、社会法律保护机构、社会福利局等）的参与（如澳大利亚、捷克、丹麦、芬兰、新西兰、挪威、罗马尼亚、英国、美国等）；在确定支付金额的规则上，约一半的国家有明确的规章条例和严格的计算公式（如澳大利亚、奥地利、新西兰、挪威、英国、美国等），但也有另外一些国家规定法院拥有自由裁量权（如比利时、芬兰、法国、德国、韩国、荷兰等）；执行支付的责任可能由儿童支持机构、法院、社会福利局等单位负责，大多数为法院；大多数国家对未婚父母的子女一视同仁，但也有少数国家有不同的安排,如德国和瑞士;在抚养结束的年龄上,大多数国家为18岁成年时,但也同时规定上限可推迟至经济独立或学业结束时。

表 2-3 OECD 国家儿童抚养制度的特点

国家	责任的确定	确定支付金额的规则	执行支付的责任	对未婚父母的子女有无不同安排	抚养结束的年龄	抚养费用能否预付
澳大利亚	父母或CSA(如果父母不能达成共识)	规章条例/严格的计算公式	儿童支持机构	无	18岁或当学业结束时	不能
奥地利	在法院批准后由父母承担	正式的指南和规章条例/严格的计算公式	法院	无	18岁	能
比利时	法院	主要是自由裁量权,没有固定的规则或方法	法院	无	18岁	能
加拿大(安大略省)	父母	正式的指南	法院	无	18岁	不能
捷克	地区或区域性法院	法律规定	法院和儿童国家保护办公室(涉外事务)	无	直到儿童经济独立	能
丹麦	父母或国家县级机构(如果父母不能达成共识)	规章条例/严格的计算公式	国家县级机构	无	18岁	能

续表

国家	责任的确定	确定支付金额的规则	执行支付的责任	对未婚父母的子女有无不同安排	抚养结束的年龄	抚养费用能否预付
爱沙尼亚	法院（如果父母不能达成共识）	国家规定最低额度，补充部分取决于父母的收入	强制服务	无	18岁或当中学学业结束时	能
芬兰	父母或社会福利局和法院（如果父母不能达成共识）	主要是自由裁量权，非正式的指南	市级社会福利局	无	18岁	能
法国	法院	主要是自由裁量权，没有固定的规则或方法	法院和社会保障机构	无	18岁	能
德国	父母或法院（如果父母不能达成共识）	主要是自由裁量权，使用支持表格	法院	有	18岁	能
希腊	父母或法院（如果父母不能达成共识）	建立在父母收入基础上的规则	法院	无	18岁或24岁（如果一直在全日制学习）	不能
匈牙利	在法院批准后由父母承担	规章条例	法院	无	20岁	能

续表

国家	责任的确定	确定支付金额的规则	执行支付的责任	对未婚父母的子女有无不同安排	抚养结束的年龄	抚养费用能否预付
爱尔兰	父母或法院（如果父母不能达成共识）	法律规定，高级法院有自由裁量权	法院	无	18岁或23岁（如果一直在全日制学习）	不能
日本	父母或法院（如果父母不能达成共识）	非正式的指南	法院	无	20岁或直到儿童经济独立	不能
韩国	父母或法院（如果父母不能达成共识）	主要是自由裁量权，没有固定的规则或方法	法院	无	父母达成共识或20岁	不能
拉脱维亚	父母或法院（如果父母不能达成共识）	主要是自由裁量权，没有固定的规则或方法	法律执行办公室	无	直到儿童经济独立	能
马耳他	父母/法院监督或法院（如果父母不能达成共识）	法律规定，法院有自由裁量权	法院	无	18岁或16岁（如果儿童开始工作）	不能
墨西哥	法院	法院	法院	无	18岁或直到学业结束	不能

续表

国家	责任的确定	确定支付金额的规则	执行支付的责任	对未婚父母的子女有无不同安排	抚养结束的年龄	抚养费用能否预付
荷兰	父母（在律师的监督下）；法院（如果父母不能达成共识或者父母正在接受社会救助）	主要是自由裁量权，非正式的指南	国家的征收和支持机构；由法警执行；如果执法是有争议的，则由法院裁定	无	21岁	不能
新西兰	父母或IRCS（如果父母不能达成共识）	规章条例/严格的计算公式	内地收益儿童支持	无	16岁或直到儿童经济独立	不能
挪威	父母或NAV（如果父母不能达成共识）	规章条例/严格的计算公式	国家抚养支付中心	无	18岁	能
波兰	父母，地方政府福利办公室	非正式指南，《家庭收益法》（2003年11月28日）	有	—	18岁，21岁（如果在上学），24岁（如果是残疾人）	能
葡萄牙	父母（在律师的监督下）或法院（如果父母不能达成共识）	如果达成私人协议，采用非正式的指南；如果父母不能达成共识，则采用法院的合成规则	法院	无	18岁	不能

续表

国家	责任的确定	确定支付金额的规则	执行支付的责任	对未婚父母的子女有无不同安排	抚养结束的年龄	抚养费用能否预付
罗马尼亚	父母或儿童保护委员会，法院（如果父母不能达成共识）	非正式的指南	法院，劳动部	无	18岁或直到学业结束	不能
斯洛伐克	法院	主要是自由裁量权，非正式的指南	强制服务	无	18岁	能
西班牙	法院	主要是自由裁量权，使用支持表格	法院	无	18岁	能
瑞典	法院	主要是自由裁量权，非正式的指南	强制服务	无	18岁	能
瑞士	父母（在律师的监督下）或法院	规章条例	法院	有（在儿童利益上有具体规定）	18岁或直到学业结束（合理的延迟）	能
英国	父母或CSA（如果父母不能达成共识）	规章条例/严格的计算公式	法院和儿童支持机构	无	16岁或19岁（如果在进行全日制学习）	能

续表

国家	责任的确定	确定支付金额的规则	执行支付的责任	对未婚父母的子女有无不同安排	抚养结束的年龄	抚养费用能否预付
美国①	法院	正式的指南	法院和儿童支付机构	无	各州不同（在一部分州为16岁，有些州最多到25岁）	不能

注：①美国各州的差异较为显著。
资料来源：Skinner et al.（2007）和各国政府网站。

表2-4反映了OECD国家1994—2004年单亲家长的趋势，1994年前后，单亲家长百分比最高的为美国，达到28.0%（2004年前后下降到21.5%），其他较高的国家有挪威（20.2%）、瑞典（24.1%）和英国（21.2%），均达到了20%以上；从变化趋势来看，少数国家的单亲家长百分比略有下降，多数国家有增长。各国接受儿童抚养的单亲家长百分比不尽相同，总体来看，1994年至2004年期间，北欧福利国家的比例较高，如丹麦在99%左右，挪威在80%左右，芬兰从74.2%到72.7%再到83.4%，瑞典则从85.4%到92.6%再到100%。其他国家则各有不同，部分国家集中于50%附近，如比利时、法国，最少的为西班牙，徘徊于10%附近。

表2-4 OECD国家单亲家长的趋势

国家	单亲家长的百分比/%			接受儿童抚养的单亲家长百分比/%		
澳大利亚	16.4	23.0	21.2	34.9	35.2	36.9
奥地利	9.9	12.9	—	51.6	69.8	—
比利时	9.3	11.8	—	47.8	49.1	—
加拿大	—	15.9	—	—	35.5	—
丹麦	13.9	13.7	15.7	99.2	99.2	98.8
芬兰	12.7	14.9	13.0	74.2	72.7	83.4
法国	10.0	12.6	—	55.9	46.3	—
德国	8.0	13.9	—	—	30.1	—
希腊	3.4	3.1	—	17.2	24.5	—

续表

国家	单亲家长的百分比/%			接受儿童抚养的单亲家长百分比/%		
匈牙利	8.4	5.7	—	47.2	39.8	—
爱尔兰	10.4	14.4		23.7	20.1	
意大利	3.6	3.7		12.3	25.2	
卢森堡	10.2	6.3	7.3	32.2	40.1	
荷兰	8.6	8.8		15.6	24.4	
挪威	20.2	19.6		80.6	81.1	
波兰	6.8	6.8		46.4	72.9	
西班牙	3.7	4.2		7.5	12.4	
瑞典	24.1	21.2	21.9	85.4	92.6	100.0
瑞士	—	8.0	7.4	—	67.1	74.5
英国	21.2	22.9	24.6	20.2	21.9	22.8
美国	28.0	20.1	21.5	28.8	34.1	33.7

注：1. 该表涉及未丧偶（non-widowed）的单亲家长。

2. 第一列的数据是1994年前后，第二列为2000年前后，第三列为2004年前后。

资料来源：Own estimations from Luxembourg Income Study data.

从儿童抚养费用水平来看，主要可用四个指标衡量：单亲家庭的平均子女抚养费、儿童平均抚养费、儿童抚养费用占纯可支配收入的百分比、儿童抚养费用占总收入转移的百分比（见表2-5）。单亲家庭的平均子女抚养费最高的为瑞士，平均水平达到900美元以上；第二位和第三位的是英国和美国，1994年分别为346.0美元和316.5美元，2004年增长到416.3美元和502.2美元。瑞士在儿童平均抚养费上仍然遥遥领先，2004年达到657.1美元；第二梯队为奥地利、比利时、加拿大、英国和美国，均为200美元至300美元左右。不难发现，瑞士由于儿童抚养费用的绝对值较高，儿童抚养费用占纯可支配收入的百分比也较大，不过却有下降的趋势，从2000年的49.7%下降到2004年的35.1%；其他国家较为集中，一般处于10%到20%左右。在儿童抚养费用占总收入转移的百分比上，瑞士以70%左右的水平保持第一；较为明显的是北欧福利国家所占比例较小，丹麦、芬兰、挪威、瑞典均在30%以下。

表 2-5 国外儿童抚养费用水平

国家	单亲家庭的平均子女抚养费（美元，平均值）			儿童平均抚养费（美元，平均值）		
	1994年	2000年	2004年	1994年	2000年	2004年
澳大利亚	249.2	290.4	283.2	146.4	173.5	176.7
奥地利	295.3	313.4	—	197.0	245.1	—
比利时	260.9	313.9	—	164.9	219.7	—
加拿大	—	363.6	—	—	240.4	—
丹麦	115.5	153.2	197.0	82.6	104.7	131.6
芬兰	166.0	205.7	206.9	118.7	139.5	133.4
法国	260.8	250.8	—	196.8	152.4	—
德国	—	246.2	—	—	183.6	—
挪威	189.0	226.1	—	136.1	162.7	—
波兰	126.7	166.8	—	111.5	125.3	—
瑞典	194.9	184.7	196.2	122.5	116.8	128.0
瑞士	—	902.9	918.5	—	583.5	657.1
英国	346.0	379.7	416.3	221.5	244.8	295.7
美国	316.5	436.3	502.2	209.4	292.7	333.3
	儿童抚养费用占纯可支配收入的百分比/%			儿童抚养费用占总收入转移的百分比/%		
澳大利亚	17.3	15.1	14.2	34.9	31.2	26.1
奥地利	19.5	18.3	—	45.2	47.9	—
比利时	14.3	14.0	—	32.0	38.1	—
加拿大	—	17.5	—	—	43.1	—
丹麦	7.4	9.4	9.2	19.3	24.2	26.3
芬兰	11.2	12.3	10.7	27.0	29.7	29.5
法国	18.3	16.2	—	47.4	40.1	—
德国	—	17.1	—	—	37.2	—
挪威	11.3	10.5	—	25.5	27.1	—
波兰	24.4	30.0	—	47.1	59.6	—
瑞典	12.9	11.1	10.1	24.1	27.1	28.3
瑞士	—	49.7	35.1	—	72.3	71.1
英国	23.3	19.5	16.9	42.9	40.0	32.6
美国	17.5	18.7	19.4	60.0	63.0	53.3

资料来源：Own estimations from Luxembourg Income Study data.

三、国外儿童贫困情况

各国儿童贫困情况反映了处于弱势地位的儿童的生存状况,从 OECD 国家的情况出发,表 2-6 反映了 2010 年 OECD 国家的总人口贫困率和儿童贫困率,从 OECD 国家的平均水平来看,总人口贫困率为 11.3%,儿童贫困率为 13.3%,后者比前者高出了 2 个百分点,这也反映了大多数国家的普遍情况(见图 2-3),只有少数国家(以北欧福利国家为代表)的儿童贫困率更低一些:丹麦(低 2.3%)、芬兰(低 3.4%)、挪威(低 2.4%)、瑞典(低 0.9%)、韩国(低 5.5%)、英国(低 0.1%)和日本(低 0.3%)。

表 2-6 OECD 国家总人口贫困率和儿童贫困率(2010 年)

(单位:%)

国家	总人口贫困率	儿童贫困率(<18 岁)	总人口和儿童贫困率的差距
丹麦	6.0	3.7	-2.3
芬兰	7.3	3.9	-3.4
挪威	7.5	5.1	-2.4
冰岛	6.4	7.1	0.7
奥地利	8.1	8.2	0.1
瑞典	9.1	8.2	-0.9
捷克	5.8	9.0	3.2
德国	8.8	9.1	0.3
斯洛文尼亚	9.2	9.4	0.2
匈牙利	6.8	9.4	2.6
韩国	14.9	9.4	-5.5
英国	9.9	9.8	-0.1
瑞士	9.5	9.8	0.3
荷兰	7.5	9.9	2.4
爱尔兰	9.0	10.2	1.2
法国	7.9	11.0	3.1

续表

国家	总人口贫困率	儿童贫困率（<18岁）	总人口和儿童贫困率的差距
马耳他	9.4	11.2	1.8
卢森堡	7.2	11.4	4.2
斯洛伐克	7.8	12.1	4.3
爱沙尼亚	11.7	12.4	0.7
比利时	9.7	12.8	3.1
OECD平均水平	11.3	13.3	2.0
新西兰	10.3	13.3	3.0
波兰	11.0	13.6	2.6
加拿大	11.9	14.0	2.1
澳大利亚	14.5	15.1	0.6
日本	16.0	15.7	-0.3
葡萄牙	11.4	16.2	4.8
希腊	14.3	17.7	3.4
意大利	13.0	17.8	4.8
立陶宛	15.8	19.4	3.5
拉脱维亚	15.4	19.5	4.1
西班牙	15.4	20.5	5.1
保加利亚	15.7	20.8	5.2
美国	17.4	21.2	3.8
智利	18.0	23.9	5.9
墨西哥	20.4	24.5	4.1
罗马尼亚	16.0	24.9	8.9
土耳其	19.3	27.5	8.2

注：1. 匈牙利、爱尔兰、日本、新西兰、瑞士和土耳其为2009年数据，智利为2011年数据。

2. 贫困的阈值设置在总人口平均收入的50%。

资料来源：OECD Income distribution questionnaire（version Jan 2014）for OECD countries 和EU – SILC for non – OECD countries.

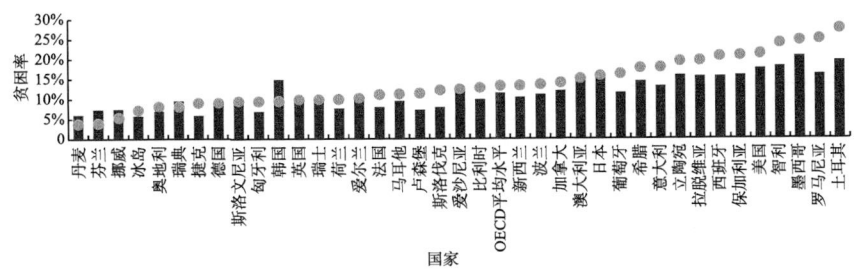

图 2-3 OECD 国家总人口贫困率和儿童贫困率（2010 年）

表 2-7 更为直观地反映了部分 OECD 国家从 20 世纪 90 年代中期至 2010 年儿童贫困率的变化情况，从 OECD 国家的平均水平看，儿童贫困率上涨了 2%。具体而言，只有英国、意大利、墨西哥、美国、匈牙利和加拿大有所改善，其中英国比较明显，儿童贫困率下降了 6.3%；其他国家则出现了不同程度的上涨（见图 2-4）。

表 2-7 部分 OECD 国家儿童贫困率的变化情况

（20 世纪 90 年代中期至 2010 年） （单位:%）

国家	变化率
英国	-6.3
意大利	-1.8
墨西哥	-1.5
美国	-1.1
匈牙利	-0.9
加拿大	-0.4
荷兰	0.2
新西兰	0.6
德国	1.1
挪威	1.4
丹麦	1.7
芬兰	1.9
法国	2.0
OECD 平均水平	2.0

续表

国家	变化率
澳大利亚	2.1
捷克	3.5
卢森堡	3.5
日本	3.6
瑞典	5.7
希腊	5.8
土耳其	7.9

注：1. 匈牙利、日本、新西兰和土耳其为2009年数据。

2. 贫困的阈值设置在总人口平均收入的50%。

资料来源：OECD Income distribution questionnaire（version Jan 2014）.

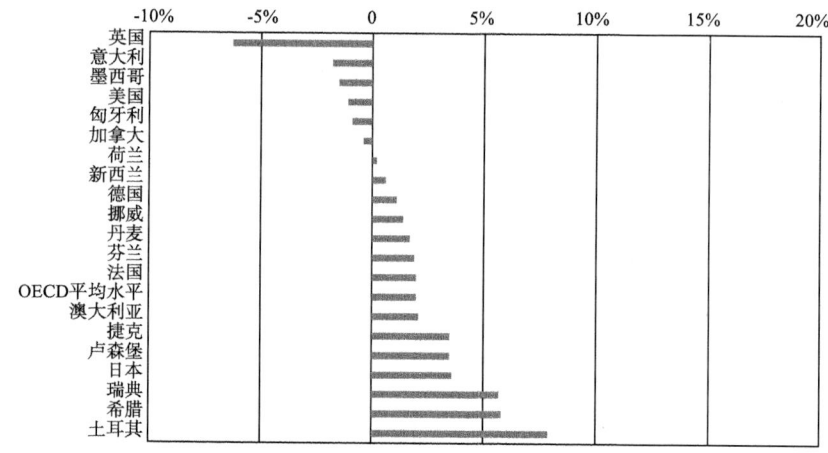

图2-4 部分OECD国家儿童贫困率的变化情况
（20世纪90年代中期至2010年）

表2-8则区分了2010年OECD国家儿童和有儿童的家庭贫困率。不难发现，除了瑞士的制度设计不同，其他国家中不论是单亲家庭还是一个完整的家庭，如果没有工作，贫困率就会大幅上升，这说明工作收入能够在很大程度上缓解家庭的贫困，而且越多家庭成员参加工作，贫困率就越低。

表 2-8 OECD 国家儿童和有儿童的家庭贫困率（2010 年）

(单位:%)

国家	贫困率（儿童）		贫困率（有儿童的家庭）						
			总体		单身		夫妇		
	2010年	自20世纪90年代中期以来的变化	2010年	自20世纪90年代中期以来的变化	2008年				
					没有工作	有工作	没有工作	一人工作	两人或多人工作
澳大利亚	15.1	2.1	12.5	1.5	73.1	14.4	67.5	10.3	1.9
奥地利	8.2	—	6.7	—	58.8	16.9	47.9	13.1	2.2
比利时	12.8		10.5		67.0	16.9	63.4	15.5	1.0
加拿大	14.0	-0.4	1.9	-0.8	87.0	27.4	68.5	23.2	4.4
智利	23.9	—	20.5	—	82.5	37.4	76.5	33.0	5.1
捷克	9.0	3.5	7.6	3.4	83.7	14.8	66.2	9.3	1.8
丹麦	3.7	1.7	3.0	1.4	26.7	5.6	30.5	9.3	0.9
爱沙尼亚	12.4	—	11.4	—	78.7	18.2	65.8	17.3	3.7
芬兰	3.9	1.9	3.7	1.9	43.0	6.8	43.2	7.3	1.4
法国	11.0	2.0	8.7	0.4	49.7	18.4	24.8	11.4	2.9
德国	9.1	1.1	7.1	0.5	54.0	23.8	16.4	2.5	0.5
希腊	17.7	5.8	15.8	5.2	54.0	16.7	57.8	26.3	4.7
匈牙利	9.4	-0.9	9.0	0.3	71.8	15.1	16.9	8.5	2.3
冰岛	7.1	—	6.3	—	31.2	26.2	30.0	14.6	2.3
爱尔兰	10.2		9.7		36.9	2.1	26.9	9.9	0.6
意大利	17.8	-1.8	16.6	-1.9	84.2	27.0	84.7	29.2	5.6
日本	15.7	3.6	14.6	3.3	50.4	50.9	36.0	13.6	11.8
韩国	9.4	—	—						—
卢森堡	11.4	3.5	9.9	2.6	60.2	41.6	34.6	16.2	3.8
墨西哥	24.5	-1.5	21.5	-0.3	41.9	28.2	75.3	32.9	10.4
荷兰	9.9	0.2	7.9	0.5	58.2	22.6	66.4	15.4	2.0

续表

国家	贫困率（儿童）		贫困率（有儿童的家庭）					
	2010年	自20世纪90年代中期以来的变化	总体		单身		夫妇	
					2008年			
			2010年	自20世纪90年代中期以来的变化	没有工作	有工作	没有工作	一人工作	两人或多人工作
新西兰	13.3	0.6	10.4	-0.6	47.4	13.8	46.9	13.0	2.5
挪威	5.1	1.4	4.4	1.4	42.3	9.9	42.4	12.6	1.0
波兰	13.6	—	12.1	—	64.8	15.1	62.1	26.6	4.4
葡萄牙	16.2		14.2		60.6	23.8	78.7	30.3	4.6
斯洛伐克	12.1	—	10.9	—	59.0	7.6	70.6	20.2	4.8
斯洛文尼亚	9.4		8.2		82.2	24.9	80.0	35.7	2.4
西班牙	20.5		18.9		84.6	23.8	73.4	27.1	7.5
瑞典	8.2	5.7	6.9	4.7	56.7	10.9	58.4	18.2	1.2
瑞士	9.8	—	8.7	—	31.6		7.2		
土耳其	27.5	7.9	22.9	6.1	44.7	32.4	45.0	21.5	20.2
英国	9.8	-6.3	9.2	-3.2	27.8	4.8	30.3	8.6	1.0
美国	21.2	-1.1	18.6	-0.1	90.7	31.1	86.9	28.1	5.8
OECD平均水平	13.3	2.0	11.6	1.8	58.0	20.9	53.6	18.6	4.1

注：1. 匈牙利、日本、新西兰和土耳其为2009年数据。

2. 贫困的阈值设置在总人口平均收入的50%。

资料来源：Secratariat calculation of data from the OECD Income distribution questionnaire (version Jan 2014)。

四、国外儿童受虐待和安置处理办法

儿童受虐待包括伤害儿童、使儿童残废或杀害儿童的极端暴力行为，具体形式包括忽视、暴力伤害、性虐待和精神虐待。儿童受虐待会对儿童造成极大的身心伤害，不利于儿童的健康成长。表2-9归纳了部分发达国家受虐待儿童庇护程序和安置体系，包括法律制度、专业机构和庇护安置方式。以美国为例，从20世纪70~90年代，分别通过了《儿童虐待预防和处理法案》《儿童保护法案》和《收养与家庭安全法案》，形成了一套完善的儿童保护法律体系，专业机构由司法和行政两个部门干预，而庇护安置方式主要包括紧急救助和家庭寄养。

表2-9 部分发达国家受虐待儿童庇护程序和安置体系比较

国家	法律制度	专业机构	庇护安置方式
美国	1974年，美国国会通过了《儿童虐待预防和处理法案》；1984年通过了《儿童保护法案》；1996年出台了《儿童虐待预防和处置法案》；1997年出台了《收养与家庭安全法案》。	司法介入：家庭暴力专门法庭。行政部门：儿童福利局。	紧急救助和家庭寄养：儿童被安置到寄养家庭后，接受的是"寄养家庭照顾"。美国各州政府制定法律对寄养家庭的资格进行规定，并要求他们接受专门的培训。这个临时家庭可以为这些存在特殊问题的儿童提供各种治疗和照顾，政府也会对这些治疗和照顾进行必要的监督和监察。
日本	《有关儿童虐待防止的法律》《日本刑法》《儿童福利法》	建立了专门设施即儿童虐待咨询机构和儿童商谈所。	儿童保护的安置形式包括家庭寄养、类家庭养育和机构养育，对于受虐待儿童，得到这三类安置的途径都是社工转介。

资料来源：尚晓媛等（2014）.

此外，多数发达国家都已经认识到并且投入资金建立了完善的保护体系，如澳大利亚的儿童保护服务包括：24小时儿童热线运行；负责儿童个案的专业人员提供的个案服务、咨询服务、转介和协调服务与支持；紧急护理服务；临时性的庇护设施（儿童和家长）；日间照料中心；资源中心；家务服务；给提供替代性监护的祖父母的支持；

24 小时社工服务支持。

从发达国家的先进经验看，建立儿童保护制度，所需要的资金配置的主要需要为：日常办公人员的工资或补贴，办公经费，案件办理经费，对家庭的支持，对儿童提供庇护的费用。最后一个部分，可以纳入儿童福利供给的费用中（对被遗弃儿童，对事实无人抚养儿童的支持，对贫困家庭的支持）。

第三章 儿童福利与保护需求分析

本章采取知情人访谈的方法对儿童福利和保护需求进行研究。通过对 130 名 17~19 岁大学生进行知情人访谈，以世界卫生组织倡导的健康概念为框架，采用主体分析法在质性分析软件 NVivo 10 中对 490 名 0~18 岁弱势儿童个人层面的困境表现及成因进行质性分析，呈现了弱势儿童在身体、心理、精神、社会与道德五个方面的困境。

第一节 身体健康受损

困境儿童在身体健康方面存在诸多问题，主要有因先天疾患、身体发育异常、环境支持性因素不足等而导致的身体健康受损。这些儿童中，主要有以下几种情况：贫困家庭儿童或者孤儿无法获得充足的营养，导致发育不良；遭受家暴儿童或被拐儿童更是遍体鳞伤，有些甚至有生命危险；还有些遭受忽视的女童，如留守儿童和不完整家庭儿童，由于无知而与异性发生关系并流产，严重损害身体健康。除此之外，流动家庭儿童由于无人看管，存在严重的安全隐患，发生了不少安全事故。以下列举几种常见的类型。

一、营养不良的儿童

子俊是一个性格很内向的孩子，身体瘦弱，皮肤黝黑，总让人感觉他吃得不好，营养不良，没有好好发育一样。（河北，孤儿）

小兰正处在生长发育期，但是家庭的贫困让她的基本物质生活得不到保障，她无法获取足够的营养，身体各项指标都落后于同龄人。（湖南，家庭贫困的农村女孩）

看起来非常幼小瘦弱。（北京，流动家庭的女孩）

在这样的家庭环境里，小龙的营养比不上其他的同龄孩子。（海南，被家庭忽视的男孩）

整个人又瘦又黄，因而眼睛显得特别大。她身上的衣服已经洗得泛白了，脚上也没穿鞋子，光着脚丫在水泥地上跑。（河北，流动的农村儿童）

二、受意外伤害的儿童

她因为幼年时头部受过伤，精神上有一些问题，导致她上了三年五年级还没有小学毕业。（北京，流动女童）

街上车多，无人看管，小朋友的安全很让人担忧。（河北，入学难的农民工随迁子女）

2015年3月7日，上初三的小宝晚上放学回家，在小卖部买东西时，一辆出租车失控撞向小卖部台阶，直接冲向正在买东西的小宝……造成小宝重伤。（湖北，无人接送的城市儿童）

三、发育异常的儿童

6岁时养父母发现其发育异常，经医院确诊为侏儒症。（北京，被遗弃的女孩）

从外表来看，这个孩子走路有些不协调，总是拖着脚歪着脖子；说话没有问题，只是吐字有些不清，并且说话声音不太正常。（湖北，有出生缺陷的小城镇儿童）

四、残疾的儿童

至今为止，荣杰家仍欠医院6万元的医药费，预计身体最终的康复与安装义肢的资金缺口为40万元左右，这个数额他们家负担不起，荣杰有可能面对永远也站不起来的风险。（广东，有残疾的城市男孩）

小林在小学有一定交往障碍，难以与同龄人正常交流，并受到同龄人排斥。（北京，交流障碍儿童）

五、超重与肥胖的儿童

小城在 10 岁时就已经非常胖了。130 厘米的身高，体重却高达 80 千克。这在同龄人中属于极度超重的体型。由于体重过重，小城在幼小的年纪就患有各种疾病，例如腰椎间盘突出、"三高"，身体受到严重损伤。小城现在急需对体重进行控制，以缓解身体的疾病。（福建，患病的城市肥胖儿童）

六、受家暴的儿童

小刚主动将自己的两袖卷起，指着手臂上面的诸多疤痕说那都是他爸打出来的。（安徽，流浪的被家暴的农村男孩）

根据对孔辉进行的医学鉴定，其身上有多处骨折，小小年纪便有着较为严重的营养不良状况。（河北，被拐儿童）

七、性教育缺失未婚先孕的儿童

虽然父母都不在小娟身边，但他们心疼女儿，平时给她很多零用钱。没想到，小娟和一位男生却多次发生关系，每次都是小娟付钱开房。她经常夜不归宿，白天也不上课，但父母都远在外地，没有人注意到这一切。直到有一天，小娟怀孕并流产了，才被家人发现并报案。（山东，农村留守女孩）

进入初中之后，小洁选择了寄宿学校，并快速开始了和一个男生的恋情，没过多久，还怀孕了，她不敢告诉父亲，于是自己悄悄选择到小医院进行了流产，此后，她更加破罐子破摔。（贵州，农村单亲女孩）

八、受艾滋病影响或感染艾滋病的儿童

刘某没有生存的技能，于是选择以乞讨为生。刘某没有得到好的救助，也没有办法获取缓解艾滋病的药物。在访谈中刘某吐露了心声，她希望自己的父母能够认领她，希望社会上的善心人士能够帮助她，她想有生存下去的机会。（江苏，乞讨的农村艾滋病儿童）

第二节 心理和精神健康问题严重

一、性格呈现自负和自卑两种极端倾向

困境儿童的性格表现出极为自负或自卑这两种比较极端的性格倾向。这两种性格都不利于儿童自身的成长和发展。极为自负者,表现为或十分自负、自私、自利、自我,或霸道叛逆。这种极端自负的性格往往伴随着亲子关系和人际紧张等一系列问题。

(一) 极为自负的儿童

1. 家庭教育不当的儿童

自称要想做的事没有做不到的……自觉高人一等,别人都看不惯,目中无人;任性,很难管理……从小母亲就管不住他,外婆照看和父亲镇压着勉强维持。(安徽,城镇的任性男孩)

渐渐地他养成了"小霸王"的心性,反叛心理十分严重。父母都很后悔对他疏于管教,怕他以后惹出什么事端来。(福建,城镇的反叛男孩)

在重男轻女思想的影响下,作为家中唯一的儿子,自然而然成为家庭三代人的焦点,爷爷奶奶宠爱,父母倍加疼爱,孩子成了家里的"小皇帝",为所欲为,无耐性,经常发脾气,要什么就一定要到手,而家长经常采取尽量满足孩子要求的态度,对其过分溺爱。(湖南,被溺爱的农村男孩)

2. 被遗弃的儿童

小夏由于个性要强、敏感、多疑,与老师、同伴发生过矛盾。(北京,被遗弃的女孩)

(二) 极为自卑的儿童

极为自卑者,表现为或沉默寡言,自卑内向,自闭懦弱;或悲观消极,脆弱焦躁,不平和。这种极端自卑的性格伴随着焦虑、情绪化甚至消极厌世的危险倾向。

1. 受社会排斥的儿童

如果发生了不好的事情，她也不会表现出明显的不高兴，而是用一种牵强的自嘲来描述，并且有一种"强颜欢笑"的感觉。……她从来不反抗老师，从来都表现得很乖，并试图表现出自己符合规则的一面。（北京，流动家庭的女孩a）

在学校里，她永远是受欺负的焦点，她没有朋友，眼睛呆滞，渴望幸福，但是因为长期受欺负，她的性格很懦弱，永远都对周围有着恐惧。她的哥哥和弟弟经常欺负她、打她，她的父母也不会去维护她。（北京，流动家庭的女孩b）

2. 家庭支持不足的儿童

小贝见向父亲告状无用，慢慢地也就放弃了，逆来顺受。渐渐地，小贝越来越胆小，也越来越内向，连在父亲面前都不敢大声说话；上学之后，和老师、同学说话也小心翼翼，不敢主动与他人接触。（贵州，单亲的农村男孩）

小明的性格养成其实是很需要爸爸的培养的，有些影响是妈妈弥补不了的，而因为这一角色的缺失，他会比较不坚强，自己会比较封闭。他需要更多的爱，在父爱上有遗憾，造成了他体会和分享爱的能力不足。（河南，单亲的城市男孩）

爱哭闹，习惯乱发脾气，情绪波动较大，经常不分场合无理取闹，占有欲强，脾气古怪，难以琢磨，有一点不顺心就大哭大闹。（广东，城市的独生女）

她对自己的智商没有自信，最终导致她在做作业方面表现出的智商是十分低弱的。（北京，流动儿童）

3. 受重大生命事件影响的儿童

高考落榜。出现精神失常现象，常常自言自语，半夜突然惊醒，胡乱吼叫。平常把自己锁在房间，拒绝和别人交流。（安徽，小城镇的高考落榜女孩）

刘某小学时有转学经历。转学后的刘某由活泼开朗的性格转变为沉默寡言，排斥新同学，抵触和同学以及家长交流。个人成绩与生活积极性也逐渐下降，沉默内向。（河南，转学的城市男孩）

4. 其他身心受创的儿童

在同学眼中,这样的改变(变得肥胖)难以相信,(同学的这种反应)让本身并没有意识到问题严重性的小鱼一下子崩溃了。中考即将来临,而自己却由于体重的原因很容易犯困打不起学习的精神,再加上同学异样眼光施加的压力,让自尊心很强的小鱼很是焦虑,却又无可奈何,只能靠吃自己最喜欢的食物来消除烦恼。这样的恶性循环……让一家人都很焦虑。(福建,肥胖的城市女孩)

二、认知出现偏差

困境儿童的认知出现偏差表现在三个方面。首先,由于教育忽视或其他特殊经历,他们很多不明是非黑白,对好坏对错处于完全无知的状态;其次,他们由于亲情的缺失对外界充满威胁,对父母充满敌意,具有反社会倾向;最后,他们因受到各种伤害对外界缺乏信任、对自己持否定态度,自我认同感差。

(一)素质教育缺失而不能明辨是非的儿童

虽然学习成绩很好,可对于更多的生活内容,有时候缺少一个人来告诉他什么该做,什么不该做,所以教育有缺失。(河南,单亲的城市男孩)

生活中不懂分清是非,他很害怕因为自己犯错被母亲打。(海南,受家庭忽视的城市男孩)

表姐告诉他,有一个来钱快的方法,就是网络赚钱。表姐让雨欣帮自己在某社交软件上骗人上钩,只要有人上当,就可以给她10%的回扣。后见这种方法确实赚钱快,小小年纪的雨欣便沉迷于此,与表姐和表姐夫合作在网络上进行欺诈。一年后,表姐和表姐夫被抓,并因为欺诈数额较大行为恶劣,被法院起诉。雨欣不知何去何从,并且她一直觉得自己的行为没有不当之处。(河南,网络诈骗从犯)

(二)亲情缺失导致反社会倾向的儿童

小玲的姐姐经常会辱骂甚至殴打小玲,导致小玲不喜欢和姐姐在一起,她经常想念爸爸妈妈和弟弟,但她有时候也会非常恨爸爸妈妈

为什么只带走了弟弟。(湖南,受家暴的贫困留守儿童)

(三)受家暴而亲情缺失的儿童

对此,小刚始终无法理解。但他断然否定父母这样做是为了保护他。在他看来,他父母对他从来就不好。小刚弄不清楚自己的父母为什么要那样对他,他甚至怀疑自己不是他们的亲生儿子。无论如何,小刚说自己无法忍受那种动不动就被打的方式。(安徽,受家暴的农村流浪儿童)

(四)受家庭危机伤害而信任缺失的儿童

小黄的父母性情暴躁,蛮不讲理,俩人经常吵架,有时还会大打出手。小黄深受其害,一开始他也试图阻止,但发现无济于事。从此以后,他便以冷漠的态度对待身边的所有人,无法与他人建立基本的信任感。(父母关系紧张的贫困地区儿童)

后来,有一天,他妈妈婚内出轨,还刚好被他撞到,这对他的心理造成了很大的创伤。从此,他便再也不把他妈妈当作妈妈来看,用污言秽语侮辱他的妈妈。(宁夏,母亲出轨的城市男孩)

(五)曾被抛弃而自我否定的儿童

认为自己是被抛弃的人,常常斥责养父母,觉得他们无权干涉自己的生活。(北京,被收养的儿童)

被抛弃的小云被继父和奶奶收养,那是他的家么,小云不止一次地问自己,为什么别的家里有爸爸和妈妈,但是我的家里只有爸爸和奶奶呢,为什么别人说爸爸不是我的爸爸,奶奶也不是我的奶奶呢,……小云的眼神当中有的只是空洞和孤单。(被收养的儿童)

他已经习惯了独自承受旁人的奚落、大人的数落、同伴的嘲笑,习惯了自己的差劲,所以,对什么他都漠视。长期以来,同学们也疏远他,老师也放弃了他。(甘肃,农村留守隔代抚养的儿童)

(六)受性侵犯而自我否定的儿童

八岁时,她曾被同一栋楼的住户猥亵。小镇是没有秘密的,所有的事在一夜之间传开,从此在这个小女孩的生命中刻上了重重的伤痕。社区里的朋友、班上的同学都开始远离她,即使所有人都说不出在这个事件中这个八岁的小女孩做错了什么。小如变得越来越孤僻、胆怯,成绩也越来越差,甚至到后来,她都不再看人的眼睛:似乎连她都认可了自己是一个"罪人"。(贵州,被社区熟人性侵犯的女孩)

三、存在精神障碍

(一) 网瘾者

明明由于长期迷恋网络游戏,学习成绩直线下降。……经常和社会上不三不四的人称兄道弟。一天,愤怒的父亲把网线扯断了。明明就像疯了一样,将电脑屏幕砸了个粉碎。事后,明明还以"离家出走""断绝亲子关系"等来威胁父母不得"干涉"他的爱好。(北京,城市网瘾学生)

小明每天去网吧打游戏,很少出门……逃课,不爱上学,每天只玩网络游戏,成了网瘾少年。(广东,城市网瘾学生)

小黑是独生子,父母对他也比较宠爱,平常他提什么要求,父母都会答应,对于小黑的学习也没有很控制。所以一开始小黑玩电脑游戏时,父母并没有对他进行阻止。后来由于小黑在网络上认识了一起玩游戏的人,于是,也越来越沉迷于网络游戏。(江苏,城市网瘾学生)

鹏鹏是一名高中生,在初三之前,他的学习成绩一直名列前茅。但是他初三时的同桌是一个网瘾少年,在同桌的带领下,他也上网成瘾。(湖南,农村网瘾学生)

(二) 性成瘾者

小包是一个性成瘾者,由于小包生活在农村,认识了很多社会上的小混混,了解了很多这方面的事情,并且由于受到成年男子的迷惑,小包对于性的渴望愈发强烈,加之父母在外地务工,经常长时间不回家,对小包的教育也并不严格,无法掌控小包平常的活动。……小包的父母发现小包会用电脑浏览黄色网站,并且与陌生成年男子进行色情聊天。虽然小包没有实际上与男子发生性关系,可是小包才刚

11岁，对于性十分沉迷，而且小包对于实际发生性关系非常渴望。小包的父母对此感到非常不安，与女儿进行交谈后，小包表面上答应了父母不会这么做，可是父母发现小包还是会偷偷地浏览黄色网站，并且依然与成年男性在网上进行暧昧的聊天，言语间充满挑逗。（湖北，性成瘾的农村留守女孩）

（三）遭受精神疾病威胁

还有一类患有精神疾病的特殊儿童，又以自闭症为多见。罹患这类疾病的儿童一般都得不到及时的发现与治疗，导致病情恶化，错失治疗干预的最佳时机。

据冬冬妈妈讲，有时他还会趁父母不注意掐、咬小弟弟，当家人批评他时，冬冬会出现自虐行为，抓伤自己而不知疼痛。当冬冬突然来到幼儿园这个新环境中，便产生了恐惧、不自信，他把自己紧紧地包起来不去与人交往，不参与任何活动，缺乏与人交往的机会，久而久之他变得更加孤僻，习惯性地将自己封闭起来，活在自己的世界里。他喜欢自己玩、自己笑，不与其他小朋友交流，即使老师主动与他搭话，他也是前言不搭后语，从不正面回答。……每次上课总是玩自己的，有时高兴了还会踮着脚尖，手舞足蹈地转圈，甚至拍着手尖叫。（河北，患自闭症的城市男孩）

两年来老有一种难以言状的苦闷与抑郁，总感到前途渺茫，一切都不顺心，老是想哭，但又哭不出来，即使遇到喜事，也毫无喜悦的心情，过去很有兴趣去逛街、看电影、听音乐，但后来就觉得索然无味了。来访者深知长期忧郁苦闷会伤害身体，但又苦于无法解脱，并逐渐导致睡眠不好，多梦，食欲不振，有时很悲观，甚至想一死了之，但对人生又有留恋，因而下不了决心。（江西，情绪低落的城市女孩）

第三节　社会融入困难

困境儿童在社会融合方面困难重重。有诸多表现形式，主要表现为学业障碍、人际交往障碍。其中，因为各种污名效应，他们备受歧视，以艾滋病儿童为甚。

一、学业困难儿童

小陆的父母老来得子，对小陆十分宠溺。小陆的父亲是工厂老板，算是一个"暴发户"，文化水平不高，认为自己小时候太苦，现在有钱了有义务给孩子更好的生活，所以他会给小陆很多零花钱。……老师对他已经灰心，采取无视的态度。（广西，暴发户家庭的城市儿童）

小张因为缺少管教，学习成绩不好，衣服常年不换，在学校受到同学的歧视，产生自卑心理，对未来很迷茫。（河南，留守儿童）

学习缺乏自觉性，上课爱做小动作或走神。作业马虎，书面不整洁，家庭作业丢三落四的……导致孩子学习没有耐心，对成绩好坏无所谓。（安徽，被溺爱的农村儿童）

产生严重厌学情绪。（北京，被收养的儿童）

学习成绩差，注意力不集中……学习动力不强。（北京，被溺爱的儿童）

上课不专心听讲，常做小动作，注意力不集中；课堂作业、家庭作业拖拉，经常不能按时完成，且作业质量差，错误较多；成绩差，各门功课测试都不及格。（单亲家庭的儿童）

学习缺乏自觉性，老师布置的作业完成了事，多一点也不想做，没有毅力克服学习上的困难，根基打得不牢，使学习成绩处于下游。（湖南，农村儿童）

家里缺少辅导课业的人，并且家里也没有多余的闲钱去给她报补习班，所以她的课业成绩比较差。（江苏，农村打工子弟）

小刘行为习惯较差，每次课前准备不充分，不是书没带到学校，就是文具用品落在家里。个人卫生习惯也差，穿着邋遢。学习缺乏自觉性，上课爱做小动作或走神。作业马虎，书面不整洁，家庭作业丢三落四的，说话慢条斯理。（安徽，被溺爱的农村儿童）

二、人际交往障碍儿童

因为困窘的家庭情况和母亲的无暇照顾，小罗一直看起来脏兮兮的，加之他学习不好又很调皮，在学校属于不受老师和同学欢迎的人。（湖北，受家庭忽视的贫困家庭儿童）

因为有偷东西的"前科"，黄某从小被冠以"坏小孩"的名头，村里家长都限制自己的孩子与之交往。（河北，失范的农村儿童）

长期和爷爷奶奶生活使孩子专横、霸道，自私自利，情绪很不稳定，学习基础差，排斥同学，自我保护意识强。（贵州，隔代抚养的农村留守儿童）

三、校园欺凌者

在同学之间名声差，和同学、老师、父母关系紧张，有暴力倾向且叛逆。长此以往，阿斌在同龄人中更加跋扈、霸道。（广东，霸凌的城市学生）

父亲有赌博的恶习，家里成为赌博场所，经常乌烟瘴气。父母关系不好，父亲的赌博让家里负债累累，加之来自学校的压力，和同学、老师关系都不好。从小缺少父母的关爱和同龄人的理解，其实内心很自卑。……由于在家里和父母关系不好，十分叛逆，经常离家出走。在学校闹事，打架，拉帮结派，顶撞老师，脾气暴躁，面临被学校劝退的风险。（宁夏，赌博家庭的农村儿童）

四、受歧视的艾滋病感染者

小A是一个艾滋病孤儿（弃儿），来自农村，在注射疫苗时通过血液染上了艾滋病。父母都是农民，收入较低，受到农村传统观念的束缚，小A被他们遗弃。……她在被送到孤儿院后定期接受艾滋病治疗，同时也用焦虑自评量表对其进行了测试，发现她属于低焦虑，经常处于高度紧张状态，害怕再被遗弃，因为害怕把艾滋病传染给别人，所以不喜欢与人交往。她希望自己能够得到父母的关爱，希望自己的艾滋病不会传染给别人，不被其他人歧视，获得尊重与爱，能够

发现自己生存的价值。(江苏,感染艾滋病的农村弃儿)

小B在接受教育的时候,受到学校和班级同学的歧视,班级同学的家长也强烈要求学校将其退学,因为担心会传染给自己的孩子,周围的同学也疏离他。由于长期遭受周围人的异样眼光和污名,他开始变得封闭,不和别人接触,也不愿意治疗,开始酗酒想要结束自己的生命,开始认同别人加注在自己身上的污名。(江苏,感染艾滋病的农村儿童)

五、有多种疾患而发展受限者

从外表来看,这个孩子走路有些不协调,总是拖着脚歪着脖子;说话没有问题,只是有些吐字不清,并且说话声音不太正常。

她的父母坚持让她上普通的全日制小学,所以在我的记忆里她在三年级就一直留级,由于她的一些"不正常"的表现,在学校里很有名,大家都躲着她不和她玩,老师也没有对此行为进行阻止。(湖北,有出生缺陷的小城镇儿童)

父母受教育程度有限也很难有所指导,只能在康复中心大班继续就读。(北京,听障的农村儿童)

初中毕业后由于成绩太差,没有考上高中,父母也放弃了让她进入职业中学学习的机会,不久后她出现在了学校对面的建筑工地上,帮助父亲干活。(甘肃,智障的小城镇儿童)

可是由于家庭变故,孩子也无法安心上学,心理极其奇怪,不愿与身边的任何人交流,甚至也不想上学了,母亲含泪劝阻,也没有什么效果,他总希望自己能够为家里出一份力,却苦于没有任何能力。(河北,因家庭变故精神创伤的农村儿童)

六、遭遇制度障碍者

现在上小学六年级的她正面临着留在当地读初中还是回老家的选择。如果留在当地,可能依旧没有公立学校愿意接收她,即便接收也需要一大笔所谓的"建设费";如果回老家,远在农村的爷爷奶奶照顾她、她到镇里上学都会很不方便,依靠住在别市的亲戚,跨区入学也需要"择校费"。(广西,农民工子弟)

第四节　道德失范

困境儿童还存有极大的道德失范风险，存在严重的问题行为，如作弊、逃学、出入夜店、拉帮结派、打架滋事、性滥交、性成瘾、性侵、物质滥用、偷窃等，甚至出现了严重反社会的杀人违法犯罪行为。

一、学风败坏的儿童

为了让父母安心，也能用良好的成绩向父母索取一些物质方面的高要求，欢欢在考试中一直会作弊，或欺瞒家长。现在要中考了，欢欢知道以自己的实际成绩并不能达到父母的期望，很后悔以前的行为，更加担心中考之后无法向父母交代。（辽宁，作弊的城市学生）

女生现在读初三，从开始读初中起就经常逃学，成绩不好，经常和社会上的人混。母亲管教她时，她会顶撞母亲。（广东，单亲家庭的城市女孩）

上学期间，小王没有什么朋友，村里的小孩欺负他，他也不知如何是好，心里甚至对欺负人的生活产生了向往。久而久之，小王跟这帮小流氓混在了一起，成了一个不良少年，也跟着他们一样欺负其他外来的小孩。为了给坏小孩的"小老大"孝敬钱财去黑网吧上网，被父亲老王发现，用铁链子打了一顿。小王却越发不肯改好，成天逃学上黑网吧，勒索低年级同学。父亲已经拿他没有办法了，不知道该怎么办。（湖北，霸凌学生）

二、社会交往行为不端的儿童

木子上小学时是家里的乖乖女，初中之后开始早恋、接触社会上的不良青年，变为一个逃学、酗酒、花钱大手大脚的"大姐大"。且其与父母、老师关系紧张，已经到了与学校和家庭决裂的边缘。（湖南，重组家庭里的城市女孩）

不服管，抽烟……打架，离家出走。（安徽，失管的城市儿童）

加入了混混行列,每天打架斗殴。(安徽,受家庭忽视的小城镇男孩)

14岁的小刚已经在上海流浪一年半了。这中间,除了有一次被救助站强制送回他老家安徽而回家一天外,这个身高只有150厘米的大眼睛小男孩再也没有回过自己的家。当有一天他偷偷地跑到街上玩,遇到一个比他大一点的小孩熊猫说:"上海好混,赚钱很容易",并且邀他一起去上海的时候,他毫不犹豫地答应了,他们一起爬车到县城,然后再从县火车站偷偷爬上一列开往上海的火车。(安徽,失管流浪的农村儿童)

经常出去与社会上的朋友混。常常出没于网吧和一些私人酒吧,很少主动与养父母联系。(北京,被收养的男孩)

三、性道德失范的儿童

小清是一个普通中低阶层家庭的小孩,父母受教育水平都不高,无法在学习方面给予女儿什么帮助,每天都在外面操心着生计……小清受到来自父母的管教很少,人又长得还算清秀,所以刚进初中就认识了一群同样不受管教的"差等生"或是"不良学生",经常一起逃学,一起参与聚众斗殴事件,甚至和一些人发性关系,导致怀孕。(江苏,家庭教育缺失的未婚先孕的城市女孩)

小薇到了青春期,对父母的话更加听不进去。小薇刚上初二就和高年级男生谈起了恋爱,最终导致怀孕,现在处于休学在家的状态。(北京,未婚先孕的城市学生)

对老师不尊敬,经常和高年级男生在一起。(北京,未婚先孕的学生)

离婚对于父亲来说是一个巨大的打击,走不出阴影的父亲在无处泄愤的时候就把气撒在小洁身上,小洁度过了一个非常痛苦的童年。进入初中之后,小洁选择了寄宿学校,并快速开始了和一个男生的恋情,没过多久,还怀孕了,她不敢告诉父亲,于是自己悄悄选择了小医院进行了流产,此后,她更加破罐子破摔。(贵州,未婚先孕的单亲家庭的农村学生)

四、严重违法犯罪的儿童

时值青春年少的他竟对邻居家的小女孩心生邪念，采用暴力奸淫了邻家女孩，伤害邻家女孩的同时把自己也送进了监狱。（广西，性暴力犯罪的儿童）

去年，她因与邻居发生口角，向其家里的饮水井里投入农药，好在及时发现，并没有造成什么不良后果。（福建，投毒的贫困家庭儿童）

后来，她发现月经没来，心里害怕，就跟父母说，一定要来深圳。来深圳后，她一直隐瞒父母，直到一天凌晨在厕所里产下一名男婴，由于害怕，她将男婴用黑色塑料袋包裹后，从窗户扔下，之后，她因"故意杀人罪"被判刑3年，缓刑4年。（贵州，未婚产子后弑子的农村姑娘）

五、自杀轻生的儿童

他现在感到非常迷茫和无力，也没有办法干涉父母的行为。他想到了离家出走甚至结束自己的生命。（北京，家庭变故的男孩）

她曾在小学毕业考试结束后喝农药自杀，幸亏发现得早得到及时抢救，但后来其母竟说："说你两句就想自杀，成绩不好还不能说你了。"（河南，受家暴的农村女孩）

他在学校被同学嘲笑，在家被冷落，学习成绩差，老师也没太多地关注他。所有这些导致他性格孤僻，不爱与人交往，甚至产生轻生的念头，有一次喝农药差点丢了性命，还好被及时发现送去医院才保住了生命。现在上了中学，可他就是厌学，只想回家干农活，不愿与人交往。（贵州，脑发育障碍的农村男孩）

第五节 讨论与结论

总结以上研究发现，弱势儿童主要存在以下几种困境类型：

（1）由于儿童自身罹患先天性疾患或后天创伤而陷入极大的康

复、护理困境；进而在家庭经济条件、社会歧视等诸多可能因素下进一步遭遇发展障碍。需要增加对病残儿童的经济支持与社会支持。

（2）由于家庭贫困、家庭变故、家庭忽视、家庭暴力或其他方面的家庭支持性环境不足从而使得家庭教育缺失，导致儿童心智发展不健全，甚至行为失范。需要规范家庭教育，通过社区社会工作服务等强化家庭对儿童发展的关键支持作用。

（3）学校素质教育缺失与社会支持性环境不足，使得尤其是失管儿童的不端行为泛滥、同伴群体的不良行为相互影响、性道德失范、人生耻感。需要加强道德教育、生命美学教育与性教育，顺利实现儿童的继续社会化。

（4）促进打工子弟随迁入学是解决部分家庭支持性环境不足导致儿童失管问题的核心。

第四章 儿童福利和保护的现状分析

第一节 分类别儿童福利政策

一、孤儿

孤儿是指失去父母、查找不到生父母的未满18周岁的未成年人。孤儿分为机构集中养育孤儿和居家孤儿两种类型。儿童福利院是由国家民政部门举办，国家给予经费，主要收养无人抚养的孤儿、弃婴和残疾儿童的社会福利事业单位。我国对查找不到监护人、监护人无力抚养和未被收养的孤儿、弃婴，采取由儿童福利院集中院内供养的方式。截至2018年年底，全国共有儿童福利和救助保护服务机构651个，床位9.7万张，年末收留抚养各类人员4.9万人❶。

根据15部门《关于加强孤儿救助工作的意见》，政府保障孤儿的基本生活不低于当地平均生活水平。该意见提出："财政部门应当将孤儿救助所需资金纳入城乡社会救助和社会福利事业发展资金需求，统筹考虑，合理安排。通过财政预算安排、民政部门使用福利彩票公益金资助和社会捐赠等多渠道筹集资金，保障孤儿的基本生活不低于当地平均生活水平。中央财政将加大对财政困难地区一般性转移支付力度，增强这些地区的财政保障能力。"

《国务院办公厅关于加强孤儿保障工作的意见》进一步提出，要建立健全孤儿保障体系，维护孤儿基本权益。根据该意见，孤儿保障

---

❶ 民政部.2018年民政事业发展统计公报［R］.北京：民政部，2018.

体系包括孤儿基本生活保障、孤儿医疗康复保障、孤儿教育保障、孤儿成年后就业扶持和孤儿住房保障。其中，在孤儿基本生活保障方面，该意见再次重申，"各省、自治区、直辖市政府按照不低于当地平均生活水平的原则，合理确定孤儿基本生活最低养育标准，机构抚养孤儿养育标准应高于散居孤儿养育标准，并建立孤儿基本生活最低养育标准自然增长机制。地方各级财政要安排专项资金，确保孤儿基本生活费及时足额到位；中央财政安排专项资金，对地方支出孤儿基本生活费按照一定标准给予补助。民政、财政部门要建立严格的孤儿基本生活费管理制度，加强监督检查，确保专款专用、按时发放，确保孤儿基本生活费用于孤儿。"

《民政部财政部关于发放孤儿基本生活费的通知》（2010年）要求："各省（自治区、直辖市）要根据城乡生活水平、儿童成长需要和财力状况，按照保障孤儿的基本生活不低于当地平均生活水平的原则，合理确定孤儿基本生活最低养育标准，具体标准参照民政部关于孤儿最低养育标准的指导意见确定。机构供养孤儿养育标准应高于散居孤儿养育标准。地方各级财政要将孤儿基本生活费列入预算，省级财政要进一步加大投入，保障孤儿基本生活费所需资金。地方各级民政部门要根据保障对象的范围认真核定孤儿身份，提出资金需求，经同级财政部门审核后列入预算。中央财政2010年安排25亿元专项补助资金，对东、中、西部地区孤儿分别按照月人均180元、270元、360元的标准予以补助。以后年度按民政部审核的上年孤儿人数及孤儿基本养育需求，逐年测算安排中央财政补助金额。各地财政部门要统筹安排中央补助和地方资金，建立孤儿基本生活最低养育标准自然增长机制。孤儿基本生活费保障资金实行专项管理，专账核算，专款专用，严禁挤占挪用。"

民政部办公厅《关于制定孤儿最低养育标准的通知》（2010年）规定："全国统一的社会散居孤儿最低养育标准，标准为每人每月600元。各地要根据当地经济发展水平，在最低养育标准基础上确定本地孤儿养育标准，并根据平均生活水平和物价上涨指数建立自然增长机制。"

《民政部关于制定福利机构儿童最低养育标准的指导意见》（2009年）建议："福利机构儿童最低养育标准为每人每月1000元。这一标准包含伙食费、服装被褥费、日常用品费、教育费、医疗费和康复费，不包含儿童大病医疗救助费、寄养家庭劳务费等。"

在孤儿医疗康复保障方面，该意见提出："将孤儿纳入城镇居民基本医疗保险、新型农村合作医疗、城乡医疗救助等制度覆盖范围，适当提高救助水平，参保（合）费用可通过城乡医疗救助制度解决；将符合规定的残疾孤儿医疗康复项目纳入基本医疗保障范围，稳步提高待遇水平；有条件的地方政府和社会慈善组织可为孤儿投保意外伤害保险和重大疾病保险等商业健康保险或补充保险。……鼓励、支持医疗机构采取多种形式减免孤儿医疗费用。继续实施'残疾孤儿手术康复明天计划'。"

在孤儿教育保障方面，该意见提出："家庭经济困难的学龄前孤儿到学前教育机构接受教育的，由当地政府予以资助。将义务教育阶段的孤儿寄宿生全面纳入生活补助范围。在普通高中、中等职业学校、高等职业学校和普通本科高校就读的孤儿，纳入国家资助政策体系优先予以资助；孤儿成年后仍在校就读的，继续享有相应政策；学校为其优先提供勤工助学机会。"

在孤儿就业扶持方面，该意见提出："鼓励和帮扶有劳动能力的孤儿成年后实现就业，按规定落实好职业培训补贴、职业技能鉴定补贴、免费职业介绍、职业介绍补贴和社会保险补贴等政策；孤儿成年后就业困难的，优先安排其到政府开发的公益性岗位就业。"

在孤儿住房保障方面，该意见提出："居住在农村的无住房孤儿成年后，按规定纳入农村危房改造计划优先予以资助，乡镇政府和村民委员会要组织动员社会力量和当地村民帮助其建房。居住在城市的孤儿成年后，符合城市廉租住房保障条件或其他保障性住房供应条件的，当地政府要优先安排、应保尽保。对有房产的孤儿，监护人要帮助其做好房屋的维修和保护工作。"

二、受艾滋病影响的儿童

受艾滋病影响的儿童包括艾滋病致孤儿童、父母一方感染艾滋病或因艾滋病死亡的儿童、携带艾滋病病毒或感染艾滋病的儿童。

根据《民政部关于进一步加强受艾滋病影响儿童福利保障工作的意见》，要建立受艾滋病影响儿童的基本生活以及教育、医疗、技能培训保障制度。

其中，在基本生活保障方面，提出"根据受艾滋病影响儿童发育成长的需要，科学核定养育标准，制定不低于当地居民平均生活水平的基本生活保障金发放标准，分类给予保障。其中，艾滋病致孤儿童全额发放基本生活保障金，最低养育标准为每人每月600元，并创造条件对孤儿监护抚养人给予一定的补贴和支持。父母一方感染了艾滋病或因艾滋病死亡的儿童可参照艾滋病致孤儿童标准执行福利补贴。携带艾滋病病毒或感染艾滋病的儿童在发放基本生活保障金最低每人每月600元的基础上，给予适当的营养医疗补贴。"

根据《民政部财政部关于发放艾滋病病毒感染儿童基本生活费的通知》（2012年），自2012年1月起为全国携带艾滋病病毒及患有艾滋病的儿童（统称艾滋病病毒感染儿童，以下简称"感染儿童"）发放基本生活费。"各省（自治区、直辖市）要根据城乡生活水平、儿童成长需要和财力状况，按照不低于当地平均生活水平的原则，合理确定感染儿童基本生活费标准，具体标准参照当地孤儿基本生活费额度，全额执行。""地方各级财政部门要将感染儿童基本生活费纳入孤儿基本生活费范围，列入财政预算。省级财政部门要进一步加大投入，保障感染儿童基本生活费所需资金。中央财政按照孤儿基本生活费补助标准，对各地发放感染儿童基本生活费进行补助。"

在教育方面，"对处于义务教育阶段的受艾滋病影响儿童免收杂费，免费提供教科书并补助寄宿生生活费；对被公办普通高中、中等职业学校和高等学校录取的受艾滋病影响儿童，纳入现有资助政策体系，给予教育救助，联系孤儿所在学校优先为其提供勤工俭学机会；对集中安置受艾滋病影响儿童的福利机构，在安排教学工作时给予指导和支持。"

在医疗方面,"对受艾滋病影响儿童中的艾滋病毒感染者要采取适应儿童的医疗手段,进行免费的抗病毒治疗和抗机会性感染治疗;对未感染艾滋病毒的其他受艾滋病影响儿童,要在政府举办的乡镇医疗机构提供基本的卫生医疗服务。鼓励、支持医疗机构采用多种形式自愿减免受艾滋病影响儿童的医疗费用。"通过医疗救助、新型农村合作医疗、城镇居民医疗保险制度帮助解决受艾滋病影响儿童的医疗费用问题。

在就业方面,"受艾滋病影响儿童中升入高等院校读书的,不管是否超过18岁,都要资助他们完成学业。不能继续升学的,要有计划、有步骤地开展职业技能培训、心理关怀、就业服务等形式的帮扶活动,提高其自谋职业的能力和社会适应能力,促进其身心健康地成长,更好地融入社会生活。积极协调有关部门对城镇登记失业的适龄孤儿按规定提供职业培训补贴和免费职业介绍,并落实小额担保贷款政策,鼓励和帮助其自谋职业和自主创业。"

在安置方面,"要因地制宜,按照'分散抚养为主,集中养育为辅'的原则,尊重儿童意愿,采取家庭收养、家庭寄养、机构集中养育和模拟小家庭养育等途径安置艾滋病致孤儿童。在认真落实中央各部门关怀生活困难的艾滋病患者、患者家属和患者遗孤各项政策的基础上,对以上家庭给予适当的抚养费补贴和物质援助,鼓励支持亲属家庭承担责任。保障模拟小家庭家长工资和艾滋病致孤儿童安置指导中心的事业经费,确保艾滋病致孤儿童得到妥善安置。"

三、残疾儿童

根据《国务院关于加快推进残疾人小康进程的意见》(国发〔2015〕7号),要扎实做好残疾人基本民生保障,包括加大残疾人社会救助力度、建立完善残疾人福利补贴制度、帮助残疾人普遍参加基本养老保险和基本医疗保险以及优先保障城乡残疾人基本住房等。千方百计保障残疾人及促进其就业增收。着力提升残疾人基本公共服务水平,包括强化残疾预防、康复等服务;提高残疾人受教育水平;强化残疾人服务设施建设以及全面推进城乡无障碍环境建设等。

在加大对残疾人社会救助力度方面，提出："对符合城乡最低生活保障条件的残疾人家庭应保尽保，靠家庭供养的成年重度残疾人单独立户的，按规定纳入最低生活保障范围。对纳入特困人员供养范围的残疾人，逐步改善供养条件。对纳入城乡医疗救助范围的残疾人，逐步提高救助标准和封顶线。精神障碍患者通过基本医疗保险支付医疗费用后仍有困难，或者不能通过基本医疗保险支付医疗费用的，应当优先给予医疗救助。社会救助经办机构对于残疾人申请社会救助的，应当及时受理并提供相应便利条件。"

在建立完善残疾人福利补贴制度方面，提出："建立困难残疾人生活补贴制度和重度残疾人护理补贴制度。补贴标准要与当地经济社会发展实际和残疾人基本需求相适应，与最低生活保障等制度相衔接。落实低收入残疾人家庭生活用电、水、气、暖等费用优惠和补贴政策。"

在帮助残疾人普遍参加基本养老保险和基本医疗保险方面，提出："落实贫困和重度残疾人参加城乡居民基本养老保险、城镇居民医疗保险、新型农村合作医疗个人缴费资助政策，有条件的地方要扩大资助范围、提高资助标准，帮助城乡残疾人普遍按规定加入基本医疗保险和基本养老保险。逐步扩大基本医疗保险支付的医疗康复项目。完善重度残疾人医疗报销制度，做好重度残疾人就医费用结算服务。"

在优先保障城乡残疾人基本住房方面，提出："将城镇低收入住房困难残疾人家庭纳入城镇基本住房保障制度。为符合住房保障条件的城镇残疾人家庭优先提供公共租赁住房或发放住房租赁补贴。各地在实施农村危房改造时，同等条件下要优先安排经济困难的残疾人家庭。按照农村危房改造的政策要求，采取制定实施分类补助标准等措施，对无力自筹资金的残疾人家庭等给予倾斜照顾。到2020年完成农村贫困残疾人家庭存量危房改造任务。"

在强化残疾预防、康复等服务方面，提出："建立残疾儿童康复救助制度，逐步实现0~6岁视力、听力、言语、智力、肢体残疾儿童和孤独症儿童免费得到手术、辅助器具配置和康复训练等服务。实施重点康复项目，为城乡贫困残疾人、重度残疾人提供基本康复服务，有条件的地方可以对基本型辅助器具配置给予补贴。建立医疗机构与残疾人专业康复机构双向转诊制度，实现分层级医疗、分阶段康复。依托专业康复机构指导社区和家庭为残疾人实施康复训练，将残疾人社区医疗康复纳入城乡基层医疗卫生机构考核内容。"

根据《关于印发 2014 年贫困地区新生儿疾病筛查项目方案的通知》（国卫办妇幼函〔2014〕1077 号），为尽早发现贫困地区新生儿遗传代谢病和新生儿听力障碍患儿，降低儿童智障和听力残疾发生率，提高人口素质，2014 年，利用中央财政专项补助经费，实施贫困地区新生儿疾病筛查补助项目。21 个省（区、市）14 个国家集中连片特殊困难地区 364 个县的农村户籍新生儿受益。

中央财政为新生儿疾病筛查提供专项补助资金，1 个新生儿补助 120 元，其中两种遗传代谢病筛查补助 50 元、听力筛查补助 70 元。补助经费分配使用标准由各省（区、市）自行确定。中央财政对确诊为永久性听力障碍的儿童开展听力干预和康复工作提供补助资金，听障儿童救助由残联系统承担具体实施工作，对确诊为永久性听力障碍的儿童通过项目县残联申请国家贫困聋儿康复救助项目。对确诊为苯丙酮尿症的儿童纳入本地新农合重大疾病医疗保障范围给予补助。各级卫生计生行政部门加强资金的使用和管理，地方财政部门应当安排必要工作经费，用于项目宣传动员、人员培训、质量控制、健康教育等，保障项目顺利实施。专项补助资金必须专款专用，任何单位和个人不得以任何形式截留、挤占和挪用。

根据《全国听力障碍预防与康复规划（2007—2015 年）》，到 2015 年，初级听力卫生保健服务（以县级行政区为单位）覆盖率达 80%；听力语言康复服务覆盖率（以县级行政区为单位）达 80%；药物、感染、噪声性聋发生比例以 2006 年为基数降低 10%；已开展新生儿疾病筛查的地区，新生儿听力筛查覆盖率在 2005 年基础上提高 30%；新生听力障碍儿童助听器配戴（含人工耳蜗植入）率达 90%；听力障碍人群中听力保健与康复知识的知晓率达 60%。

根据全国残疾人康复工作办公室《关于印发〈视力残疾康复"十二五"实施方案〉实施办法的通知》（2012年），分为白内障复明、低视力康复和盲人定向行走训练三个部分。在白内障复明部分，要建立贫困白内障患者救助机制，重点是，将贫困白内障患者复明手术医药费纳入城镇职工医疗保险、城镇居民医疗保险和新型农村合作医疗报销目录，纳入城乡医疗救助体系。同时动员社会和各单位参与各种救助活动，逐步形成全社会救助贫困白内障患者的社会环境。

在低视力康复部分，残疾人事业专项彩票公益金项目按每名1000元对贫困低视力者配用助视器提供补贴。各地要根据当地实际情况，对贫困低视力者配用助视器、低视力儿童家长培训等工作投入相应的经费保障任务完成。

在盲人定向行走训练部分，中央财政按每名350元对盲人定向行走训练给予补贴，其中，150元用于定向行走训练费，200元用于购置盲人用具（盲杖、盲表、盲人多用包、收音机、盲人写字板、盲人阅读机等）。各地要投入相应配套经费。街道、乡镇训练指导师的工资补贴和培训经费由地方政府负担或从其他途径解决。

在提高残疾人受教育水平方面，提出："落实好《特殊教育提升计划（2014—2016年）》及后续行动。特殊教育学校普遍开展学前教育，对残疾儿童接受普惠性学前教育给予资助。切实解决未入学适龄残疾儿童少年义务教育问题，提高残疾人教育普及水平，提升特殊教育教学质量。推行全纳教育，建立随班就读支持保障体系。各地要加大残疾学生就学支持力度，积极推进高中阶段残疾人免费教育；对符合学生资助政策的残疾学生和残疾人子女优先予以资助；建立完善残疾学生特殊学习用品、教育训练、交通费等补助政策。"

根据国务院法制办《残疾人教育条例》（修订草案）（送审稿），地方各级人民政府应当将残疾人教育所需经费纳入教育财政预算，优先予以保证，并随着教育财政投入的增加而逐步增加。国务院和省、自治区、直辖市人民政府设立专项资金，专项用于支持特殊教育的发展，支持边远贫困地区、少数民族聚居区、农村地区残疾人教育的发展。省级教育行政部门应当根据教学要求，足额安排残疾学生的生均公用经费，确保各类教育机构开展特殊教育所需经费。普通中小学接收残疾学生随班就读，县级教育行政部门及有关部门应当按照残疾学生的生活费资助标准和生均公用经费标准，足额拨付费用。

各级人民政府及其有关部门、学校应当优先将残疾人纳入教育费用减免的范围。地方人民政府应当保障适龄残疾儿童接受免费的义务教育和高中阶段教育，并按照国家资助政策优先给予补助。高等学校应当根据国家规定减免残疾学生的学费和其他费用；保证残疾学生享有国家助学金。

国家建立奖励措施，鼓励有条件的地方优先为农村地区、城市贫困家庭的残疾儿童、社会福利机构收养的残疾儿童提供免费的学前教育，逐步为所有残疾儿童提供免费的学前教育。

四、流浪儿童

根据民政部《城市生活无着的流浪乞讨人员救助管理办法》，流浪儿童可以享受到下列救助内容：提供符合食品卫生要求的食物；提供符合基本条件的住处；对在站内突发急病的，及时送医院救治；帮助与其亲属或者所在单位联系；对没有交通费返回其住所地或者所在单位的，提供乘车凭证。根据民政部《流浪未成年人救助保护机构基本规范》，对流浪未成年人的救助服务内容包括基本服务、特殊服务、教育、培训、就业、心理辅导和行为矫治，以及其他服务等。

根据《国务院办公厅关于加强和改进流浪未成年人救助保护工作的意见》，实行更加积极主动的救助保护；加大打击拐卖未成年人犯罪力度；帮助流浪未成年人及时回归家庭；做好流浪未成年人的教育矫治；强化流浪未成年人源头预防和治理。在帮助流浪未成年人及时回归家庭方面，提出："流出地救助保护机构应当通知返乡流浪未成年人或其监护人常住户口所在地的乡镇人民政府（街道办事处）做好救助保护和帮扶工作。流出地救助保护机构要对流浪未成年人的家庭监护情况进行调查评估；对确无监护能力的，由救助保护机构协助监护人及时委托其他人员代为监护；对拒不履行监护责任、经反复教育不改的，由救助保护机构向人民法院提出申请撤销其监护人资格，依法另行指定监护人。对暂时查找不到父母或其他监护人的流浪未成年人,在继续查找的同时,要通过救助保护机构照料、社会福利机构代养、家庭寄养等多种方式予以妥善照顾。对经过 2 年以上仍查找不到父母或其他监护人的,公安机关要按户籍管理有关法规政策规定为其办理户口登记手续,以便于其就学、就业等正常生活。对在打拐过程中被解救且查找不到父母或其他监护人的婴幼儿,民政部门要将其安置到社会福利机构抚育,公安机关要按规定为其办理户口登记手续。"

在强化流浪未成年人源头预防和治理方面,提出:"预防未成年人流浪是家庭、学校、政府和社会的共同责任,做好源头预防是解决未成年人流浪问题的治本之策。家庭是预防和制止未成年人流浪的第一责任主体,应当依法履行对未成年人的监护责任和抚养义务。有关部门和基层组织要加强对家庭履行监护责任的指导和监督,对困难家庭予以帮扶,提升家庭抚育和教育能力,帮助其解决实际困难。村(居)民委员会要建立随访制度,对父母或其他监护人不依法履行监护责任或者侵害未成年人权益的,要予以劝诫、制止;情节严重的,要报告公安机关予以训诫,责令其改正;构成违反治安管理行为的,由公安机关依法给予行政处罚。学校是促进未成年人健康成长的重要阵地,要坚持育人为本、德育为先,加强学生思想道德教育和心理健康辅导,根据学生特点和需要,开展职业教育和技能培训,使学生掌握就业技能,实现稳定就业;对品行有缺点、学习有困难的学生,要进行重点教育帮扶;对家庭经济困难的学生,要按照有关规定给予教育资助和特别关怀。教育行政部门要建立适龄儿童辍学、失学信息通报制度,指导学校做好劝学、返学工作,乡镇人民政府(街道办事处)、村(居)民委员会要积极做好协助工作。地方各级政府和有关部门要进一步落实义务教育、社会保障和扶贫开发等政策,充分调动社会各方面的力量,把流浪未成年人救助保护纳入重点青少年群体教育帮助工作、"春蕾计划""安康计划"和家庭教育工作的总体计划;将流浪残疾未成年人纳入残疾未成年人康复、教育总体安排;充分发挥志愿者、社工队伍和社会组织作用,鼓励和支持其参与流浪未成年人救助、教育、矫治等服务。"

五、流动儿童

根据国家教委、公安部《流动儿童少年就学暂行办法》（2010年），流动儿童少年常住户籍所在地人民政府应严格控制义务教育阶段适龄儿童少年外流。凡常住户籍所在地有监护条件的，应在常住户籍所在地接受义务教育；常住户籍所在地没有监护条件的，可在流入地接受义务教育。流入地人民政府应为流动儿童少年创造条件，提供接受义务教育的机会。流动儿童少年就学，以在流入地全日制公办中小学借读为主，也可入民办学校、全日制公办中小学附属教学班（组）以及专门招收流动儿童少年的简易学校接受义务教育。招收流动儿童少年就学的全日制公办中小学，可依国家有关规定按学期收取借读费。借读费标准按原国家教育委员会、原国家计划委员会、财政部联合颁发的《义务教育学校收费管理暂行办法》执行。专门招收流动儿童少年的学校、简易学校和全日制公办中小学附属教学班（组）收费项目和标准按国务院发布的《社会力量办学条例》中的有关规定执行。

根据《国务院关于进一步加强农村教育工作的决定》（2003年），城市各级政府要坚持以流入地政府管理为主、以公办中小学为主，保障进城务工就业农民子女接受义务教育。城市和东部地区要对农村家庭经济困难的学生适当减免学费并为学生就业提供帮助，促进农村新增劳动力转移。

根据教育部、发展改革委、中央编办、公安部、财政部、劳动保障部《关于进一步做好进城务工就业农民子女义务教育工作的意见》（2003年），进城务工就业农民流入地政府（以下简称流入地政府）负责进城务工就业农民子女接受义务教育工作，以全日制公办中小学为主。财政部门要安排必要的保障经费。建立进城务工就业农民子女接受义务教育的经费筹措保障机制。流入地政府财政部门要对接收进城务工就业农民子女较多的学校给予补助。城市教育费附加中要安排一部分经费，用于进城务工就业农民子女义务教育工作。积极鼓励机关团体、企事业单位和公民个人捐款、捐物，资助家庭困难的进城务工就业农民子女就学。

采取措施，切实减轻进城务工就业农民子女教育费用负担。流入地政府要制定进城务工就业农民子女接受义务教育的收费标准，减免有关费用，做到收费与当地学生一视同仁。要根据学生家长务工就业不稳定、住所不固定的特点，制定分期收取费用的办法。通过设立助学金、减免费用、免费提供教科书等方式，帮助家庭经济困难的进城务工就业农民子女就学。对违规收费的学校，教育行政部门等要及时予以查处。

根据《教育部关于进一步推进义务教育均衡发展的若干意见》（2005年），要以公办学校为主，认真做好进城务工农民子女义务教育工作，切实落实收费"一视同仁"的对以接收进城务工农民子女为主的民办学校的扶持和管理。

根据《教育部办公厅关于做好2011年秋季开学进城务工人员随迁子女义务教育就学工作的通知》（2011年），确保符合条件的随迁子女有学上。确保随迁子女义务教育经费到位。要把随迁子女义务教育列入流入地教育经费支出，按财政预算内义务教育经费标准，及时足额向接收随迁子女的公办学校和购买服务的民办学校拨付办学经费。中央拨付的专项奖励资金要用于随迁子女较多的地区和学校。确保随迁子女不因家庭经济困难失学。符合入学条件的随迁子女，一律免收学杂费，不得加收借读费。要将家庭经济困难的随迁子女纳入资助范围，确保防止因经济困难而失学。对以接收随迁子女为主的学校进行帮扶。要对以接收随迁子女为主的学校，在经费、师资、管理等方面加大帮扶力度。

六、留守儿童

根据《教育部等5部门关于加强义务教育阶段农村留守儿童关爱和教育工作的意见》（2013年），要切实改善留守儿童教育条件，包括优先满足留守儿童教育基础设施建设、优先改善留守儿童营养状况以及优先保障留守儿童交通需求等；不断提高留守儿童教育水平，包括加强留守儿童受教育全程管理，加强留守儿童心理健康教育，加强留守儿童法制安全教育以及加强家校联动组织工作等；逐步构建社会关爱服务机制，包括支持做好留守儿童家庭教育工作，支持做好留守儿童社区关爱服务等。在留守儿童集中的社区和村组，要充分发挥妇女儿童之家、文化活动站、青少年校外活动中心、乡村少年宫、"七彩小屋"等在关爱留守儿童工作中的重要作用，完善管理制度，促进其规范运行。通过设立留守儿童之家、托管中心等形式，聘请社会工作者和社会公益人士参与，开展经常性的活动。倡导邻里互助，认真选择有意愿、负责任的家庭，采取全托管或半托管的形式照料留守儿童。避免出现个别留守儿童生病无人过问和照看的情况。建立16周岁以下学龄留守儿童登记制度，以保证将其纳入教育等基本公共服务体系。

支持做好留守儿童社会关爱活动。鼓励创新工作方式和手段，利用现代信息技术设备和网络通信手段开展活动，方便外出务工家长和留守儿童的联系。推广"代理家长"模式，广泛动员社会力量，开展行之有效的关爱活动。有条件的地方，要利用寒暑假组织开展冬令营、夏令营等活动，创造机会让留守儿童与父母团聚。教育部门要协助中国下一代教育基金会实施好留守儿童教育帮扶公益项目。妇联组织、共青团组织要主动承担关爱留守儿童的政府公共服务项目，发挥所属基金会的作用。加大妇联组织做好留守儿童关爱服务体系试点工作的力度，探索符合当地实际的留守儿童关爱服务新机制、新模式和新途径。加大共青团关爱农民工子女志愿服务行动实施力度，深化结对机制，加强骨干志愿者队伍建设，加强阵地建设，推进工作常态化，动员更多青年以志愿服务的方式关爱留守儿童。

根据《教育部关于进一步推进义务教育均衡发展的若干意见》（2005年），地方各级教育行政部门和学校要有针对性地采取措施，及时解决进城务工农民托留在农村的"留守儿童"在思想、学习、生活等方面存在的问题和困难。

七、贫困儿童

根据国务院《城市居民最低生活保障条例》（1999年），持有非农业户口的城市贫困家庭的儿童，可以享受城市居民最低生活保障待遇。根据《国务院关于在全国建立农村最低生活保障制度的通知》（2007年），家庭年人均纯收入低于当地最低生活保障标准的农村儿童，可以享受农村居民最低生活保障待遇。

根据国务院《农村五保供养工作条例》（2006年），未满16周岁的村民，无劳动能力、无生活来源，又无法定抚养或扶养义务人，或者其法定抚养、扶养义务人无抚养、扶养能力的，享受农村五保供养待遇。包括下列供养内容：供给粮油、副食品和生活用燃料；供给服装、被褥等生活用品和零用钱；提供符合基本居住条件的住房；提供疾病治疗，对生活不能自理的给予照料；办理丧葬事宜。农村五保供养对象未满16周岁或者已满16周岁仍在接受义务教育的，应当保障他们依法接受义务教育所需费用。农村五保供养对象的疾病治疗，应当与当地农村合作医疗和农村医疗救助制度相衔接。农村五保供养标准不得低于当地村民的平均生活水平，并根据当地村民平均生活水平的提高适时调整。农村五保供养资金，在地方人民政府财政预算中安排。中央财政对财政困难地区的农村五保供养，在资金上给予适当补助。

第二节　儿童专项福利政策

一、教育福利

（一）"两免一补"

"两免一补"是指免学杂费、免教科书费、补助寄宿生生活费，是我国政府制定的一项助学政策。其中免学杂费对象为全国农村和城市学生，中央和地方政府按比例分担经费，西部8∶2，中部6∶4，东部除直辖市外，按财力状况分省确定；免教科书费对象为全国农村所有学生和城市贫困生、县镇残疾学生，全国农村和中西部经费由中央财政承担（补助标准：小学生平均每人90元，初中生平均每人80

元），东部地区自行承担（地方课程教科书，由地方财政承担）；补助寄宿生生活费：对象为城乡贫困生，中西部农村寄宿生补助标准为小学生每天人均4元，初中5元，每年按250天计算。中西部中央财政按落实所需经费金额的50%给予奖励性补助；东部由地方政府承担，中央财政适当奖励。

残疾儿童少年教育的成本较高，如盲生、聋生需使用助听器、助视器、盲文纸、盲文写字板等辅助学习用品用具。在落实"两免一补"基础上，仍需要各级政府与非政府组织以及社会各方面共同资助，建立完善弱势群体的社会公平保障体系。

（二）农村义务教育学生营养改善计划

根据国务院办公厅《关于实施农村义务教育学生营养改善计划的意见》（2011年），主要包括：

（1）从2011年秋季学期起，在集中连片特殊困难地区（以下简称"连片特困地区"）启动农村（不含县城，下同）义务教育学生营养改善计划试点工作。连片特困地区的具体范围按照《中国农村扶贫开发纲要（2011—2020年）》和有关文件规定确定。试点内容包括：中央财政为试点地区农村义务教育阶段学生提供营养膳食补助，标准为每生每天3元（全年按照学生在校时间200天计算），所需资金全部由中央财政承担。

（2）支持地方试点。对连片特困地区以外的地区，各地应以贫困地区、民族地区、边疆地区、革命老区等为重点，因地制宜地开展营养改善试点工作，逐步改善农村家庭经济困难学生营养健康状况。对工作开展较好并取得一定成效的省份，中央财政给予奖励性补助。

教育部等15部委《关于印发〈农村义务教育学生营养改善计划实施细则〉等五个配套文件的通知》（2012年）对供餐内容与模式、资金使用与管理等做出了具体规定。

（三）高中国家助学金

根据财政部、教育部《关于印发普通高中国家助学金管理暂行办法的通知》（2011年），普通高中国家助学金资助面约占全国普通高中在校生总数的20%。财政部、教育部根据生源情况、平均生活费用等因素综合确定各省资助面。其中：东部地区为10%，中部地区为20%，西部地区为30%。各地可结合实际，在确定资助面时适当向农村地区、贫困地区和民族地区倾斜。

国家助学金由中央和地方政府共同出资设立。地方所属普通高中国家助学金所需资金由中央与地方财政按比例分担。中央部门所属普通高中国家助学金政策，与所在地区同步实施，所需经费按照现行经费渠道予以保障。

普通高中国家助学金平均资助标准为每生每年1500元，用于资助家庭经济困难学生的学习和生活费用开支，具体标准由各地结合实际在1000~3000元范围内确定，可以分为2~3档。

（四）高职和中专家庭经济困难学生资助政策体系

根据《国务院关于建立健全普通本科高校高等职业学校和中等职业学校家庭经济困难学生资助政策体系的意见》（2007年），国家设国家奖学金和国家励志奖学金。国家奖学金每年奖励5万名学生，奖励标准为每生每年8000元，所需资金由中央负担。国家励志奖学金用于奖励资助普通本科高校和高等职业学校全日制本专科在校生中品学兼优的家庭经济困难学生，资助面平均约占全国高校在校生的3%，资助标准为每生每年5000元。中央部门所属高校国家励志奖学金所需资金由中央负担。地方所属高校国家励志奖学金所需资金根据各地财力及生源状况由中央与地方按比例分担。

国家助学金制度。中央与地方共同设立国家助学金，用于资助普通本科高校、高等职业学校全日制本专科在校生中家庭经济困难学生和中等职业学校所有全日制在校农村学生及城市家庭经济困难学生。普通本科高校和高等职业学校，国家助学金资助面平均约占全国普通本科高校和高等职业学校在校生总数的20%。财政部、教育部根据生源情况、平均生活费用、院校类别等因素综合确定各省资助面。平均资助标准为每生每年2000元。国家助学金资助所有全日制在校农村学生和城市家庭经济困难学生。资助标准为每生每年1500元，国家资助两年，第三年实行学生工学结合、顶岗实习。国家助学金所需资金由中央与地方按照国家励志奖学金的资金分担办法共同承担。进一步完善和落实国家助学贷款政策。从2007年起，对教育部直属师范大学新招收的师范生，实行免费教育。

（五）农村贫困地区义务教育工程

根据《国务院关于进一步加强农村教育工作的决定》（2003年），西部地区仍有372个县没有实现"两基"目标。中央继续安排专项经费实施贫困地区义务教育工程，安排中央资金对"两基"攻坚进行重点支持。中央和地方新增扶贫资金要支持贫困乡村发展教育事业。中部地区没有实现"两基"目标的县也要集中力量打好攻坚战。大力提高女童和残疾儿童少年的义务教育普及水平。

建立健全资助家庭经济困难学生就学制度，保障农村适龄少年儿童接受义务教育的权利。我国农村家庭经济困难的适龄少年儿童接受义务教育迫切需要得到关心和资助。要在已有助学办法的基础上，建立和健全扶持农村家庭经济困难学生接受义务教育的助学制度。到2007年，争取全国农村义务教育阶段家庭经济困难学生都能享受到"两免一补"（免杂费、免书本费、补助寄宿生生活费），努力做到不让学生因家庭经济困难而失学。

中央财政继续设立中小学助学金，重点扶持中西部农村地区家庭经济困难学生就学，逐步扩大免费发放教科书的范围。各级政府设立专项资金，逐步帮助学校免除家庭经济困难学生杂费，对家庭经济困难的寄宿学生提供必要的生活补助。

要广泛动员和鼓励机关、团体、企事业单位和公民捐资助学。进一步落实对捐资助学单位和个人的税收优惠政策，对纳税人通过非营利的社会团体和国家机关向农村义务教育的捐赠，在应纳税所得额中全额扣除。充分发挥社会团体在捐资助学中的作用。鼓励"希望工程""春蕾计划"等继续做好资助家庭经济困难学生就学工作。中央和地方各级人民政府对捐资助学贡献突出的单位和个人，给予表彰和奖励。

（六）学前教育

根据财政部、教育部《关于加大财政投入支持学前教育发展的通知》（2011年），中央财政重点支持各地特别是中西部地区农村学前教育发展，以及家庭经济困难儿童、进城务工人员随迁子女和留守儿童接受学前教育。

财政支持学前教育发展的重点工作包括支持中西部农村扩大学前教育资源（简称"校舍改建类"项目），鼓励社会参与、多渠道多形式举办幼儿园（简称"综合奖补类"项目），实施幼儿教师国家级培训计划（简称"幼师培训类"项目），建立学前教育资助制度（简称"幼儿资助类"项目）。

其中，"综合奖补类"项目规定，鼓励城市多渠道多形式办园和妥善解决进城务工人员随迁子女入园。各地已对行政区域内各级各类城市集体、企业、事业单位等举办的幼儿园面向社会提供普惠性、低收费学前教育服务的，要研究制定相应的扶持政策。按照以流入地政府为主、以普惠性幼儿园为主的原则，妥善解决进城务工人员随迁子女入园问题，中央财政视地方工作情况给予奖补。"幼儿资助类"项目规定，按照"地方先行、中央补"的原则，从2011年秋季学期起，由地方结合实际先行建立学前教育资助制度，对家庭经济困难儿童、孤儿和残疾儿童入园给予资助，中央财政视地方工作情况给予奖补。

（七）家庭教育

根据全国妇联、教育部、中央文明办、民政部、卫生部、国家人口计生委、中国关工委关于印发《关于指导推进家庭教育的五年规划（2011—2015年)》的通知（2012年），我国家庭教育工作中还存在一些不容忽视的问题，家庭教育在未成年人成长中的重要作用尚未得到足够重视。法律政策制度建设相对滞后，工作保障比较薄弱，中西部地区和农村的家庭教育资源匮乏，面向留守、流动、困境儿童及家庭的家庭教育基本公共服务尚未满足群众需求，家庭教育指导服务市场、队伍亟须规范有序发展。

发展家庭教育公共服务，统筹推进家庭教育工作发展。将家庭教育指导服务纳入城乡公共服务体系之中，为城乡家庭提供普惠性的家庭教育指导服务。重视向困境儿童、家庭及贫困地区、少数民族地区提供家庭教育基本公共服务。将家庭教育指导服务纳入农村留守、流动儿童及困境儿童的关爱服务体系建设之中，有条件的地区在学校、社区、乡村设置专业社工岗位，为特殊儿童及家庭提供救助及指导服务。依托家长学校、社区综合服务中心、妇女之家、儿童之家、文化活动站、乡村少年宫、儿童活动中心、儿童福利机构等公共服务阵地，为各年龄段的儿童及其家庭提供家庭教育指导及关爱帮扶。

二、医疗福利

（一）儿童健康

根据《国务院关于印发卫生事业发展"十二五"规划的通知》，"十二五"期间，我国儿童医疗卫生的目标是：婴儿死亡率下降到12‰，5岁以下儿童死亡率下降到14‰。以乡（镇）为单位适龄儿童免疫规划疫苗接种率90%以上，3岁以下儿童系统管理率80%以上。

逐步提高政府对新农合和城镇居民医保的补助标准，到2015年，达到每人每年360元以上，个人缴费水平相应提高。逐步提高基本医疗保险最高支付限额和费用支付比例。城镇居民医保和新农合政策范围内住院费用支付比例均达到75%左右。普遍开展城镇居民医保、新农合门诊医疗费用统筹，支付比例提高到50%以上。

逐步扩大保障范围，到2015年，实现普通门诊统筹全覆盖。扩大大额门诊慢性病、特殊病种补偿的病种范围。继续开展重大疾病保障工作，在全国全面推开提高儿童白血病和先天性心脏病、尿毒症等大病医疗保障水平工作，将肺癌等大病纳入保障和救助试点范围，并适当扩大病种范围，提高补偿水平。

加强孕产期保健服务，继续实施农村孕产妇住院分娩补助政策。继续做好降低孕产妇死亡率和消除新生儿破伤风工作。加大出生缺陷干预力度，开展出生缺陷三级综合防治，加强婚前孕前保健宣传教育、产前筛查和产前诊断、新生儿疾病筛查管理，降低严重多发致残的出生缺陷发生率。到2015年，新生儿遗传代谢性疾病筛查覆盖率达到70%。推广儿童疾病综合管理等适宜技术，重点提高农村医疗卫生机构的儿童常见病诊治、现场急救、危急重症患儿处理和转诊能力。降低儿童营养不良和贫血患病率。到2015年，5岁以下儿童生长迟缓率控制在10%以下，贫血患病率控制在20%以下。

（二）儿童大病医疗救助

根据《关于开展提高农村儿童重大疾病医疗保障水平试点工作的意见》（卫农卫发〔2010〕53号），试点工作可先从解决0～14周岁（含14周岁）儿童所患急性白血病和先天性心脏病两类重大疾病入手，优先选择儿童急性淋巴细胞白血病、儿童急性早幼粒细胞白血病、儿童先天性房间隔缺损、儿童先天性室间隔缺损、儿童先天性动脉导管未闭、儿童先天性肺动脉瓣狭窄等6个病种进行试点。各省（区、市）也可根据基金支付能力，适当增加试点病种。增加试点病种应考虑基金的使用效益，同时兼顾基金使用的公平性。

各省（区、市）要根据试点病种的标准化诊疗方案，测算并限定相应病种的合理诊疗费用。新农合和医疗救助基金在限定费用的基础上，实行按病种付费，明显提高报销比例。原则上，新农合对试点病种的补偿比例应达到本省（区、市）限定费用的70%左右，医疗救助对符合条件的患者再行补偿，补偿比例不低于限定费用的20%。参合患者在本省（区、市）内相应的定点医疗机构诊疗，享受规定的补偿。

根据《关于开展城乡居民大病保险工作的指导意见》（发改社会〔2012〕2605号），城乡居民大病保险的保障对象为城镇居民医保、新农合的参保（合）人。大病保险主要在参保（合）人患大病发生高额医疗费用的情况下，对城镇居民医保、新农合补偿后需个人负担的合规医疗费用给予保障。高额医疗费用可以以个人年度累计负担的合规医疗费用超过当地统计部门公布的上一年度城镇居民年人均可支配收入、农村居民年人均纯收入为判定标准，具体金额由地方政府确定。保障水平以力争避免城乡居民发生家庭灾难性医疗支出为目标，合理确定大病保险补偿政策，实际支付比例不低于50%；按医疗费用高低分段制定支付比例，原则上医疗费用越高支付比例越高。随着筹资、管理和保障水平的不断提高，逐步提高大病报销比例，最大限度地减轻个人医疗费用负担。

（三）儿童医疗保险

根据国务院办公厅《转发卫生部等部门关于建立新型农村合作医疗制度意见的通知》（国办发〔2003〕3号），新型农村合作医疗制度是由政府组织、引导、支持，农民自愿参加，个人、集体和政府多方筹资，以大病统筹为主的农民医疗互助共济制度。到2010年，实现在全国建立基本覆盖农村居民的新型农村合作医疗制度的目标。农村合作医疗基金主要补助参加新型农村合作医疗农民的大额医疗费用或住院医疗费用。有条件的地方，可实行大额医疗费用补助与小额医疗费用补助结合的办法，既提高抗风险能力又兼顾农民受益面。

根据《国家卫生计生委办公厅关于做好新型农村合作医疗几项重点工作的通知》（国卫办基层发〔2014〕39号），2014年，继续提高筹资和保障水平。按照财政部、国家卫生计生委、人力资源社会保障部《关于提高2014年新型农村合作医疗和城镇居民基本医疗保险筹资标准的通知》（财社发〔2014〕14号）要求，将各级财政对新农合的补助标准提高到320元，全国平均个人缴费标准达到90元左右。调整和优化统筹补偿方案，将政策范围内住院费用报销比例保持在75%以上，缩小政策报销比和实际报销比之间的差距，将门诊医药费用报销比例提高到50%左右。

加快推进大病保险和新农合重大疾病保障工作。2014年，各地要全面推开利用新农合基金购买大病保险工作。要根据新农合基金承受能力、上一年大病保险的实际收支情况，合理调整当年的大病保险筹资水平和报销方案，鼓励有条件的地区多渠道筹集大病保险基金。继续完善以病种为切入点的重大疾病保障工作，在巩固儿童白血病、终末期肾病、重性精神疾病、艾滋病机会性感染、肺癌等20个病种的大病保障工作基础上，将儿童苯丙酮尿症和尿道下裂纳入大病保障范围。

根据国务院《关于开展城镇居民基本医疗保险试点的指导意见》（国发〔2007〕20号），2010年在全国全面推开，逐步覆盖全体城镇非从业居民。对试点城市的参保居民，政府每年按不低于人均40元给予补助，其中，中央财政从2007年起每年通过专项转移支付，对中西部地区按人均20元给予补助。在此基础上，对属于低保对象的或重度残疾的学生和儿童参保所需的家庭缴费部分，政府原则上每年再按不低于人均10元给予补助，其中，中央财政对中西部地区按人均5元给予补助；对其他低保对象、丧失劳动能力的重度残疾人、低收入家庭60周岁以上的老年人等困难居民参保所需家庭缴费部分，政府每年再按不低于人均60元给予补助，其中，中央财政对中西部地区按人均30元给予补助。中央财政对东部地区参照新型农村合作医疗的补助办法给予适当补助。

第三节 儿童保护政策

根据《中华人民共和国未成年人保护法》，未成年人享有生存权、发展权、受保护权、参与权等权利，国家根据未成年人身心发展特点给予特殊、优先保护，保障未成年人的合法权益不受侵犯。未成年人享有受教育权，国家、社会、学校和家庭尊重和保障未成年人的受教育权。

保护未成年人，是国家机关、武装力量、政党、社会团体、企业事业组织、城乡基层群众性自治组织、未成年人的监护人和其他成年公民的共同责任。对侵犯未成年人合法权益的行为，任何组织和个人都有权予以劝阻、制止或者向有关部门提出检举或者控告。国家、社会、学校和家庭应当教育和帮助未成年人维护自己的合法权益，增强自我保护的意识和能力，增强社会责任感。

父母或者其他监护人应当创造良好、和睦的家庭环境，依法履行对未成年人的监护职责和抚养义务。禁止对未成年人实施家庭暴力，禁止虐待、遗弃未成年人，禁止溺婴和其他残害婴儿的行为，不得歧视女性未成年人或者有残疾的未成年人。父母因外出务工或者其他原因不能履行对未成年人监护职责的,应当委托有监护能力的其他成年人代为监护。

学校应当尊重未成年学生受教育的权利,关心、爱护学生,对品行有缺点、学习有困难的学生,应当耐心教育、帮助,不得歧视,不得违反法律和国家规定开除未成年学生。学校、幼儿园、托儿所的教职员工应当尊重未成年人的人格尊严,不得对未成年人实施体罚、变相体罚或者其他侮辱人格尊严的行为。

学校、幼儿园、托儿所应当建立安全制度,加强对未成年人的安全教育,采取措施保障未成年人的人身安全。对于在学校接受教育的有严重不良行为的未成年学生,学校和父母或者其他监护人应当互相配合加以管教;无力管教或者管教无效的,可以按照有关规定将其送专门学校继续接受教育。

各级人民政府应当保障未成年人受教育的权利,并采取措施保障家庭经济困难的、残疾的和流动人口中的未成年人接受义务教育。任何组织或者个人不得招用未满16周岁的未成年人,国家另有规定的除外。任何组织或者个人按照国家有关规定招用已满16周岁未满18周岁的未成年人的,应当执行国家在工种、劳动时间、劳动强度和保护措施等方面的规定,不得安排其从事过重、有毒、有害等危害未成年人身心健康的劳动或者危险作业。

禁止拐卖、绑架、虐待未成年人,禁止对未成年人实施性侵害。禁止胁迫、诱骗、利用未成年人乞讨或者组织未成年人进行有害其身心健康的表演等活动。公安机关应当采取有力措施,依法维护校园周边的治安和交通秩序,预防和制止侵害未成年人合法权益的违法犯罪行为。任何组织或者个人不得扰乱教学秩序,不得侵占、破坏学校、幼儿园、托儿所的场地、房屋和设施。

县级以上人民政府及其民政部门应当根据需要设立救助场所,对流浪乞讨等生活无着的未成年人实施救助,承担临时监护责任;公安部门或者其他有关部门应当护送流浪乞讨或者离家出走的未成年人到救助场所,由救助场所予以救助和妥善照顾,并及时通知其父母或者其他监护人领回。对孤儿、无法查明其父母或者其他监护人的以及其他生活无着的未成年人，由民政部门设立的儿童福利机构收留抚养。未成年人救助机构、儿童福利机构及其工作人员应当依法履行职责，不得虐待、歧视未成年人；不得在办理收留抚养工作中牟取利益。卫生部门和学校应当对未成年人进行卫生保健和营养指导，提供必要的卫生保健条件，做好疾病预防工作。卫生部门应当做好对儿童的预防接种工作，国家免疫规划项目的预防接种实行免费；积极防治儿童常见病、多发病，加强对传染病防治工作的监督管理，加强对幼儿园、托儿所卫生保健的业务指导和监督检查。未成年人已经完成规定年限的义务教育不再升学的，政府有关部门和社会团体、企业事业组织应当根据实际情况，对他们进行职业教育，为他们创造劳动就业条件。居民委员会、村民委员会应当协助有关部门教育和挽救违法犯罪的未成年人，预防和制止侵害未成年人合法权益的违法犯罪行为。

  未成年人的合法权益受到侵害的，被侵害人及其监护人或者其他组织和个人有权向有关部门投诉，有关部门应当依法及时处理。未成年人的合法权益受到侵害，依法向人民法院提起诉讼的，人民法院应当依法及时审理，并适应未成年人生理、心理特点和健康成长的需要，保障未成年人的合法权益。在司法活动中对需要法律援助或者司法救助的未成年人，法律援助机构或者人民法院应当给予帮助，依法为其提供法律援助或者司法救助。父母或者其他监护人不履行监护职责或者侵害被监护的未成年人的合法权益，经教育不改的，人民法院可以根据有关人员或者有关单位的申请，撤销其监护人的资格，依法另行指定监护人。被撤销监护资格的父母应当依法继续负担抚养费用。

  对违法犯罪的未成年人，应当依法从轻、减轻或者免除处罚。违反本法规定，侵害未成年人的合法权益，其他法律、法规已规定行政处罚的，从其规定；造成人身财产损失或者其他损害的，依法承担民事责任；构成犯罪的，依法追究刑事责任。父母或者其他监护人不依法履行监护职责，或者侵害未成年人合法权益的，由其所在单位或者居民委员会、村民委员会予以劝诫、制止；构成违反治安管理行为的，由公安机关依法给予行政处罚。学校、幼儿园、托儿所侵害未成年人合法权益的，由教育行政部门或者其他有关部门责令改正；情节严重的，对直接负责的主管人员和其他直接责任人员依法给予处分。学校、幼儿园、托儿所教职员工对未成年人实施体罚、变相体罚或者其他侮辱人格行为的，由其所在单位或者上级机关责令改正；情节严重的，依法给予处分。非法招用未满16周岁的未成年人，或者招用已满16周岁的未成年人从事过重、有毒、有害等危害未成年人身心健康的劳动或者危险作业的，由劳动保障部门责令改正，处以罚款；情节严重的，由工商行政管理部门吊销营业执照。

未成年人的父母或者其他监护人和学校应当教育未成年人不得有下列不良行为：旷课、夜不归宿；携带管制刀具；打架斗殴、辱骂他人；强行向他人索要财物；偷窃、故意毁坏财物；参与赌博或者变相赌博；观看、收听色情、淫秽的音像制品、读物等；进入法律、法规规定未成年人不适宜进入的营业性歌舞厅等场所；其他严重违背社会公德的不良行为。中小学生旷课的，学校应当及时与其父母或者其他监护人取得联系。未成年人擅自外出夜不归宿的，其父母或者其他监护人、其所在的寄宿制学校应当及时查找，或者向公安机关请求帮助。收留夜不归宿的未成年人的，应当征得其父母或者其他监护人的同意，或者在24小时内及时通知其父母或者其他监护人、所在学校，或者及时向公安机关报告。

未成年人的父母或者其他监护人和学校发现未成年人组织或者参加实施不良行为的团伙的，应当及时予以制止。发现该团伙有违法犯罪行为的，应当向公安机关报告。未成年人的父母或者其他监护人和学校发现有人教唆、胁迫、引诱未成年人违法犯罪的，应当向公安机关报告。公安机关接到报告后，应当及时依法查处，对未成年人人身安全受到威胁的，应当及时采取有效措施，保护其人身安全。未成年人的父母或者其他监护人，不得让不满16周岁的未成年人脱离监护单独居住。未成年人的父母或者其他监护人对未成年人不得放任不管，不得迫使其离家出走，放弃监护职责。未成年人离家出走的，其父母或者其他监护人应当及时查找，或者向公安机关请求帮助。未成年人的父母离异的，离异双方对子女都有教育的义务，任何一方都不得因离异而不履行教育子女的义务。继父母、养父母对受其抚养教育的未成年继子女、养子女，应当履行本法规定的父母对未成年子女在预防犯罪方面的职责。学校对有不良行为的未成年人应当加强教育、管理，不得歧视。对未成年人实施本法规定的严重不良行为的，应当及时予以制止。

对有严重不良行为的未成年人，其父母或者其他监护人和学校应当相互配合，采取措施严加管教，也可以送工读学校进行矫治和接受教育。被父母或者其他监护人遗弃、虐待的未成年人，有权向公安机关、民政部门、共产主义青年团、妇女联合会、未成年人保护组织或者学校、城市居民委员会、农村村民委员会请求保护。被请求的上述部门和组织都应当接受，根据情况需要采取救助措施的，应当先采取救助措施。

未成年人发现任何人对自己或者对其他未成年人实施本法规定不得实施的行为或者犯罪行为，可以通过所在学校、其父母或者其他监护人向公安机关或者政府有关主管部门报告，也可以自己向上述机关报告。受理报告的机关应当及时依法查处。未成年人的父母或者其他监护人不履行监护职责，放任未成年人有本法规定的不良行为或者严重不良行为的，由公安机关对未成年人的父母或者其他监护人予以训诫，责令其严加管教。

未成年人的父母或者其他监护人，让不满 16 周岁的未成年人脱离监护单独居住的，由公安机关对未成年人的父母或者其他监护人予以训诫，责令其立即改正。

教唆、胁迫、引诱未成年人实施本法规定的不良行为、严重不良行为，或者为未成年人实施不良行为、严重不良行为提供条件，构成违反治安管理行为的，由公安机关依法予以治安处罚；构成犯罪的，依法追究刑事责任。

第四节 儿童福利和保护的融合

长期以来，儿童福利和儿童保护是相对独立的两个领域。儿童福利通过城乡居民最低生活保障等经济保障制度和儿童福利院等设施保障制度来保障，儿童保护则主要基于《中华人民共和国未成年人保护法》通过家庭、学校、社区等机构来实现，儿童福利院通常被认为是狭义儿童福利的典型，因而较少与儿童保护联系起来。相对而言，在儿童福利和儿童保护两个轮子中，儿童福利这个轮子要强一些，儿童保护这个轮子则弱一些。2003年国务院发布的《城市生活无着的流浪乞讨人员救助管理办法》改变了二者相互孤立的局面。根据该办法，政府对在城市生活无着的流浪、乞讨未成年人等实行救助。从性质上来讲，这是一项福利制度。但是，从实际内容来看，政府设置救助站，根据受助人员的需要提供食、住、急病救治，帮助与其亲属联系，以及对没有交通费返回其住所地的提供乘车凭证等服务，它与城乡居民最低生活保障等现金救助明显不同，更多体现的是对流浪未成年人的一种保护。所以，北京等地将流浪儿童救助站直接命名为未成年人救助保护中心，将福利和保护有机结合在一起。

第五章　儿童福利与保护存在的问题及改革

第一节　存在的突出问题

一、重救助、轻保护

总体来看，当前儿童福利和保护体系中儿童救助体系比较完善、投入比较大，儿童保护则欠账较多、亟待加强。从项目来看，我国已经基本形成以城乡未成年人最低生活保障为底线，以专项福利和分人群福利为主要形式，以临时救助为补充的儿童福利制度体系。而儿童保护中强制发现报告机制、儿童虐待标准与认定、监护权剥夺与转移等基本制度都尚未建立起来。受经济贫困、监护缺失、家庭暴力、教育失当等影响，一些未成年人遇到了生存困难、监护困境和成长障碍，迫切需要建立新型社会保护制度。从资金投入来看，儿童救助资金投入也要远远大于儿童保护资金投入。另外，儿童救助和儿童保护结合仍显不够，二者相互支撑的局面尚未形成。

二、儿童福利和保护覆盖面窄，困境儿童和困境家庭儿童保障不足

目前，城乡居民最低生活保障是覆盖面最广的一项儿童救助制度。其他如医疗福利、孤残儿童福利等覆盖面都很窄。很多儿童因患重病或重残而得不到及时治疗或康复，进而陷入困境。以残疾儿童为例，残疾儿童残疾预防和康复覆盖面窄，相当一部分儿童如果早期加

以预防或干预可以避免残疾，但因经济、医疗条件等方面的原因错过最佳手术时机；残疾儿童康复机构和专业技术人员远远不足以满足需要。2013年度中国残疾人状况及小康进程监测结果显示，2013年度城镇52.5%、农村59.7%的残疾人家庭有医疗救助需求❶。另据中国残联和联合国儿基会的联合调查，有14.8%的残疾儿童没有任何医疗保险，主要依赖自费医疗❷。中国残联2011年进行的一项调查显示，当年有29.8%的残疾儿童没有上过学❸。截至2013年度，全国6～14岁残疾儿童接受义务教育的比例为72.7%❹，仍然有27.3%的残疾儿童未能接受义务教育。

孤儿基本保障制度建立之后，孤儿基本实现了"应保尽保"。但是，还有其他类型的儿童因为父母死亡或离家出走等原因，生活上得不到照料，甚至比孤儿更加艰难，但因为不符合孤儿基本生活费条件而被拒之门外，由此带来新的不公平。

针对上述两个问题，民政部已开始着手两项与儿童福利和保护相关的改革试点工作。一是为解决儿童保护的短板，开始探索基于社区的儿童福利和保护工作。在此背景之下，民政部于2013年启动未成年人社会保护试点工作，将流浪未成年人福利和保护内容拓展到帮助困境未成年人及其家庭解决生活、监护、教育和发展等问题，探索未成年人社会保护体系建设。这可以视为从儿童福利领域向儿童保护领域的"拓展"。二是作为传统孤残儿童安置机构的儿童福利院，也越发认识到孤儿在福利院和家庭中"同孤不同福"的问题，这个问题既不公平，也会导致更多弃婴的产生。由此，政府决定建立孤儿基本生活保障制度，并开始探讨"类孤儿"的困境儿童基本生活保障制度，即开展适度普惠型儿童福利制度建设试点工作。这可以被视为从儿童

---

❶❹ 中国残联，等.2013年度中国残疾人状况及小康进程监测报告［EB/OL］.（2014-08-12）［2019-10-18］. http：//www.cdpf.org.cn/sjzx/jcbg/201408/t20140812_411000.shtml.

❷ 中国残疾人联合会.中国残疾儿童现状与需求调查研究［M］.北京：华夏出版社，2011.

❸ 韩丽.全纳教育：实现残疾儿童教育公平路径选择［G］//中国残疾人联合会.中国残疾儿童现状与需求调查研究.北京：华夏出版社，2011.

保护领域向儿童福利领域的"试水"。两项试点工作异曲同工,在实践中,促成了儿童福利和儿童保护紧密地走到了一起。

第二节 儿童福利面临的挑战

一、儿童城乡居民最低生活保障面临的挑战

(1)低保资格主要根据收入水平决定,对有特别支出需要的儿童保障不足。一方面,低保家庭按差额补助的办法获得的低保金不足以应付儿童因大病等原因而带来的额外支出;另一方面,对于家庭人均收入高于低保线的儿童而言,即使额外支出远远超过其家庭承受能力可能也完全没有办法享受救助。近几年,各地建立的专项救助对解决这个问题发挥了重要作用。但实际上,因为各地专项救助政策普遍跟低保紧密捆绑在一起,这就导致非低保家庭或非低收入家庭即使发生大额支出仍不能得到救助。

(2)城乡低保待遇差距明显,农村儿童低保待遇明显偏低。李振刚、尚晓媛、张丽娟以夏县为例详细计算了农村儿童的抚养成本。发现抚养成本因儿童年龄、家庭规模而异,三口之家儿童的抚养成本每月为174~270元,四口之家儿童的抚养成本每月为168~265元。当地低保标准为每月99元,仅相当于儿童抚养成本的50%左右;而实际月人均补差为66.39元,相当于儿童抚养成本的1/3左右❶。可见,无论从城乡统一,还是从实际需要来看,儿童可享受的农村低保待遇都有较大的提升空间。

(3)城乡低保标准缺乏稳定的动态增长机制。城乡低保标准应该与物价挂钩,还是与人均收入增长比例挂钩?目前都没有制度性的规定。这就造成了各地在调整低保标准时弹性过大,根据财政收入情况"看米下锅"的情况难以避免,还有的地方会因为其他领域支出的需

---

❶ 李振刚,尚晓媛,张丽娟.预算标准法与儿童抚养成本研究:以夏县农村儿抚养成本为例[J].青年研究,2011(6):11-24,92.

要而被迫控制低保标准上浮。

（4）贫困流动儿童享受低保待遇难。城乡低保制度都明确规定，由户主向户籍所在地相关部门提出书面申请，这无疑给贫困流动儿童申请低保带来很大的障碍。2010年《民政部关于进一步加强城市低保对象认定工作的通知》在这方面才有一定的突破。该文件指出：原则上，户籍不在本地的家庭成员应申请享受其户籍所在地的低保待遇；特殊情况也可随户主一起申请享受居住地的低保待遇。但"特殊情况"的条件和标准是什么，有多少贫困流动儿童因情况特殊而得以在居住地申请低保待遇尚不得而知。

（5）各级财政低保责任有待进一步明确。以甘肃省为例，甘肃省农村低保补助资金由省、市州、县区市三级财政共同负担。在平凉市静宁县，2007年，该县财政应列支的农村低保资金为281.88万元，再加上救灾资金、城市低保资金、城乡医疗救助资金、农村五保供养资金、高龄老人生活补助资金、抚恤补助等民政专项资金共610.2多万元，占县财政收入3051万元的20%❶。近几年，中央财政明显加大对中西部地区社会保障的转移支付。截至2014年年底，全年各级财政共支出城市低保资金721.7亿元，其中中央财政补助资金518.88亿元，占总支出的71.9%。全年各级财政共支出农村低保资金870.3亿元，其中中央补助资金582.6亿元，占总支出的66.9%❷。但2014年对甘肃省的一项研究发现，该省低保资金依然严重不足。结果，其低保水平远远低于全国各主要省份农村低保平均救助标准❸。

二、孤儿基本生活保障制度面临的主要挑战

（1）对保障对象的界定偏严。尽管《国务院办公厅关于加强孤儿保障工作的意见》《民政部财政部关于发放孤儿基本生活费的通知》

---

❶ 张润君，刘红旭. 甘肃农村低保中存在的问题及其路径选择［J］. 湖南农业大学学报（社会科学版），2007（6）：49-53.
❷ 民政部. 2014年社会服务发展统计公报［R］. 北京：民政部，2014.
❸ 刘养卉. 农村最低生活保障制度存在问题及对策：基于甘肃省的调查分析［J］. 西北农林科技大学学报（社会科学版），2014（2）：32-37.

都明确孤儿保障的对象是失去父母、查找不到生父母的未成年人，但各地在实践过程中普遍将查找不到生父母、但未被宣布失踪的排除在外。那些父母服刑收押或因重度残疾等原因事实无人抚养的"事实孤儿"，更是不能享受到孤儿基本生活费。

（2）孤儿基本生活费标准缺乏动态调整机制。根据《国务院办公厅关于加强孤儿保障工作的意见》，应建立孤儿基本生活最低养育标准自然增长机制。但据我们调查发现，自然增长机制在全国各地普遍尚未建立起来。在北京市，孤儿基本生活费标准自建立4年以来一次都没有调整过。

（3）财政支付压力大。孤儿基本生活费的资金来自中央、市级和区级三级财政，区县属社会福利机构及散居孤儿基本生活费由区县民政局审批并报同级财政部门，由区县财政予以经费保障。孤儿基本生活费标准调整的最大阻力就来自于区县财政支付孤儿基本生活费的压力太大。

（4）非现金保障发展滞后。根据《国务院办公厅关于加强孤儿保障工作的意见》，孤儿保障体系包括孤儿基本生活保障、孤儿医疗康复保障、孤儿教育保障、孤儿成年后就业扶持和孤儿住房保障。但根据我们的调查，孤儿医疗康复保障、孤儿教育保障和孤儿住房保障普遍被纳入当地相应的专项保障之中，对孤儿的倾斜性政策很少。孤儿成年后就业扶持则非常滞后，孤儿成年后的出路仍然是一个棘手的大问题。

三、残疾儿童福利面临的挑战

（1）残疾儿童生活保障水平依然偏低。尽管各地在低保政策中按照分类救助的要求对残疾儿童做出了一些倾斜性的安排，但考虑到残疾儿童因残疾造成的意外支出和对家庭收入的影响，倾斜的力度远远不够。英国的一项调查报告显示：照顾一个残疾的儿童，常常使一个家庭陷入贫穷和债务之中❶。2013 年度，全国残疾人家庭人均可支配收入为全国居民家庭人均可支配收入的 56.7%。而残疾人家庭医疗保健支出及其占家庭消费支出比例均远高于全国平均水平，2013 年度，城镇残疾人家庭人均医疗保健支出为全国城镇居民家庭人均医疗保健支出的 1.6 倍；农村残疾人家庭人均医疗保健支出为全国农村居民家庭人均医疗保健支出的 1.7 倍。结果，残疾人家庭生活质量明显落后于全国平均水平。2013 年度，残疾人家庭恩格尔系数为 48.5%，比全国居民家庭恩格尔系数 36.2%高出 12.3 个百分点❷。

（2）残疾儿童福利政策零散，缺乏顶层设计和整合。残疾儿童的社会保障主要是以现行福利政策为基础"做加法"。例如，规定残疾儿童低保每月可以多享受 100 元，医疗救助可以多报销 10%，等等。这样做看上去处处体现了对残疾儿童的照顾，但实际上反映了对残疾儿童的需求缺乏系统性分析，会不利于残疾儿童融入正常社会生活之中。

（3）残疾儿童医疗福利需求明显，医疗福利与服务水平全国极度不平衡。2013 年度中国残疾人状况及小康进程监测结果显示，2007～2013 年，医疗福利始终是城乡残疾人家庭最迫切的需求。2013 年度城镇 52.5%、农村 59.7%的残疾人家庭有医疗福利需求❸。另外，全国各地儿童医疗服务水平发展高度不平衡，中西部地区和农村地区严重缺乏儿科专门医疗机构和医务专业技术人员。另据全国残联和联合国儿基会的联合调查，有 14.8%的残疾儿童没有任何医疗保险，主要是自费医疗❹。

（4）残疾儿童残疾预防和康复覆盖面窄，相当一部分儿童如果早期加以预防或干预可以避免陷入残疾，但因经济、医疗条件等方面的

---

❶ 张丽芬. 论残疾儿童的社会福利［J］. 商业文化（学术版），2007（5）：223 - 224.

❷❸ 中国残联，等. 2013 年度中国残疾人状况及小康进程监测报告［EB/OL］.（2014 - 08 - 12）［2019 - 10 - 18］. http://www.cdpf.org.cn/sjzx/jcbg/201408/t20140812_411000.shtml.

❹ 中国残疾人联合会. 中国残疾儿童现状与需求调查研究［M］. 北京：华夏出版社，2011.

原因而错过最佳手术时机；残疾儿童康复机构和专业技术人员远远不足以满足需要。

（5）残疾儿童受教育状况不容乐观。全国残联 2011 年进行的一项调查显示，有 29.8% 的残疾儿童没有上过学❶。2013 年度，全国 6～14 岁残疾儿童接受义务教育的比例为 72.7%❷，仍然有 17.3% 的残疾儿童未能接受义务教育。

四、农村未成年人五保供养制度面临的挑战

（1）随着农村最低生活保障制度和孤儿基本生活保障制度的普遍建立，农村未成年人五保供养制度面临着何去何从的问题。在农村最低生活保障制度建立之后，很多农村地区选择将农村"三无"人员纳入低保，只是按照较高标准给付低保金，"五保"制度名存实亡。现在，随着孤儿基本生活保障制度的建立，农村未成年人五保制度将面临再次抉择。因为，根据《民政部财政部关于发放孤儿基本生活费的通知》，社会散居孤儿最低养育标准为每人每月 600 元；福利机构儿童最低养育标准为每人每月 1000 元。而 2014 年全国农村五保集中供养的平均标准为每人每月 477.58 元，分散供养的标准为 333.83 元，都远低于孤儿最低养育标准。所以，当孤儿普遍享受较高标准的孤儿基本生活费之后，是将孤儿从农村"五保"制度之中去除，还是保留农村"五保"制度为其提供更多的服务，值得探讨。

（2）农村未成年人五保供养社会服务功能严重弱化。农村"五保"制度是一个综合性的保障制度，它既包括现金待遇的给付，更包括形式多样的社会服务，而后者是农村五保供养制度从计划经济时期到现在得以一直延续下来的一个重要原因。但是，当前乡村集体的服务功能却严重弱化。分田到户之后，我国大部分地区的乡村集体经济处于空壳甚至是负债状态，失去了对五保供养进行照料和服务的经济

---

❶ 韩丽. 全纳教育：实现残疾儿童教育公平路径选择 [G]. 中国残疾人联合会. 中国残疾儿童现状与需求调查研究. 北京：华夏出版社，2011.
❷ 中国残联，等.2013 年度中国残疾人状况及小康进程监测报告 [EB/OL]. (2014-08-12) [2019-10-18]. http：//www.cdpf.org.cn/sjzx/jcbg/201408/t20140812_411000. shtml.

基础。尽管各级政府对五保供养福利机构的建设进行补助或投入,但总体上项目资金依然十分有限,各乡镇的五保供养福利机构能够接纳集中供养的五保人数一般都大大低于五保总人数。除此之外,机构内服务人员与集中供养的对象比例失衡,主要是服务人员待遇难以落实,很多是临时工制,一些地区尝试政府购买五保社会化服务的方式,但运作效益并不理想。当前乡村社会组织发育和功能发挥都处于严重缺位状态,有限的社会组织所能发挥的功能也因为各种具体条件的制约而十分有限❶。

(3) 农村未成年人五保供养社会力量投入不够。2014 年全国各级财政共支出农村五保供养资金 189.8 亿元,比上年增长 10.2%。另据审计署 2012 年第 34 号审计结果公告中的《全国社会保障资金审计结果》显示:五保供养资金投入中,中央财政、地方财政和社会投入比例分别为 8.95%、89.58% 和 1.47%,各级财政投入合计达到了 98.53%,这表明我国的五保供养在资金筹集方面确实做到了以国家财政为主的原则,但是社会力量则显得不足,使得地方财政压力较大❷。

五、儿童医疗福利面临的挑战

(1) 实际报销比例低,儿童家庭负担重。由于设置了起伏标准、最高支付标准、报销范围等限制,城乡居民医疗保险的实际报销比例远远低于制度报销比例。根据北京师范大学中国公益研究院的测算,大病患儿基本医保的实际报销比例为 20% ~ 45%。由于设置了封顶线,当农村患儿和城市患儿医疗费用分别高于一定程度时,实际报销比例还会进一步降低❸。

---

❶ 韩鹏云. 我国农村五保供养的制度变迁与路径选择 [J]. 安徽师范大学学报(人文社会科学版), 2015 (3):310 - 315.
❷ 史李娟. "十一五" 以来我国农村五保供养制度现状分析 [J]. 南方论刊, 2015 (6):39, 64.
❸ 王晨, 门开阔. 专家:大病患儿基本医保实际报销比例不到45% [N]. 中国青年报, 2015 - 4 - 14 (5).

（2）福利总体水平低，地区福利水平不平衡。根据北京师范大学中国公益研究院的测算，2013年城市和农村医疗救助的平均水平分别为826元和684元，对住院费用的平均救助额度为1600元。该救助额度对一般住院病人来说，可缓解自付费用的压力，但对于治疗费用高昂的重大疾病患儿，救助力度有限。以该研究院访谈的山东沂蒙山某白血病患儿为例，患儿治疗费用共花了将近70万元，自付费用为54万元，当地的政府医疗救助只救助了2000多元；河北某白血病患儿，医疗费用共花费100万元，自付费用为90万元，政府医疗救助只能救助6400元❶。第三届中国儿童大病救助论坛上发布的《儿童白血病救助成效及需求趋势报告》披露，未来5年，我国将有5.05万名0~14岁的白血病患儿，其中有4.05万名白血病患儿面临灾难性医疗支出。报告显示，接受过中国红十字基金会小天使基金救助的白血病患儿中，有30%左右得到过民政系统提供的医疗救助，平均救助额度为1.1万元。相对于白血病患儿36.1万元的平均医疗费用，其救助力度仍远远不能满足白血病患儿的救治需求❷。

另外，不同的地区医疗救助的水平差别很大。以我们调查的五个城市为例（见表5-1），救助水平最高的是广州，一般困难群众住院救助能达到个人自付部分的90%，门诊特定项目个人自付部分也可以救助90%。而在成都，住院救助的标准则为30%~60%，而且限额只有5000~10000元。

表5-1　北京、广州、郑州、成都、长沙医疗救助标准比较

城市	覆盖范围	门诊救助	住院救助	大病救助
北京	特困、低保、低收入	特困：100%报销；其他：70%报销，限额4000元。	特困：100%报销；其他：70%报销，限额40000元。	特困：100%报销；其他：75%报销，限额80000元。

---

❶ 王晨，门开阔. 专家：大病患儿基本医保实际报销比例不到45% [N]. 中国青年报，2015-4-14 (5).

❷ 桂杰，王亦君. 儿童大病救助联盟成立医疗救助对大病儿童力度有限 [EB/OL]. (2015-09-23) [2019-10-25]. http://article.cyol.com/m/content/2015-09/23/content_11649195.htm.

续表

城市	覆盖范围	门诊救助	住院救助	大病救助
广州	特困、低保、低收入、重残、优抚对象、重病	普通门诊救助：每人每月不超过100元。门诊特定项目：起付标准100%报销，自付部分报销90%，特困：报销100%。限额1000元。	免交住院押金，起付标准100%报销，自付部分报销90%，特困：报销100%。限额40000元。	分段报销，50%~70%；未成年人增加10%；特困：100%救助。
郑州	低保、五保及低收入的重残、重病、老人	特殊病种、长期药物维持治疗以及急诊、急救等产生的个人负担医疗费用或者家庭生活困难无力住院治疗的门诊费用：50%救助，限额10000元。	自付部分：50%救助，限额10000元；特困：100%救助。"孤老""孤儿"：80%救助，限额10000元；低收入中的重病、重残、老人、贫困大学生，自付部分：25%救助，限额10000元。	—
成都	低保及其他困难群众	未参加职工医保的，每人每年累计门诊救助金额为30~100元，已参加的，不享受。	一级医院救助60%、二级40%、三级30%，限额5000~10000元。	—
长沙	低保、特困	患大病而未住院治疗的，每人每年救助1000元。	特困：全额救助；其他：50%救助，限额5000元。	住院，自付20000元以上，30%救助，限额10000元。

（3）大多数医疗救助设置"低保"等身份条件，非低保儿童享受医疗救助难。在我们调查的五个城市中，成都和长沙将享受医疗救助的人群严格限制为低保和"三无"等特困人群，郑州增加了低收入人群中的重病、重残和贫困大学生人群，北京增加了低收入人群。广州的覆盖范围最广，共包括九类人群，增加了重度残疾人员和三、四级精神、智力残疾人，在该市大中专院校就读的非本市户籍困难学生，在定点医疗机构治疗疾病、造成家庭经济特别困难、影响基本生

活的该市城乡居民,用人单位已经不存在或者无法确认劳动关系的职业病病人等几类人群。但总体来说,身份设定与医疗救助的目标是相矛盾的。医疗救助是专项救助,任何收入家庭的儿童都有可能因为重病而陷入困境,医疗救助应该救助的是儿童医疗支出超过其家庭负担能力的部分。人为设定身份条件,会导致需要医疗救助的儿童无法获得救助❶。

(4) 医疗保险和医疗救助都实行户籍地原则,非户籍流动儿童享受医疗保险和医疗救助难。由于目前城乡居民医疗保险都规定在户籍所在地参保和报销,医疗救助绝大多数也只是针对本籍居民,新实施的大病医疗保险以城乡居民医保对象为覆盖范围,事实上也就是按户籍地提供保障。这就客观上造成了流动儿童无法在居住地参保,在户籍地参保后在居住地就医报销难的问题。据统计,2012 年我国 0~17 岁城乡流动儿童约有 3581 万人,其中跨省市流动儿童有 1078 万人,流动人口的参保率仅为 44%❷。儿科医疗资源短缺且不均衡导致异地就医非常普遍,而医保县级统筹与异地就医需求之间存在矛盾,导致报销比例进一步降低,且就医和报销流程非常复杂❸。

(5) 当前缺乏独立的儿童医疗保险制度,现有的涉及儿童的医疗保障项目碎片化严重。目前涉及儿童的医疗保障项目大都是与成人混合的,在报销比例上又较少向儿童倾斜,这隐含着对儿童的不公平。这是因为,儿童患病概率远低于成年人(见图 5-1)。因此,在相同报销比例下,儿童均衡净保费要比成人低得多。换句话说,如果儿童和成人缴纳相同的保费、相同的报销比例,则意味着儿童为成人做出了"贡献"。这显然不符合"儿童优先"的原则。看上去,现行涉及儿童的医疗保障项目已经渐成体系,城乡居民基本医疗保险保基本,按病种大病医疗保险重点解决 20 多个病种的大病医疗支出,按医疗

---

❶ 史威琳. 城市低保家庭儿童社会保护制度分析 [J]. 北京社会科学, 2011 (1): 14-18.
❷ 姬薇. 儿童大病医疗面临三大挑战 [N]. 工人日报, 2014-7-27 (3).
❸ 盛梦露. 报告显示农村户籍儿童大病医保不足 [EB/OL]. (2014-07-23) [2019-10-26]. http://china.caixin.com/2014-07-23/100707892.html.

费用大病医疗保险重点解决大额医疗费用支出，医疗救助作为兜底。但是，这些不同的保障项目之间整合不够，而且加大了制度成本。比如，在现行框架下，因为多一次报销，20多个病种患者的个人自付部分很可能比其他同样大额医疗费用支出的患者低。但是，同样的医疗费用支出，不同病种的患者最终个人负担却不同，是不是不合理呢？另外，正如中国公益研究院常务副院长高华俊所言，各个儿童医保政策之间还没有实现无缝衔接，这也给患儿的实际医疗费用支付和报销带来了问题❶。

（6）药品报销范围过窄，患儿非目录药负担重。各种医疗保险都规定只报销目录内的医疗支出，目录外的一律不报销。很多地方医疗救助也有这样的限制，只有"合规"医疗费用才能够享受医疗救助。但是，很多重病患儿的医疗费用支出中相当一部分属于非报销范围，由此造成他们实际自付的比例很高。《中国青年报》曾报道两个白血病患儿的实际案例，显示不能报销的药物费用都是他们最主要的负担❷。

（7）财政负担比例高，福利瞄准性差。虽然制度规定，城乡居民医疗保险资金来自于个人投保和财政补助，但目前政府财政承担了绝大部分。2011年，国家财政向三项"体制外基本医保"共投入2197亿元，占新农保、城镇居民医保和城乡居民医保基金收入的82%。其中，中央和地方财政各自投入949亿元和1248亿元，分别占43%和57%，占国家财政收入的比重为2%❸。这样的投入比例应该说已经很高了，在经济新常态下是否可持续有待观察。问题是，财政资金理应用于最需要的对象。但是，在如此高的投入比例之下，有多少居民是因为看不起病而享受财政支持呢？在国家卫生服务模式之下，这个问题并不突出。但在医疗保险模式之下，特别是在实际报销比例只有

---

❶ 侯雪竹. 专家：政府应推动儿童大病医保全覆盖［N］. 京华时报，2013-7-22（C02）.

❷ 王晨，门开阔. 谁来拯救大病患儿［N］. 中国青年报，2015-4-14（5）.

❸ 全国城镇居民医保实际报销比例仅52.28%［EB/OL］.（2014-09-22）［2019-10-26］. http://www.chinairn.com/news/20140912/100248521.shtml.

50%多一点的情况下,这将意味着相当一部分人(特别是贫困儿童)因费用限制得不到充分医疗,而另外一部分(可能是百万富翁,也可能只是小额医疗支出)却享受了宝贵的财政资源。

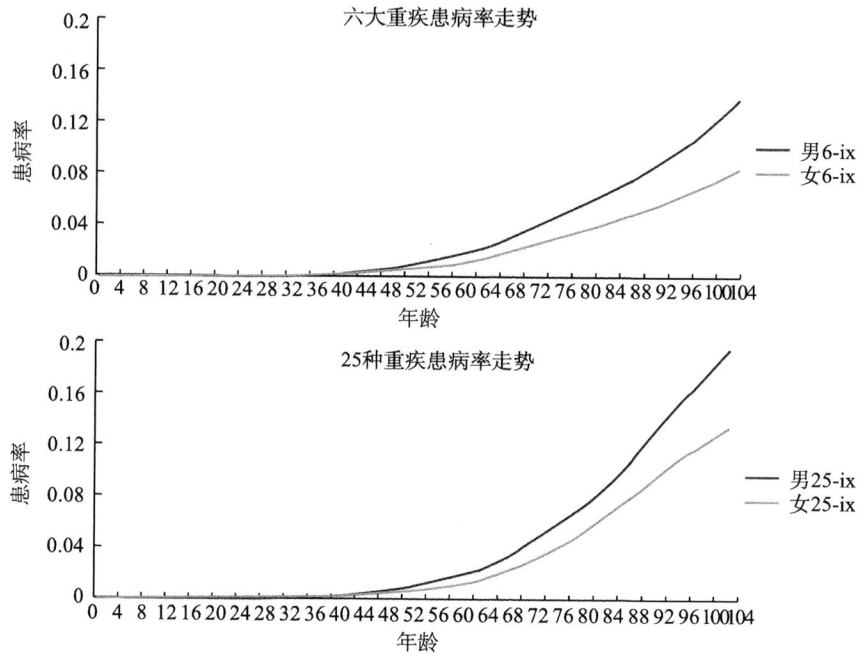

图 5-1 分年龄重大疾病患病率分布图

资料来源:中国保监会《中国人身保险业重大疾病经验发生率表(2006—2010)》。

六、儿童教育福利面临的挑战

(1)随着中小学学杂费和教科书费的全面免除,以及经济发展和家庭子女数减少等方面的原因,孩子上不起学的情况已经非常少了。但是,现在的问题从"能不能上学"转化为"能不能上好学校"。据统计,城镇居民中最低收入群体为教育费用支出的家庭收入比例最高,每学年每个孩子的小学和初中教育开支占最贫困家庭的年收入比例分别为14%和19%。并且,贫困家庭得到的收益很少。最富裕家庭的子女在省重点学校就读比例为28%,但最贫困家庭的子女比例只有11%;最富裕家庭的子女在普通学校就读的比例为22%,最贫困家庭为45%；最富裕家庭的子女择校就读的比例为39%，而最贫困家庭的比例仅为16%❶。北京市的一项调查显示，对一般家庭来说，孩子受教育不单是学费的问题，生活费、补课费、兴趣特长等其他费用的比例会更大一些，贫困家庭在支付子女的基本教育费用方面都存在困难，根本无法为其子女提供较为良好的学习条件或环境❷。

（2）教育救助程序不规范，保障机制不完善❸。教育救助政策的宣传不到位，许多贫困家庭对政策不了解，更谈不上对救助权利的争取。认定救助对象的方式简单，随意性大。因为教育救助对象的认定主要由学校负责，很多学校在确定救助对象时，往往把学生的学习成绩作为隐性条件，造成许多学业成绩较差、家庭贫困的学生被迫辍学。临时性资助色彩浓厚，资助措施通常没有长远规划，有资金就资助，没有资金则不资助。层层下达指标的做法缺乏科学性，使贫困生集中的学校无法做到"应救尽救"。

（3）教育资源分布严重不均衡，教育救助对办学条件的支持不够。教育救助不应仅仅是对贫困学生的资助。在我国，区域之间、城乡之间教育资源配置不均衡。财政拨款数额最高的地区较最低的地区而言，前者对小学、初中、普通高中、职业中学和普通高校的投入分别为后者的10.2倍、8.9倍、7.8倍、5.6倍和8.1倍。这一状况在短期内将不会有较大改变。农村贫困地区在办学条件、教学设施、师资质量等方面明显落后于其他地区，普遍面临着教师缺编、流失严重、补充不足、素质偏低、待遇不高等问题❹。教育教学条件差，培养出来的学生总体竞争力就低，这是更大的教育不公平。对农村贫困地区的学生而言，提高教育教学质量比给予他们经济补助更有实际意义。

---

❶ 史威琳. 城市低保家庭儿童社会保护制度分析 [J]. 北京社会科学，2011 (1)：14 - 18.

❷ 崔洁. 北京市城市贫困家庭义务教育救助政策实施情况调查：仅以北京市朝阳区为例 [J]. 劳动保障世界，2011 (12)：4 - 9.

❸❹ 王贤斌. 新时期我国农村教育救助面临的困境与对策 [J]. 教育理论与实践，2014 (28)：32 - 35.

好消息是政府重视并正在着手解决这个问题。2014 年,中央财政继续把义务教育特别是农村义务教育作为教育支出的重中之重予以保障。据不完全统计,中央财政 2014 年全年安排教育支出近 1600 亿元,以着力推进义务教育均衡发展。着力缩小城乡差距,支持全面改善贫困地区义务教育薄弱学校基本办学条件;着力改善学生营养状况,提高营养膳食补助标准;加强教师队伍建设,提高农村教育教学水平;继续支持农民工随迁子女平等接受义务教育❶。

(4) 教育福利重经济救助、轻心理辅导和社会支持。贫困是一种复杂的社会现象,贫困生面临的不仅是经济上的匮乏,还包括在权利、文化、精神等诸多层面的排斥。贫困生因此而辍学并走上犯罪道路的时有发生。所以,对贫困生而言,仅仅给予现金补助是远远不够的,帮助其建立自立自强的信心、正确面对所处的生存困境,甚至帮助其解决家庭问题等,对于他们未来的成长都是非常必要的。但在目前阶段,这方面的工作还做得非常少。

(5) 流动儿童异地入学仍存在诸多障碍,流浪儿童异地入学则更加困难。为解决流动儿童异地入学难的问题,2001 年国务院颁布《关于基础教育改革和发展的决定》,强调要重视解决流动人口子女接受义务教育问题,以流入地政府管理为主,以全日制公办中小学为主,采取多种方式依法保障流动人口子女接受义务教育的权利。由此形成解决流动人口子女接受义务教育问题的"两为主"政策。为解决流动儿童异地入学带来的各地财政不平衡的问题,中央财政采取奖励性补助资金的形式引导地方财政对流动儿童教育投入,即中央财政根据前一年各省份义务教育阶段实际接收的进城农民工流动儿童人数,给予地方公用经费和办学条件两方面的奖励。2014 年,中央财政奖励性补助资金支出达到 130 亿元❷。但是,在很多地区,流动儿童教育

---

❶ 杨亮. 2014 年中央 1600 亿元投向义务教育均衡发展 [N]. 光明日报,2015 - 2 - 10 (8).

❷ 财政部,教育部. 关于印发《进城务工农民工随迁子女接受义务教育中央财政奖励实施暂行办法》的通知 [EB/OL]. (2011 - 08 - 22) [2019 - 10 - 27]. http://jkw.mof.gov.cn/czzxzyzf/201108/t20110822_588203.html.

的问题仍然困扰着他们的家庭。但 2008 年民进重庆市委对我国农民工子女教育问题 8 城市调查发现，流入地和流出地之间存在着事权和财权不对称的问题：流入地政府的义务教育责任和经费投入大幅增加，但却因为是经济发达地区，无法得到中央政府的补偿；流出地政府由于是农村地区或中西部地区，不仅可以得到中央政府的经费补偿，而且还豁免了对流出儿童的义务教育责任。另外，无序流入也确实给流入地带来管理和投入上的压力。由此影响了流入地政府的积极性，通过入学身份区隔形成对农民工子女的隐性排斥❶。最近的一些调查发现，流动儿童异地入学仍存在一些障碍，主要表现在三个方面：一是经济方面，一些学校仍然变相收取择校费、赞助费，另外补习费、校服费、生活费等也成为农民工家庭不小的负担；二是程序方面，很多城市都规定"五证齐全"，农民工家庭为办齐手续往往是费时又费钱。《光明日报》的一篇文章认为，流动人口子女失学现象严重、就学质量无法保证、就学后环境适应性弱❷。与流动儿童相比较，流浪儿童异地入学则更为困难。主要原因如下：①长期滞留的流浪儿童普遍没有身份，无法办理正常入学手续；②流浪儿童监护人缺失，入学后接送就是一个问题；③社会对流浪儿童有偏见，担心会把自己的孩子"带坏"而加以排斥；④流浪儿童教育缺少经费安排。

七、儿童临时救助需着力解决的问题

临时救助制度全面实施时间尚短，其实施情况有待进一步观察。但以下几个方面应该是临时救助制度在实施过程中要着力解决的：

（1）临时救助与其他救助制度之间的协调问题。临时救助的定位在于补"短板"、扫"盲区"。如何既避免临时救助因其他救助"甩包袱"而负担过重，又避免与其他救助相互扯皮而不作为，将是临时救助制度能否有效发挥补足作用的关键。

---

❶ 全国政协委员"把脉"农民工子女上学问题［EB/OL］．(2011-08-22)［2019-10-27］．http://www.edu.cn/jiaodian_7820/20090311/t20090311_364795.shtml.

❷ 程静．流动人口子女教育的问题与对策［N］．光明日报，2014-2-22（7）．

（2）临时救助的规范性问题。国务院《关于全面建立临时救助制度的通知》规定了临时救助的对象，但在实施过程中有必要明确救助对象的认定条件和救助标准等，至少需要明确救助对象认定的程序和责任，否则将会因人情等因素而导致救助对象出现偏差。

（3）按需救助与按能救助的问题。作为临时救助，理想状态下，应该是先有救助需求，经审核符合条件后拨款并实施救助。但是，受财务预算制度的限制，临时救助资金必须在年初就要做好预算。以北京市为例，北京市临时救助的资金主要由区县财政负担，各区县预算临时资金总额的公式为：区县临时救助金的总金额 =（低保对象人数 + 低收入对象人数）× 本市城市低保标准 × 12 × 5%。这就难免会发生有的地方预算充足，临时救助的面比较宽，救助标准也高；有的地方预算不足，临时救助条件就会比较苛刻。甚至同一个地方也可能出现头半年宽松、后半年紧的情况。

（4）临时救助的区域平衡问题。与其他救助制度一样，临时救助也会出现区域不平衡的问题。经济发展水平低的地区，临时救助的财政压力就会更大一些，救助的水平可能也会更低一些。国务院《关于全面建立临时救助制度的通知》提出，中央财政对地方实施临时救助制度给予适当补助，重点向救助任务重、财政困难、工作成效突出的地区倾斜。如何确立中央财政和地方财政的分担办法，如何在保证区域平衡的同时保证地方的积极性，尚有待研究。

八、流浪儿童救助保护依然是儿童福利和儿童保护的短板

据民政部门数据，中国约有 15 万人次的流浪儿童。再加上随父母外出打工的街童，实际人数可能远远超过 30 万人。流浪儿童问题的实质是对他们的社会排斥，包括家庭排斥、教育排斥、社区排斥、住房排斥和就业排斥等[1]。社会排斥是全方位的，因此，解决流浪儿童的问题需要全社会的力量，进行全方位的改革。但是，当前流浪儿

---

[1] Zaixing Xue. Urban street children in China: a social exclusion perspective [J]. International Social Work, 2009, 52 (3): 401–408.

童救助保护存在着以下若干方面的困难❶：

（1）救助能力不足。自救助办法实施（2003年8月）至2004年12月，全国共救助11万4千多名16岁以下少年儿童❷，平均年救助7.125万人。据最保守的估计，我国城市每年有15万流浪儿童❸。因此，我国城市流浪儿童当中受到救助的比例仅为47.5%，不足一半。如果按照青少年工作专家100万人左右的估计❹，则比例就更小了，遑论目前尚无暇顾及的农村流浪儿童。

（2）流浪儿童返家难。根据《城市生活无着的流浪乞讨人员救助管理办法》，救助站对流浪乞讨人员的救助是一项临时性的社会救助措施，救助的内容主要包括：①提供符合食品卫生要求的食物；②提供符合基本条件的住处；③对在站内突发疾病的，及时送医院救治；④帮助与其家属或者所在单位联系；⑤对没有交通费返回其住所地或者所在单位的，提供乘车凭证。根据这样的规定，救助中心在确保满足流浪儿童衣食住行的基本生活需求的基础上，将主要的精力放在了联系、护送流浪儿童返家上面。但是，王久安、张世峰、张齐安早在1999年就指出，一些被家庭遗弃的流浪儿童找不到监护人，因不能明确监护权又不能送进福利院养育，长期生活在救助保护中心会影响中心的其他工作；另外，由于当地基础组织安置不到位，往往导致流浪儿童送回家，留不住，再次流浪的结果❺。冉崇谦等也认为，流浪儿童保护教育工作中最难办的就是流浪儿童的去向问题❻。除了一些不

---

❶ 薛在兴. 流浪儿童机构救助的困难、困惑与思考［J］. 中国青年研究，2006（5）：5-9.

❷ 张希敏. 中国共救助城市生活无着流浪人员六十七万多人［EB/OL］.（2004-12-22）［2019-10-29］. http://www.chinanews.com.cn/news/2004/2004-12-22/26/519779.shtml.

❸ 李春玲，王大鸣. 中国处境困难儿童状况分析报告（一）［J］. 青年研究，1998（5）：6.

❹ 郭文邺，王茂林. 我国流浪儿童的现状研究［C］. 救助流浪儿童国际学术研讨会论文集. 石家庄：河北教育出版社，2003.

❺ 王久安，张世峰，张齐安. 关于流浪儿童救助保护情况的调查报告［J］. 民政论坛，1999（4）：7-10.

❻ 冉崇谦，等. 达州市流浪儿童救助保护工作调查［J］. 社会福利，2002（12）：29-31.

愿回家的顽童故意隐瞒家庭住址以外，还有一些年龄太小的幼童以及一些弱智儿童说不清家庭住址和情况，更有一些严重残疾儿童联系不到家人。

（3）滞留儿童有效救助难。绝大多数救助中心都能够满足流浪儿童上述五项基本服务的要求。但对于因各种原因滞留在救助中心的儿童，这些服务显然是不足的。他们更需要包括心理辅导、社会适应和成长训练以及义务教育等在内的更广泛的服务。但是，服务的提供尚受到以下三方面客观因素的制约：①人力资源严重不足。流浪儿童救助保护工作千头万绪，而救助中心的编制有限，有限的人力在基本生活保障和查找、护送孩子返家之余，没有太多的精力可以用于进一步的服务。而且，我国的流浪儿童救助保护工作刚刚起步，专业人才十分匮乏。救助中心也没有驻站社工的专门编制，不利于具有专业知识背景的人才引进。②对流浪儿童因材施教难。流浪儿童的年龄不同（根据对上述38个个案资料的统计，年龄最小的为7岁，最大的为18岁），教育基础不同，学习潜力和意愿也不同，临时救助者和长期滞留者的教育需求更是存在很大的区别（临时救助者主要的教育需求是心理辅导，长期滞留者则需要系统的教育），在目前人力资源匮乏的情况下很难做到有针对性的个别化教育。③对救助机构的激励不足。绝大多数救助中心属于地方民政下属的事业单位，工作人员的收入和他们所提供的服务缺乏直接的联系。制度只要求机构提供上述服务，对于服务提供的质量却没有做出明确的要求并设计相应的考核指标。至于拓展服务，因为它需要工作人员付出更多的精力，花费更多的资金，而机构并不能获得更多的收益，所以目前的政策尚缺乏激励救助中心提升服务水平的有效机制。虽然据我们了解，全国绝大多数救助中心的工作人员都很有爱心，为孩子服务不计个人得失，但像北京市未成年人救助保护中心和郑州市救助站这样主动邀请外部智力资源来提升内部服务水平的毕竟还在少数。

第三节 儿童福利和儿童保护改革

一、适度普惠型儿童福利制度改革

民政部于 2013 年启动适度普惠型儿童福利制度建设试点工作。在《民政部关于开展适度普惠型儿童福利制度建设试点工作的通知》中提出，开展适度普惠型儿童福利制度的理念是"适度普惠、分层次、分类型、分标准、分区域"。

"适度普惠型"是指逐步建立覆盖全体儿童的普惠福利制度。"分层次"是将儿童群体分为孤儿、困境儿童、困境家庭儿童、普通儿童四个层次。"分类型"是将各层次儿童予以类型区分，孤儿分为社会散居孤儿和福利机构养育孤儿两类；困境儿童分为残疾儿童、重病儿童和流浪儿童三类；困境家庭儿童分为父母重度残疾或重病的儿童、父母长期服刑在押或强制戒毒的儿童、父母一方死亡另一方因其他情况无法履行抚养义务和监护职责的儿童、贫困家庭的儿童四类。"分区域"是指全国划分为东、中、西部，因地制宜制定适应本地区特点的儿童补贴制度。"分标准"是指对不同类型的儿童，分不同标准予以福利保障。首批选择江苏省昆山市、浙江省海宁市、河南省洛宁县、广东省深圳市等地开展适度普惠型儿童福利制度建设试点工作，其后北京市、湖南长沙市等也先后加入。下面以我们调查的北京市、湖南省和广东省为例介绍试点的基本情况。

二、未成年人社会保护改革

2013 年 5 月 6 日，民政部向各省、自治区、直辖市民政厅（局）等单位下发关于开展未成年人社会保护的试点通知。通知要求坚持以人为本、创新发展、预防为主、标本兼治、政府主导、社会参与、因地制宜、注重实效为基本原则，坚持未成年人权益保护优先，加强理论创新、政策创新、制度创新、实践创新，强化源头预防和综合治理，积极拓展流浪未成年人福利和保护内容，帮助困境未成年人及其家庭解决生活、监护、教育和发展等问题,探索未成年人社会保护体系建设,最大限度减少未成年人流浪乞讨和其他受侵害现象,促进未成年人健康成长。通知着重强调,要建立一个长效的未成年人社会保护机制。2014年7月31日,民政部再次发函通知,在全国78个地区开展第二批全国未成年人社会保护工作试点工作。

三、评价

(一) 试点取得的积极成效与经验

(1) 扩展了儿童保障保护的范围。适度普惠的儿童福利制度建设试点将儿童保障范围从孤儿扩展到重病重残等困境儿童,未成年人社会保护试点则将孤儿、留守儿童、贫困家庭儿童、有流浪经历儿童和服刑人员未成年子女等都纳入保护范围。

(2) 大致探索出当前我国儿童陷入困境的主要原因。两项试点都表明,当前我国困境儿童可以分为自身困境儿童和来自困境家庭的儿童,自身困境儿童以重病重残儿童为主,儿童家庭陷入困境的原因则包括重病重残、失业、单亲等。

(3) 大致探索出当前我国儿童保护机制和难点。北京和四川等地的试点地区都初步建立起了发现、报告和响应机制,危机介入机制,家庭干预机制等基本机制。同时,各地在试点过程中也普遍发现了儿童保护的一些难点,如监护权转移、儿童安置等。

(4) 突出了家庭在儿童福利和保护中的重要作用。儿童保护不能简单等同于将儿童从家庭中带离,西方发达国家在这方面走过的弯路已经充分证明了这一点,我国在制度初建时期就要特别注意。北京市为残疾儿童发放护理补贴就有利于减轻家庭养育残疾儿童所面临的压力,有利于维护残疾儿童家庭的完整和稳定。

(二) 试点反映出来的主要问题

(1) 适度普惠的儿童福利制度改革定位模糊。表面看来,各地在试点过程中遇到的最大的困难是如何界定"困境儿童"以及困境儿童基本生活费标准如何确定。而这两个难点的根源在于试图对"救助"

和"福利"两种儿童保障模式予以糅合。一方面,界定"困境儿童"并给予保障属于救助模式;另一方面,对"困境儿童"按普惠原则提供基本保障属于福利模式。正是这种糅合带来了它最主要的内在矛盾。

第一,单一现金式基本生活费发放与困境儿童多样化需求相矛盾。从各地试点的情况来看,困境儿童陷入"困境"的原因是非常复杂的,需求是多种多样的,满足其需求的方式也应该"因困施保"。困境儿童需求因其类型不同而不同,总体来看,儿童照料需求是第一位的需求,经济困难是第二位的需求,儿童保护是第三位的需求,其他还包括医疗、康复、教育、家庭功能恢复等。为困境儿童发放普惠性福利津贴有助于他们解决经济困难的问题,他们也可以借此购买儿童照料、医疗、康复等方面的服务,但无法解决儿童家庭功能失调的问题,无法满足他们在儿童保护方面的需求。

第二,单一现金式基本生活费发放与专项福利制度安排相矛盾。如前所述,困境儿童可以使用基本生活费购买儿童照料、康复、医疗等方面的服务。但是,如果困境儿童已经购买了这类服务,那么他们是否还有资格享受康复、医疗等方面的专项救助?根据孤儿基本生活费的测算办法,基本生活费主要覆盖基本医疗和基本康复等方面的支出需要。问题在于,这里的"基本"如何界定?我国绝大多数专项救助都是以低保或低收入为条件的。因此,普惠性津贴有可能将困境儿童排除在专项救助之外。当然,也可以在制度上规定享受普惠性津贴的儿童视同低保家庭,享受低保家庭能够享受的一切待遇。这反过来使人们进一步思考儿童津贴的性质。儿童津贴的性质应该是在儿童无人抚养或抚养人无能力抚养时的抚养替代。那么,抚养替代的内容包括医疗、教育和住房吗?如果包括,那么他们就不应该再享受专项救助;如果不包括,那么包括哪些内容呢?如果仅是衣食支出的话,那它和低保是什么关系呢?

第三,单一现金式基本生活费发放与困境儿童非等额经济需求相矛盾。虽然适度普惠儿童福利试点明确要求要分类施保,但即使同类困境儿童的经济需求也是不一样的。比如,同样是重病儿童,每月支出需要却往往有着天壤之别。整齐划一的儿童津贴对有的儿童而言可能富余，对有的家庭来说则不足。

第四，困境儿童福利性受益势必使困境边缘儿童产生不公平感，除非困境的条件是不可逆的，否则就会产生"贫困陷阱"的问题。举例来说，一个低保家庭，因为父母双方服刑，其孩子将享受到明显高于原来低保金的福利性津贴，其他低保家庭就会产生不公平感。再如，"爹死娘嫁人"是当前儿童陷入困境最主要的原因。除非"爹死"之后不管"娘是否嫁人"都提供相同的福利津贴，否则就会鼓励"还没有嫁人的娘赶紧嫁人"。

因为全国性的政策正在试点过程当中，对上述问题还没有明确的答案。有的地方试点一年之后基本就中断了，主要原因是区县财政感觉压力太大。另外，民政部门和财政部门在另起炉灶建立一套儿童福利制度还是在现行救助框架内加以完善尚未达成一致意见。

（2）困境儿童福利与保护是紧密联系的两个方面，如果只在前期实施紧急、暂时性的救助措施，而没有建立、落实长效的保护机制，这也许会给儿童带来二次伤害。试点地区调研发现，儿童福利与保护之间存在严重的脱节现象。一方面，现行的适度普惠政策倾向于采取经济手段，靠"发钱"为需要被救助的儿童提供福利。而事实上，单靠政府每月或者每个季度发放救助金，不仅不能长效地改善其生活境遇，而且也容易滋生儿童及其家庭"等、要、靠"的不良心理。以四川省眉山市仁寿县富加镇的一位被访儿童和家长为例，该儿童的父亲死于车祸，爷爷患病去世，她与奶奶同住，祖孙俩相依为命。由于她们户籍在农村，同时享受每月 150 元的农村低保，该儿童学习成绩比较优秀因而在学校也会受到班主任的照顾，比如说为她买衣服或者学习资料，而且在访谈中我们得知，学校在免去她一学期的学费后又给予她 500 元补助。可是，居民委员会的一位工作人员告诉我们："这个女孩的奶奶经常来居委会办公室哭，拉都拉不走，哭着说养孩子多艰难，哭着说亲人都死了，没啥活头儿，但又舍不得孩子……实在是没办法了，我们居委会的人就给她些钱，她拿了钱后就不哭了，自己就会走了（离开居委会的意思）。"另一方面，针对受虐待儿童的保护措施离开了救助政策的支持往往很难取得成效。儿童受虐待的常见原因有二：一是家庭贫困，二是孩子的监护人存在一定程度的心理疾病。无论是因为哪种原因，现行的做法是，未成年人保护中心或者公安局等部门一得到信息，在摸清情况下便会启动反应机制——将受害儿童从原生家庭中带离出来，短时间内安置在公安局接待室或者未成年人保护中心。那么我们的救助就面临两个问题：孩子被带离原生家庭期间，谁来支付吃住衣就医等费用？在公安局接待室和未成年人保护中心短暂停留之后，孩子将去向哪里，是回归原生家庭、送往寄养家庭、进入福利院，还是面临孤独的流浪？很多案例就是因为无法突破刚性的救助政策而最终只能将孩子送回家。

（3）社会力量尤其是社会组织参与情况因地而异，中西部地区社会力量自身不足。我国《未成年人保护法》鼓励各种社会组织参与未成年人保护，虽然现有的社会组织已经给予社会上各类困境儿童关注与支持，但是这些关注缺乏规范性与持续性，同时有的社会组织难以付出实际行动，即使有行动，也难以长期地维持下去。从试点地区情况来看，社会组织参与力度小主要有两个原因——缺资金、没人才。以河南省洛宁县帮扶留守儿童工作为例，该县还没有社会组织，当地民政局正在积极筹备组建社会组织，但是遇到的大问题是资金不足，没有针对留守儿童保护的专项资金。当地政府积极开展慈善一日捐活动，通过要求企业、员工捐款来筹资，可是这些资金对于筹建社会组织来说无异于杯水车薪。该县遇到的另一个问题是人才太少，尤其是缺少能专门从事留守儿童保护工作的人才，特别是受过专业学科训练的社会工作者。没有相应的工作人员支撑组织运行，即使筹建起来，这些社会组织也会"胎死腹中"，起不到应有之效。关于儿童福利政策的知晓度，我们以四川省仁寿县文林镇某村的一位被访者的表述为例来做说明。该被访男孩15岁，因车祸残疾，有一个6岁的弟弟，母亲中年，父亲常年在沈阳打工，爷爷年迈，奶奶因腿部肿瘤丧失劳动能力。了解到被访者基本信息后，我们询问母亲有没有让孩子参加新农合医疗保险，其母亲回答有参加，但是一分钱都没有得到报销，原因说不清楚。再问她有没有得到过农村最低生活保障金，她只是回答"住在山沟子里,都不经常出门,啥金都不知道……"

深圳在助残方面有其独特做法,即用福彩公益金资助残疾儿童做康复,而社会组织可为某一群体的儿童提供政府暂时力所不及的特色服务。如深圳自闭症研究会、民爱、华阳等多家民间残障儿童康复教育机构为特殊儿童提供照料、托管、康复、教育等各方面的服务。深圳市慈善会设立了雏鹰展翅、关爱劳务工基金、首彩爱心慈善基金、儿童大病慈善基金等专项基金或冠名基金,广泛动员社会力量,为不同需求的困难儿童募集资源,形成全社会共同关注儿童福利事业的氛围。另外,深圳市还利用社会企业的方式探索儿童医疗救助及康复事业发展。2012年,国内首家由非公募基金会——爱佑善基金会成立的深圳市爱佑和康儿童康复中心正式启动,爱佑基金会将依托此项目,发起、运营社会企业,通过"政府补贴一部分、社会赞助一部分、家庭承担一部分"的形式,积极推动中国孤贫患儿医疗救助及康复事业的发展。

第六章 东部地区儿童福利与保护改革试点

第一节 北京市儿童福利与保护改革试点

一、北京市现行儿童福利政策概述

北京市全面建立了包括城乡居民最低生活保障、城乡特困人员生活保障、孤儿基本生活费保障以及重病残儿童保障在内的儿童社会福利体系。在这个体系中,城乡居民最低生活保障处于最底层、最基础性的地位;孤儿基本生活费保障、残疾人生活补助、城乡特困人员生活费保障属于按人群分的儿童福利制度;教育救助和医疗救助属于专项救助;另外还有临时救助制度。北京市儿童救助体系见图6-1。总体来看,北京市儿童社会福利体系相对完整、待遇水平较高,城乡低保对儿童实行分类救助的做法值得全国各地借鉴。但是,与江苏省昆山市、浙江省海宁市、河南省洛宁县、广东省深圳市等全国困境儿童分类试点城市相比,北京市儿童福利范围依然偏窄,儿童福利政策存在明显的碎片化现象。

(一)城乡居民最低生活保障制度

2015年,北京市城市低保标准为家庭月人均710元,农村低保最低标准为家庭月人均670元,城乡低保差距缩小至40元。2015年第二季度,北京市未成年人城市低保对象21169人,农村低保对象5851人,二者合计27020人。2014年北京市城市最低生活保障未成年人保障对象占保障对象总人数的 23.48%，农村最低生活保障未成年人保障对象占保障对象总人数的 14.74%，同期累计支出城市低保资金 71168.9 万元，农村低保资金 29037.7 万元。按上述人数占比上浮 20%，可得北京市 2014 年累计支出未成年人城市低保资金 20049.8 万元，累计支出未成年人农村低保资金 5136.1 万元，二者合计 25185.9 万元。2014 年，北京市未成年人城市低保人均实际领取 798.44 元，未成年人农村低保人均实际领取 565.78 元。2014 年年底，北京市发布《关于规范和统筹我市城乡居民最低生活保障分类救助制度的通知》，规范了原有各项城乡低保分类救助政策。其中与未成年人救助直接相关的是收入核减和标准上浮两项政策，而收入核减和救助渐退政策值得全国各地借鉴。

临时救助	
按人群提供的福利	**按需求提供的福利**
孤独基本生活费保障 残疾儿童福利 城市特困人员供养 农村五保供养	医疗救助 教育福利 住房福利
城乡居民最低生活保障制度	

图 6-1 北京市儿童福利政策体系

1. 收入核减

根据申请家庭困难情况，在对申请家庭收入做适当核减后再计算家庭月人均收入。收入核减是救助政策中具有创新意义的一个做法，相对于直接提高救助标准，收入核减有利于避免不同人群的攀比，而且突出了政府对家庭的支持。其中：

（1）申请家庭中有罹患重大疾病或重度残疾人的，其家庭收入按照城乡低保标准的 100% 进行收入核减；其中，法定抚养人达到 60 周岁的，家庭收入还可按照城乡低保标准的 50% 再次进行收入核减。申请人所患疾病或残疾等级应符合《重大疾病参考名目》或《重度残疾人范围》要求。

（2）单亲家庭中法定抚养人单独抚养16周岁及以下未成年人或16周岁以上全日制在校学生的，家庭收入按照城乡低保标准的100%进行收入核减。

申请家庭同时符合以上两项收入核减条件的，按核减标准高的执行。

2. 标准上浮

综合考虑低保家庭困难程度，对下列特殊困难群体实施救助标准上浮，其中：

（1）分散供养的城乡特困人员（城市特困人员和农村五保供养对象），按照城乡低保标准的40%上浮救助标准，按月发放生活费。

（2）罹患重大疾病人员，按照城市低保标准的35%上浮救助标准。

（3）享受低保或生活困难补助的重度残疾人，按照城市低保标准的30%上浮救助标准。

（4）16周岁及以下未成年人和16周岁以上全日制在校学生，按照城市低保标准的20%上浮救助标准。

（5）60周岁以下达到退休年龄人员，以及完全丧失或大部分丧失劳动能力人员，按照城市低保标准的15%上浮救助标准。

上述人员同时符合两种及以上上浮条件的，按上浮标准高的执行。

3. 救助渐退

城乡低保人员就业后应主动申报，符合条件的可享受6个月的救助渐退，即低保人员在享受就业奖励后，家庭月人均收入仍高于低保标准的可继续按月享受低保金，具体标准为：前3个月按其家庭原享受低保金100%发放，后3个月按50%发放。

（二）城乡特困人员供养办法

农村五保制度是我国建立时间最长的社会救助制度之一，它对农村"三无"人员（包括16周岁以下的"三无"未成年人）给予保吃、保穿、保住、保衣和保教在内的"五保"待遇。北京市对2014年农村五保供养最低标准进行了调整，各区县标准最高的为年人均19307元，最低的为年人均10091元。2014年，北京市农村五保供养人数4194人，全年累计支出农村五保供养资金3753.1万元，人均支出8905.82元。2014年四个季度北京市农村"五保"总人数及未成年人人数见表6-1。按照0.66%的比例测算，北京市2014年累计支出农村未成年人五保供养资金24.77万元。

表6-1 北京市农村"五保"人口及未成年人占比

	第一季度	第二季度	第三季度	第四季度	平均
总人数	4025	4063	4112	4196	4099
未成年人数	27	28	28	25	27
未成年人占比	0.67%	0.69%	0.68%	0.60%	0.66%

传统上，我国针对城市"三无"人员主要是通过福利院集中供养的形式来解决。但最近二三十年来，福利院的接纳能力有限，越来越多的"三无"人员选择了散居。而城市散居"三无"人员无法享受到类似农村"三无"人员的"五保"待遇。鉴于此，北京市出台了类似农村"五保"的《城市特困人员供养办法》。依据该办法，持有北京市非农业户籍的"三无"人员由当地政府给予特困人员供养，供养内容与农村"五保"基本一致，城市特困人员供养最低标准按照各区县上年度城镇居民人均消费性支出确定。2014年，城市特困人员供养最低标准最低为1500元，最高为2400元。截至2014年年底，北京市享受城市特困人员救助的人员为311人。城市特困人员供养资金由区（县）财政负担，城市特困人员因生活必需支出突然增加导致基本生活暂时出现严重困难的由户籍所在地区民政部门给予救助，所需资金由当地财政负担。

（三）孤儿基本生活费保障

截至2014年年底，北京市孤儿总人数2230人，其中机构养育1780人左右，散居450人左右。北京市绝大多数孤儿居住在机构中。孤儿生活费2014年总支出3400万元。北京市孤儿基本生活费保障有以下几个重要特点：

第一，严格限制北京户籍，非北京户籍孤儿即使在北京常住也无法享受。

第二，北京市将父母双方同时出现失踪、服刑或重度残疾等任意一种情况的未成年人视同孤儿，同全国其他地区相比较，北京市对孤儿的界定是比较宽泛的，尽管根据我们的调查了解，实际享受到孤儿基本生活费的事实孤儿人数很少。

第三，北京市孤儿基本生活费的资金来自中央、市级和区级三级财政，区县属社会福利机构及散居孤儿基本生活费由区县民政局审批并报同级财政部门，由区县财政予以经费保障，区县财政觉得支付孤儿基本生活费的压力较大。

第四，北京市明确规定了孤儿成年后的安置办法，而且从财政上予以保障，值得全国其他地方借鉴。

以下为北京市孤儿基本生活费保障的主要政策。

1. 发放范围

（1）具有北京市户籍，未满18周岁，失去父母、查找不到生父母的未成年人。

（2）具有北京市户籍，未满18周岁，父母双方同时出现死亡、失踪、服刑、重度残疾等任意一种情况的未成年人，视同孤儿。

上述对象满18周岁后，仍在中学或中等职业学校就读的可继续享受基本生活费补贴至毕业。

2. 基本生活费标准

孤儿基本生活费标准按照保障孤儿基本生活不低于本市居民平均生活水平的原则确定，并建立自然增长机制。

（1）社会福利机构集中养育孤儿基本生活费标准为每人每月1600元。内容包括儿童伙食费、服装被褥费、日常用品费、教育费、日常生活所需的水电气暖费用、基本医疗费及康复费，不包含大病医疗费用、寄养家庭劳务费、福利机构行政事业经费等。

（2）社会散居孤儿基本生活费标准为每人每月1400元。孤儿领取基本生活费后，不再享受原城乡低保救助待遇，基本生活费不计入其监护人家庭收入。

享受农村五保供养待遇的散居孤儿，按照每人每月1400元的标准，在五保供养标准基础上补齐，其他供养内容不变。

3. 资金来源

孤儿基本生活费纳入市和区县部门预算管理，年底根据实际发放情况追加经费或结转下一年度使用，市级财政部门统筹使用中央财政补助资金。

市属社会福利机构应按照在院集中养育孤儿数，通过北京市社会福利事务管理中心向市级财政部门提出预算申请，由市级财政予以经费保障。区县属社会福利机构及散居孤儿基本生活费由区县民政局审批并报同级财政部门，由区县财政予以经费保障。市财政局将中央财政定额拨款每人200元直接拨给散居孤儿。

4. 发放渠道

对社会福利机构集中养育的孤儿，各级财政部门根据同级民政部门提出的申请，将孤儿基本生活费拨付到养育机构。对散居孤儿，区县财政部门根据本地区民政部门提出的申请，及时足额将孤儿基本生活费拨付到区县民政局，由区县民政局将孤儿基本生活费拨付到孤儿个人银行账户。

5. 停止发放的情形

孤儿出现下列情况之一，收回并注销《儿童福利证》，从情况发生的次月起停止发放基本生活费：

（1）死亡的。

（2）年满18周岁，且未在中学或中等职业学校就读的。

（3）被依法收养的。

（4）原被认定为孤儿，现找到生父母一方或父母一方能够履行抚养义务的。

6. 孤儿成年后安置办法

（1）具有独立生活能力和劳动就业能力的孤儿成年后，由送养地的区县政府负责安置；不能确定送养地的，由市民政局指定区县政府安置；由市、区县两级财政提供每人15万元的一次性补助金。

（2）身体残疾、无独立生活能力和劳动就业能力的孤儿18周岁后，从儿童福利机构转入其他社会福利机构，按照城市"三无"对象供养政策予以安置。

（3）在校就读的孤儿成年后，由儿童福利机构继续供养直至毕业，毕业后按照上述办法安置。孤儿成年后可优先入伍。

（4）补贴将拨付至负责安置孤儿的区县，用于统筹解决孤儿回归社会后的教育、住房、就业和临时性生活补贴。

（5）能确定送养地的，安置资金由送养地区县政府负担；不能确定送养地的，继续由市财政给予补贴。孤儿们按照新政策回归社会以后，如果工作单位不能接收户口，可以转入所在区县为这一政策而设定的"孤儿回归社会专用集体户口"。

显然，孤儿基本生活费保障和我国一直存在的农村"五保"制度以及最新实行的北京市城市特困人员供养制度存在很大的重合性。孤儿是五保制度的保障对象之一，但也并不是所有的孤儿都能够被纳入到"五保"制度之中，孤儿享受五保待遇存在严格的条件限制。五保制度中关于"无法定抚养义务人，或者虽有法定抚养义务人，但无抚养能力"的要求套用到孤儿身上就是其父母出现法律性的死亡，而祖父（母）、外祖父（母）中有人健在但必须没有实际抚养能力才能享受五保待遇，此处的实际抚养能力，包括经济能力和提供抚养服务的其他能力。在现实中，当一个未成年人的父母出现法律性的死亡，其祖父（母）、外祖父（母）中有人健在并且有一定抚养能力时，该孤儿则不能享受五保待遇，这就是说孤儿基本生活费保障范围要比五保孤儿的范围大，那些父母法律性死亡，但其祖父（母）、外祖父（母）中有人健在并且有一定抚养能力的儿童不属于五保对象，但属于孤儿基本生活费保障范围。这也体现了孤儿基本生活费保障的福利性，即所有孤儿无需经济状况调查都可以享受较高水平的基本生活费待遇。有些儿童不符合孤儿的界定标准，但生活同样处于"三无"状态，则可以享受城市特困人员供养待遇。比如，北京市虽然规定：父母双方同时出现死亡、失踪、服刑、重度残疾等任意一种情况的未成年人，视同孤儿，但是，父母一方死亡、另外一方重病或父母双方都重病且无业的情况则不能认定为孤儿,这种情况只能通过特困人员供养制度来解决。所以,北京市规定:"城市特困人员中的未成年人,符合本市孤儿养育政策的,按照本市孤儿保障工作相关规定执行。"

(四)残疾儿童福利

北京市现有18岁以下残疾儿童7207名,其中重残(残疾类别一、二级)儿童4097名,达56.8%,轻残(残疾类别三、四级)儿童3110人。重度残疾人范围具体包括:残疾程度为一级、二级的视力残疾人,残疾程度为一级、二级的肢体残疾人,残疾程度为一级、二级、三级的智力残疾人,以及残疾程度为一级、二级、三级的精神残疾人。

北京市残疾儿童享受的福利项目包括:

(1)残疾儿童生活补助。北京市16周岁以上城市低保家庭重残儿童和农村无劳动能力重残儿童全额享受低保待遇。享受低保或生活困难补助的重度残疾人,按城市低保标准的30%上浮救助标准。享受低保待遇的残疾儿童、未享受低保待遇的16岁以上、失业且无稳定收入的残疾儿童可领取生活补助,2014年标准为每人每月100元。残疾人生活补助金从区县残疾人就业保障金列支。假设所有重残儿童都可以享受低保待遇,他们领取的上浮30%部分最低生活保障金累计$4097 \times 650 \times 12 \times 30\%$元=959万元。

(2)残疾儿童护理补贴。具有本市户籍生活不能自理的持证重度残疾人,根据残疾等级给予100元或300元两档护理补贴。以此标准计算,2014年北京市支付残疾儿童护理补贴合计$3110 \times 100 \times 12$元+$4097 \times 300 \times 12$元=1848万元。两项合计,北京市直接支付残疾儿童福利费用2807万元。

(五)儿童医疗救助

在北京市,城乡特困供养未成年人、享受城乡居民最低生活保障和生活困难补助的未成年人、享受城乡低收入救助的未成年人以及民政部门认定的其他困难未成年人可以享受医疗救助。2014年,北京市医疗救助直接支出25517.4万元,城乡低保对象未成年人占总人数的比例为 20.6%，假设医疗救助直接支出分年龄段均匀分布，则未成年人医疗救助直接支出约为 5256.58 万元；资助参加城市居民医疗保险总支出 310.9 万元，城市低保对象未成年人占总人数的比例为 23.48%，资助未成年人参加城市居民医疗保险支出约 73.00 万元；资助参加新型农村合作医疗总支出 1103.7 万元，农村低保对象未成年人占总人数的比例为 14.74%，资助未成年人参加新农合支出约 162.69 万元，三项合计，2014 年北京市未成年人医疗救助总支出约为 5492.27 万元。

医疗救助按照属地管理的原则，符合医疗救助条件的社会救助对象向户籍所在地街乡申请，由区县民政部门负责审批。

医疗救助的具体内容包括：

（1）资助参保参合。资助社会救助对象参加城镇居民基本医疗保险或新型农村合作医疗，其个人缴费部分由所在区县财政全额负担。

（2）减免医疗费用。特困供养未成年人、最低生活保障未成年人和生活困难补助未成年人就诊时，可享受基本手术费和 CT、核磁共振大型设备检查费 20%，以及普通住院床位费 50% 的减免。

（3）门诊救助。特困供养未成年人政策范围内的个人负担部分，由民政部门实报实销。其他享受社会救助的未成年人，个人负担部分由民政部门按照 70% 给予救助，全年救助封顶线 4000 元。

（4）住院救助。特困供养未成年人政策范围内的个人负担部分，由民政部门实报实销。其他享受社会救助的未成年人，个人负担部分由民政部门按照 70% 给予救助，全年救助封顶线 40000 元。

（5）重大疾病救助。特困供养未成年人政策范围内的个人负担部分，由民政部门实报实销。其他享受社会救助的未成年人，政策范围内个人负担部分由民政部门按照 75% 给予救助，全年救助封顶线 80000 元。

北京市主要实行按病种救助的办法。北京市界定的九类重大疾病包括：恶性肿瘤、终末期肾病（肾透析）、重性精神病、Ⅰ型糖尿病、白血病、血友病、再生障碍性贫血、重大器官移植（与职工医保一致）和艾滋病机会性感染。

（6）住院押金减免。特困供养未成年人可享受住院押金100%减免。其他享受社会救助的未成年人，可享受住院押金70%减免。减免额度每人每年累计不超过40000元。

（六）儿童教育福利

北京市有着从学前教育到高等教育比较完备的教育福利体系。在学前教育阶段，从2013年开始，北京城乡低保、低收入家庭的幼儿、烈士子女、残疾儿童均可享受免或减保育费。在义务教育阶段，北京在全部实施"两免一补"的基础上，对远郊区县城乡低保家庭学生、山区学生、特殊教育学校学生等实施"三免两补"。在普通高中阶段，对城乡低保、低收入家庭学生以及革命烈士子女、孤儿等实施了国家助学金和免减学费、住宿费政策。在中职教育阶段，北京市设立了北京市政府奖学金、国家助学金，并在全国率先推出免学费政策。2007—2013年，北京市财政共为高校、中职、普通高中安排学生资助资金超过29亿元。按照2013年北京市地方财政社会保障和就业支出占2007—2013年历年累计支出21.8%计算，北京市2013年教育救助支出约6.34亿元。北京市2014年地方财政支出比2013增长8%，以此推算，北京市2014年教育救助支出约6.85亿元。

（七）儿童住房福利

北京市住房福利都是以家庭为单位申请的，所以，儿童住房福利也就是儿童家庭的住房福利。北京市住房福利主要包括公租房和廉租房两项政策。公共租赁住房的供应对象为本市中低收入住房困难家庭，包括已通过廉租住房、经济适用住房、限价商品住房资格审核尚在轮候的家庭以及其他住房困难家庭。租住公租房的住户缴纳当月房租之后，财政部门就会依照租户的具体情况发放不同档次的补贴。北京市正在探讨为一些"临时有难"的公租房家庭调整租金补贴办法，根据实际需求临时将补贴额度调高，减少住户短期租金支出。该制度实施两年以来，北京市累计发放公租房租金补贴7490户，共计0.97亿元。假设所有这些家庭都是三口之家，则用于儿童的公租房租金补贴约 0.32 亿元。

廉租房是指政府以租金补贴或实物配租的方式,向符合城镇居民最低生活保障标准且住房困难的家庭提供社会保障性质的住房。廉租房的分配形式以租金补贴为主,实物配租和租金减免为辅。北京廉租房申请人必须具有本市城镇户籍并在北京市区生活,申请家庭人均住房面积、家庭收入、家庭资产符合政府规定的标准。从去年开始,北京廉租房将与公租房全面并轨,实行房源分配、租金标准、退出管理三个方面的统一。

(八) 儿童临时救助

北京市儿童临时救助的对象包括家庭对象和个人对象。家庭对象为因火灾、交通事故等意外事件,家庭成员突发重大疾病、遭遇突发事件等原因,导致基本生活暂时出现严重困难的家庭;因生活必需支出突然增加超出家庭承受能力,导致基本生活暂时出现严重困难的本市低保、低收入家庭;遭遇其他特殊困难的家庭。个人对象为因遭遇火灾、交通事故、突发重大疾病或其他特殊困难,暂时无法得到家庭支持,导致基本生活陷入困境的未成年人。儿童临时救助可以由认为符合救助条件的儿童及其家庭向所在地提出临时救助申请;乡镇政府(街道办事处)、村(居)民委员会要及时核实辖区居民遭遇突发事件、意外事故、罹患重病等特殊情况,帮助有困难的家庭或个人提出救助申请。公安、城管执法等部门在执法中发现身处困境的未成年人应主动采取必要措施,帮助其脱离困境。

临时救助的内容包括发放临时救助金、提供救助服务以及提供转介服务等。临时救助的资金主要由区县财政负担,各区县预算临时资金总额的公式为:区县临时救助金的总金额 =(低保对象人数 + 低收入对象人数)× 本市城市低保标准 ×12 ×5%。市民政、财政部门通过使用中央临时救助补助资金和市级福利彩票公益金等方式对区县临时救助资金提供补助。2014 年,北京市临时救助累计支出 2417.12 万元(见表 6 - 2)。

表 6-2 北京市临时救助支出统计表 （单位：万元）

临时救助方式	一季度	二季度	三季度	四季度	合计
城市低保临时救助	411.13	417.24	460.49	625.82	1914.68
农村低保临时救助	70.92	79.07	81.77	266.38	498.14
农村五保（集中供养）临时救助	0.26	0.38	0.38	0.99	2.01
农村五保（分散供养）临时救助	0.34	0.63	0.61	0.71	2.29
总计					2417.12

二、北京市儿童福利政策面临的挑战

（一）北京市儿童福利水平与首都经济发展水平和儿童实际需求尚有不小差距

2014年，北京市人均GDP达到99995元，按年平均汇率折合为16278美元，接近富余国家。但是，北京大量财富的增长体现在非居民福利方面，老百姓实际收入和福利少，财富的增加与老百姓的感受有异。就居民人均收入而言，2014年，北京市城市居民人均可支配收入达到43910元，仅占人均GDP的44%，农村居民人均可支配收入为20226元，更是仅占人均GDP的20%。2014年，北京市消费性支出平均为28009元，低收入户消费性支出为16744元，其中食品、衣着和居住支出合计9312元，按月计算分别为1395元和776元。而北京市2015年城市低保和农村低保标准分别为710元/月和670元/月，均低于低收入户基本生活支出（见图6-2~图6-4）。

按上述统计，北京市儿童救助总支出约为11.1亿元，占当年GDP 21330.8亿元的0.05%，财政总支出4510.5亿元的0.25%，显著低于西方国家儿童现金福利占GDP 2%左右的水平。

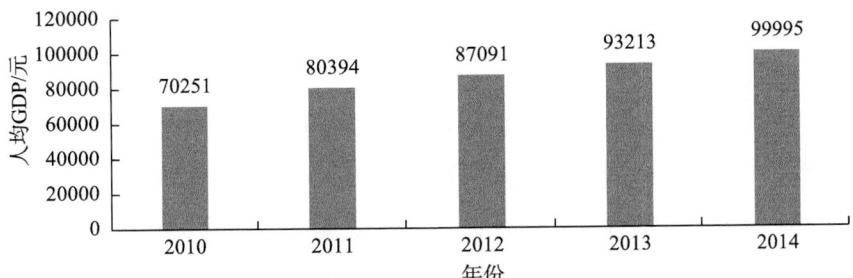

图 6-2 2010—2014 年北京市人均 GDP

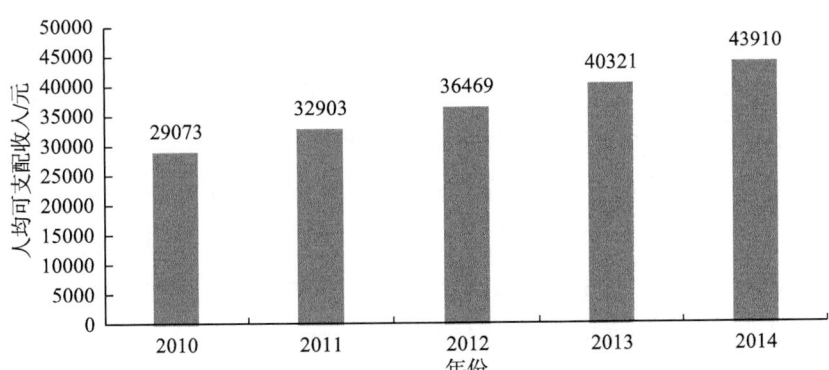

图 6-3 2010—2014 年北京市城市居民人均可支配收入

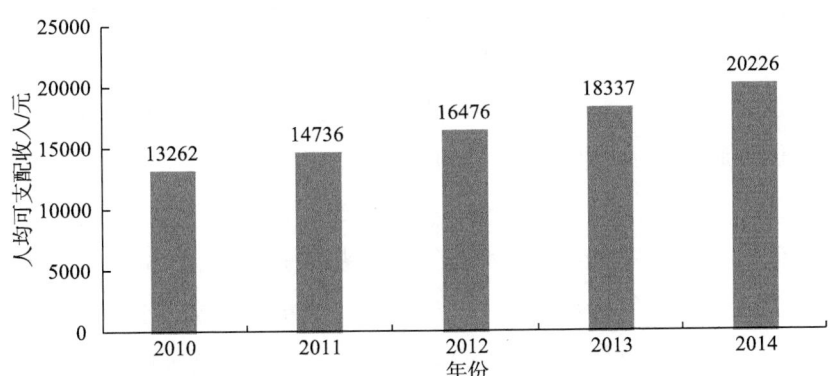

图 6-4 2010—2014 年农村人均可支配收入

（二）救助与福利、政府与家庭，北京市儿童救助在理念上有待澄清

救助与福利是理论界争论比较大的两个概念，同时也是决定我国儿童福利未来走向的两种不同的模式。社会救助是指国家与社会面向由贫困人口与不幸者组成的社会脆弱群体提供款物接济和扶助的一种生活保障政策，它通常被视为政府的当然责任或义务，采取的也是非供款制与无偿援助的方式，目标是帮助社会脆弱群体摆脱生存危机，以维护社会秩序的稳定。社会救助的外延则包括灾害救济、贫困救济和其他针对社会脆弱群体的扶助措施。社会福利的概念相对而言则要模糊得多。一般认为，社会福利有广义和狭义之分。广义的社会福利通常指志愿组织和政府机构所实施的各种有组织的活动，这些活动的目的是防止、缓解或帮助解决公认的社会问题，或者是为了改善个人、群体或社区的生活状况。这样的活动要用到各种领域的专业人士，如医生、护士、法官、教育工作者、工程师、牧师以及社会工作者。狭义的社会福利则专指为帮助特殊的社会群体、疗救社会病态而提供的服务，又称福利服务，如各类福利院。

单纯从概念上区分社会救助和社会福利并不容易。就广义的社会福利而言，社会救助是社会福利的一部分。就狭义的社会福利而言，社会福利则可以被视为社会救助的一部分。例如我国的儿童福利院，它显然是为遭遇不幸的儿童（孤残儿童）提供款物接济和扶助的一种生活保障政策。从这个意义上讲，儿童福利院也是一种社会救助项目。

但是，如果将社会救助和社会福利视为社会保障的两种模式则清晰得多，也更具有政策意义。一般认为，西方社会救助制度起源于英国1601年的《伊丽莎白济贫法》。根据这个法律，英国世俗政权第一次通过征税筹集资金，建立济贫院和贫民习艺所，组织穷人和流浪街头的孩子学艺，同时提倡父母对子女的社会责任。而社会福利则起源于第二次世界大战之后。通过作为福利国家蓝图的《贝弗里奇报告》，我们可以对社会福利有更清楚的理解。在《贝弗里奇报告》中，贝弗

里奇将所有的英国人分为六类,每类人口统一缴费、统一受益,同时所有的人、所有的需要都应该得到满足。也就是说,根据贝弗里奇的设计,人们将不再需要经过收入状况调查被证明是贫困或弱势才可以得到救助,也不需要经过缴费获得受益资格,而是基于身为英国人这样一种国民资格、作为某类人(如低于劳动年龄的人)有一系列的需要这样一个事实而获得来自政府的转移支付。因为是同一类人,需要是相同的,所以得到的福利待遇也是相同的。这就是福利国家的思想。所以,我们将救助和福利做如下区分(见表6-3)。

表6-3 社会救助和社会福利的比较

项目	救助	福利
对象	贫困者或遭遇不幸者	全体国民或某类国民
受益条件	经济状况调查证明贫困或支出超过个人承受能力	国民资格
受益标准	差额补助或支出补助	等额,基于需要
待遇水平	满足最低生活需要	满足基本生活需要

其实,在救助和福利之间,还有一种模式,就是社会保险的模式。它是根据国家立法,通过向投保人筹集社会保险费形成社会保险基金,然后根据缴费的多少和风险的大小两个标准,向受益人支付保险待遇的制度模式。与上述两种模式最大的区别在于,社会保险模式强调权利义务相统一,资金主要来自于投保人缴费而非国库,待遇支付常常是收入关联而非完全基于需要。我国实施的城乡居民养老保险、医疗保险都属于这种模式。

上述三种模式基本对应蒂特马斯(Titrmuss)提出的"补缺型""工业成就表现型"和"制度化再分配型"三种模式和埃斯平-安德森(Esping-Andersen)所划分的"补缺模式""合作主义模式"和"斯堪的纳维亚模式"。三种模式之争由来已久。一般认为,"补缺模式"瞄准机制最好,资金使用效率最高,但也最容易产生"贫困陷阱"与道德风险;"合作主义模式"制度化强,可持续性高,但与福利的本意有所出入;"斯堪的纳维亚模式"再分配力度大,突出公平和权利，但成本高昂，对效率的影响大。

长期以来，我国的儿童福利采取的是"二元三层混合福利模式"（见图6-5）。在这个模式当中，首先是城乡二元分割。城乡实行不同的儿童福利政策，通过户籍的限制，儿童不能跨地区、跨城乡流动，否则将丧失所有的福利资格。其次是"三层"，核心层为家庭照顾，中间层为集体福利，最外层为国家福利。无论城乡，家庭照顾都是我国传统儿童社会保障的核心，我国《宪法》《婚姻法》等都对此做出了明确的规定。在实践当中，除非极特殊情况下，家庭对孩子的监护权不会被剥夺，即使我们发现家庭实际非常不利于孩子的成长。在这里，有一种担心就是，如果政府管得太多，家庭就会像"甩包袱"一样把孩子甩给社会。当然，在大多数情况下，孩子都得到了来自家庭的良好照顾，尽量保证孩子在家庭环境中成长也符合联合国《儿童权利宣言》的主张。第二层是集体福利，这一层主要是针对家庭的。在计划经济的"单位制"之下，"单位"通过开办幼儿园、子弟学校、半公费医疗以及对困难家庭的救济等为儿童提供了较为全面的保障。在农村则很薄弱，主要是集体的补助。第三层是国家福利，也就是现在所谓的"残补模式"。只有家庭功能完全失灵的弃婴及生活无着的孤儿方有可能进入儿童福利院，由国家负责养育。在我国，接受孤儿、弃婴、残疾儿童进入儿童福利院、社会福利院实行审批制度。转送孤儿、弃婴进入儿童福利院、社会福利院，须由转送孤儿、弃婴案件当事人提出申请，并出具表明孤儿、弃婴的证明、文件、证件和其他有关材料，包括：

（1）两个以上见证人对捡到的弃婴的地点和弃婴的性别、年龄（月龄）、健康状况、体貌特征、衣着的证明。

（2）当地公安机关出具的查找不到弃婴父母、家庭住址的证明，并由经办民警签字。

（3）弃婴案件见证人的本人单位证明及身份证复印件。

（4）残疾儿童应由县级以上医疗机构出具残疾状况证明，并附残疾儿童照片。

（5）孤儿案件须有孤儿户口所在地的公安机关或县级人民法院宣

告孤儿父母死亡的证明。

（6）孤儿的父母生前所在单位或村（居）民委员会出具的盖有乡镇人民政府、街道办事处公章的证明。

（7）孤儿法定监护人单位出具的证明监护人身份的证明及身份证复印件；承办人员在收到送养当事人的申请及孤儿、弃婴的证明文件、证件和其他材料后，应认真进行审查。材料符合标准的，予以接受，材料不齐的，告知补充内容，材料不符合标准的，宣布不予接受，并讲明理由。

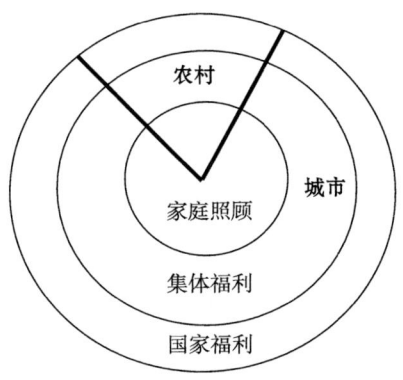

图6-5　二元三层混合福利模式

在农村，我国实行五保供养制度。对于无劳动能力、无生活来源又无法定抚养、扶养义务人，或者其法定抚养、扶养义务人无抚养、扶养能力的未满16周岁的村民，享受农村五保供养待遇，在吃、穿、住、医、葬方面给予村民生活照顾和物质帮助。

改革开放之后，家庭照顾和国家福利之间的矛盾日益凸显出来。例如，同样是孤儿，进入福利院的孤儿享受国家在基本生活、教育、医疗以及康复等全方位的照料；而没有进入福利院的散居孤儿的养育责任和费用则完全由亲属承担，甚至流浪街头。再如，一位重病重残儿童拖垮一个家庭的案例也不在少数，因为"残补"的这样一种定位，国家并不能给予这类家庭充分的政策支持。鉴于此，民政部2013年启动适度普惠型儿童福利制度建设试点工作。

民政部试点试图用"普惠"模式来取代"残补"模式以解决后

者存在的问题。但是,由于受经济发展水平等客观条件的限制,民政部提出"适度普惠"的概念,其实质是一种救助与福利的混合模式:运用救助的框架选择若干困境儿童,然后运用福利的方法对这些儿童实施保障。北京市正处于从救助型向适度普惠转轨的过程中。在这个过程中,除孤儿和城乡特困儿童外,哪些儿童应该被纳入到普惠的制度中来?普惠的儿童福利制度和专项儿童救助制度是何种关系?这些都是政策制定者需要认真考虑的问题。

哪些儿童应该被纳入到普惠的制度中来?《北京市民政局关于开展困境未成年人社会保护试点工作的通知》规定的工作对象为以下五项:

(1)因监护人服刑、重病、遗弃等原因实际无人监护的未成年人。

(2)因监护人经常性忽视、家庭暴力等得不到适当监护的未成年人。

(3)因家庭贫困而面临辍学和失去基本生活保障的未成年人。

(4)有流浪经历的未成年人。

(5)其他因拐卖、非法雇佣等陷入困境的未成年人。

正是以困境儿童为普惠性儿童津贴受益对象的这种救助加福利模式带来了它最主要的内在矛盾。首先,困境儿童福利性受益势必使困境边缘儿童产生不公平感,除非困境的条件是不可逆的,否则就会产生"贫困陷阱"的问题。举例来说,一个吃低保的家庭,因为父母双方服刑,其孩子将享受到明显高于原来低保金的福利性津贴,其他吃低保的家庭就会产生不公平感。其次,困境儿童的困难往往是参差不齐的,整齐划一的儿童津贴对有的儿童而言可能富余,有的家庭则不足。第三,困境儿童普惠性津贴有可能反而成为他们享受专项救助的障碍。一般而言,津贴的标准应该是保证儿童达到基本生活水平。而我国绝大多数专项救助都是以低保或低收入为条件的。因此,普惠性津贴有可能将困境儿童排除在专项救助之外。当然,也可以在制度上规定享受普惠性津贴的儿童视同低保家庭,享受低保家庭能够享受的一切待遇。

（三）事实无人抚养儿童与重残儿童基本生活保障有待完善

如前所述，在"二元三层混合模式"之下，除弃婴和生活无着的孤儿之外，其他儿童并不能得到来自国家救助方面的保障。改革开放之后，根据社会福利社会化的要求，我国分别建立了面向所有城镇居民的城市最低生活保障制度和面向所有农村居民的农村最低生活保障制度，被认为是我国社会保障制度改革的一大突破。与以往条块分割的救助政策相比，最低生活保障制度具有明显的普遍性与统一性的特点。按照应保尽保的要求，最低生活保障制度保证了所有儿童的最低生活，北京市通过分类救助保证了低保儿童更高一些的生活水平。但是，正是因为统一性，最低生活保障不能满足儿童差异性的需要。这包括两个方面：一方面是儿童有些专项支出，如教育和医疗等，北京市通过分类救助和专项救助来解决此问题；另一方面是儿童自身的差异性，如残疾儿童的消费需求必然高于一般儿童，孤儿、父母长期服刑在押或强制戒毒的儿童、父母一方死亡另一方因其他情况无法履行抚养义务和监护职责的儿童来自家庭方面的支持显然与来自正常家庭的低保儿童相去甚远，等等。

北京市已经实施了孤儿基本生活保障制度，但困境儿童分类保障制度还没有实施。这样导致一些事实孤儿，如爹死娘嫁人，父母双方服刑，依靠爷爷奶奶等亲戚生活，甚至没有亲戚可以依靠。据北京市民政局介绍，2014 年常住儿童 200 万人，其中户籍儿童约有 157 万人，按照抽样调查的比例，困境儿童应为 8%。据此测算，本市户籍的困境儿童应该有 12 万多人，常住儿童中的困境儿童约有 16 万人❶。但是，由于以下三个方面的原因，这个数据可能并不准确：一是如上所述的界定问题；二是上述数据为基于抽样调查推算出来的数据，但全市不同地区困境儿童的规模和比例可能差别很大；三是有些家庭碍于面子等因素不愿意报告自己是困境家庭，而儿童伤害则具有更大的

---

❶ 陈荞京. 北京试点困境儿童分类救助扩大救助范围 [EB/OL]. (2014 – 05 – 31) [2019 – 10 – 28]. http://news.sina.com.cn/c/2014 – 05 – 31/015930267510.shtml.

隐蔽性。

这些儿童通常都是各地儿童保护的重点对象。但是,有效的保护首先就要解决他们生活上的困难,至少包括两个方面:一方面,基本生活费的问题;另一方面,代理抚养费的问题。由于事实孤儿并非父母双亡,通常都是父母一方重病或死亡,另一方离家出走联系不上。这样,孩子处于事实上无父母监护的情况,但又不符合现行孤儿救助政策(父母至少有一方健在)。所以,要解决这个问题就要在政策上有所突破,给予事实孤儿相应的基本生活费保障。

对于事实孤儿,像父母双方服刑的孩子,社工需要为他们寻找代理家庭。或者是父母经常在家里虐待、打骂孩子的,要剥夺他们的抚养权,这就需要找一个家庭来寄养或托养,由此就会产生抚养费的问题。这个问题对孤儿来说也是同样存在的。

对孤儿和事实孤儿在按照寄养或托养来处理时,还有一个问题就是医疗问题。即被寄养或托养的儿童一旦生病,特别是大病所带来的医疗费问题。寄养家庭或托养机构通常不愿意承担这部分费用。事实上,一定要求他们承担也是不合理的。在北京,城乡儿童都可以参加医疗保险,但医保有起付线和封顶线的限制,有报销比例的限制,还有药品目录和诊疗目录的限制,儿童医疗费实际保险比例并不高。

被剥夺监护权的儿童同样存在这个问题。例如,家长被发现长期对孩子实行家暴,孩子受伤并住院,家长被剥夺监护权。孩子住院之后,医疗费从哪里来?是政府出还是原监护人出,监护人被剥夺了监护权,他很可能不愿意出。法律上没有一个明确的责任主体。

北京市对长期滞留流浪儿童实行机构托养的做法。市里将这些无法查找到户籍的儿童统一安置在托管机构。救助中心每月给托养机构2600元包干使用,相当于购买服务。经费来源是中央救助补助金。如果儿童不生病则够用,但若生病就有困难。他们因为没有户籍而不能参加"明天计划"。

(四)非户籍流动儿童基本被排斥在福利制度之外

截至2014年年底,北京市常住人口2151.6万人,全市户籍人口

1333.4万人，常住外来人口818.2万人，占常住人口的比重为38%。常住人口中，0~19岁人口占总人口的13.8%，约为296.7万人。根据全国妇联发布的《全国农村留守儿童、城乡流动儿童状况研究报告》，北京市每10个儿童中就有3个是流动儿童，据此推算，北京市常住非京籍儿童约为90万人。北京市对流动儿童的福利主要侧重于义务教育和免费体检两项内容。流动儿童符合条件的可以免费入读公立学校，市级财政设立专项资金补助接收流动儿童较多的区县和公立学校。2012年外省市来京就读学生数量占小学在校人数的40%、初中在校人数的25%，随迁子女在义务教育公办学校就读比例达到74.7%。在医疗方面，免费为流动儿童提供预防接种，2011年北京市0~6岁儿童体检从户籍人口扩大到常住人口，当年全市接受体检儿童达75万人。

但是，除上述三项福利之外，其他与儿童相关的救助政策，都明确限定受益的资格条件为本市户口。非本市户籍或无户籍的儿童可能长期在北京居住，他们的父母可能长期在北京工作，但是生活困难之时却无法得到来自北京市的救助。

第一，非京籍儿童无法在北京参加城乡医疗保险，也无法享受医疗救助。对常住非京籍儿童而言，要回到户籍所在地参加城乡医保不太现实，即使参加了发生门诊医疗费用后基本上也不能得到异地报销，发生住院医疗费用异地报销的比例会很低，并受到封顶线的限制。对于患重病的儿童而言，通过城乡医疗保险所能够解决的部分往往十分有限。结果，有些患有危重病的异地来京困境儿童，经常会遇到家庭无力承担医疗费用，甚至将孩子遗弃在北京的情况。

第二，对于那些无户籍的困境儿童，特别是流浪儿童而言，因没有户籍，难以按照政策安置到福利院，也无法解决诸如义务教育、劳动技能培训、就业工作岗位等实际问题。年满18周岁后，由于没有户籍，他们无法找到合法的工作，只能走上违法犯罪的道路。

第三，虽然北京市义务教育和职业教育的大门已经向流动儿童打开，但条件依然比较苛刻。北京市要求包括暂住证、在京实际住所居住证明、户籍所在地无人监护证明、在京务工证明等"五证"齐全方可入学。对有些家庭而言,因为办理暂住证日期太晚、未办理正规租房手续等原因而被北京市义务教育拒之门外。另外,受高考制度的限制,非京籍儿童到高中就必须回到户籍所在地就学,否则无法参加高考。

(五) 碎片化导致儿童福利整合不够,资金使用效率低

从我国儿童福利的制度安排来看,相关部门有国务院儿童少年工作协调委员会、民政、财政、发展改革、卫生、教育、劳动保障、司法、建设等政府行政管理部门,以及共青团、妇联、残联等群众团体。不同部门有不同的儿童政策目标,缺乏统一集中性。这些部门都参与儿童福利工作,由于缺乏协调和整合机制,在政策执行中,难免出现重复和缺失并存状况。同时,国家对一些部门并没有提出明确要求,只是简单将其纳入管理网络,这种制度安排很可能陷入"重建设,轻监管"的怪圈,最终难以落实和追究管理责任。已出现个别部门在儿童福利政策执行中通过垄断儿童福利资源供给来追求部门利益的行为,应该引起相关部门的重视。

(六) 儿童福利递送体系与资金监督体系有待改进

福利递送体系是指由若干机构、专兼职工作人员组成的,负责将各项福利最终递送达受益人的一套完整的体系。在我国,儿童福利目前主要还是依靠行政架构来传送和发放。这样做的问题是:

第一,儿童的需求不能准确、及时地反馈给福利提供者,政府决策往往具有滞后性,而且很难照顾到不同儿童的个性化需求。

第二,福利递送往往会存在片面性的问题。儿童陷入困境的原因是复杂的,有经济方面的也有心理方面的,有儿童个人自身的原因也有家庭的原因。儿童的需求也是多方面的,如基本生活、教育、医疗、社会保护等。但作为政府部门,往往只是依据本部门的职责提供单一的服务,不能完整地解决孩子的问题。

第三,受政府人力的限制,不可能对儿童家庭有十分准确的了解,这就为个别家庭钻制度的空子,弄虚作假骗取相关福利提供了可能。

第四，单纯依靠行政架构来递送福利，必然会产生重物质保障、轻社会服务，重补救、轻预防和发展的问题。

三、北京市完善儿童福利政策的策略

北京市民政部门制定了一个适度普惠的儿童福利方案，正在和财政部门会商之中。该方案的主要内容包括：

（一）扩展儿童界定范围，并适当提高儿童生活费标准

从目前界定的父母双亡扩展到父母一方死亡、失踪、服刑、重度残疾，另外一方抚养有困难，由村镇照顾孩子的情况。生活费的标准适当提高，初步计划机构集中养育的孤儿生活费从1600元提高到2000元，散居孤儿生活费从1400元提高到1700元。

（二）协调低保政策和孤儿保障政策

不享受低保的事实无人抚养的儿童，按每人每月1700元发基本生活费；享受低保的，在低保的基础上加发1700元的1/4。享受低保的事实无人抚养的儿童生活费标准反而低一些，是因为他们同时享受一些捆绑政策，如医疗救助等。

（三）完善困境儿童医疗

具体包括：①参保参合全免费；②对于机构养育的孤儿，门诊和住院实现实报实销；③事实无人抚养的儿童，门诊和住院的自付部分若超过了3400元，按照75%给予补助，封顶为5万元；④事实无人抚养的儿童手术时也可以享受"明天计划"。

（四）增发残疾儿童护理补贴

在100/300的基础上，上浮50%。

（五）建立婴幼儿意外伤害、重大疾病险

投保额从1万元提高到5万元。保费50元，困境儿童全部由政府出，其他家庭儿童由政府和家庭各出25元。该保险有利于减少弃婴现象。

北京市的方案中没有儿童重大疾病保险和病残儿童的特殊教育政

策。病残儿童的特殊教育政策将纳入"十三五"规划。

财政部门对该方案的主要意见包括：

（1）重点是保基本。保障范围可以适时扩大一部分，但前提是困境。

（2）在保障水平上，坚持保障的是基本生活。

（3）注意制度衔接，做好与原制度的衔接。总体上不太赞成形成一个新体系，建议充分利用好现有体系，向儿童倾斜。

（4）政府出面建立意外伤害保险，对重点人群，如困境儿童、0~3岁儿童以及60岁以上老人等，由政府资助投保。

（5）注意政府和非政府的合作。吸引慈善组织、社会力量、各级政府的力量，政社分担、形成合力。

四、北京市儿童保护现行政策概述

（一）流浪儿童救助保护

北京市未成年人救助保护中心是全国规模最大的流浪儿童救助中心之一。另外，北京市还建有第二未成年人保护中心，主要负责有轻微违法行为的流浪儿童的救助工作。各区县救助站负责救助本区县的流浪儿童。2014年，北京市未成年人救助保护中心拥有床位468张，全年累计救助未成年人9304人次。北京市未成年人救助标准为每人每月600元，依此测算，北京市全年支出未成年人救助保护经费558万元。

1. 资金来源

流浪乞讨人员救助经费实行分级负担原则，市财政局下达救助补助资金用于补助区县对救助对象在生活救助、医疗救治、教育矫治、返乡救助、临时安置等方面的救助保护支出。

2. 财政拨付标准

市财政局、市民政局确定救助补助资金分配方案参考的因素包括：上年度各区县流浪乞讨人员救助工作情况；上年度区县级救助资金安排情况；上年度救助补助资金的安排和使用情况；对救助补助资金进行监督检查、绩效考评以及审计的结果等。

3. 资金用途

救助补助资金必须专款专用，用于以下支出方向：

（1）生活救助。包括：救助对象在救助机构期间生活费用；街头发放食品、衣物；重大节日和集中救助期间提高救助对象伙食标准；特殊救助对象饮食、服装。

（2）医疗救治。包括：救助对象医疗费用；纳入救助范围的危重病人救治费用；救助管理机构内设医疗点（室）购置医疗器械及常备药品、卫生防疫经费；受助对象体检费用。

（3）教育矫治。包括：救助对象特别是未成年救助对象的教育和培训；教育矫治相关教材、教具、器材购置；救助机构组织救助对象开展的教育、宣传活动经费。

（4）返乡救助。包括：救助对象返乡车船费、食品费；护送和接领救助对象返乡的车辆、车船票费用、差旅费；给予救助对象短途路费。

（5）临时安置。包括：社会福利机构或其他机构代养费用、家庭寄养费用；其他方式对特殊救助对象进行临时安置的费用。

4. 救助标准

2015年，未成年人600元／（人·月）。

5. 流浪精神病人救治救助办法

（1）工作模式

市民政局根据工作需要确定市级流浪精神病人救治定点医院承接流浪精神病人救治救助工作任务。有条件的区县可自行在本区县或跨区县选定流浪精神病人救助定点医院，定点医院须具备精神病人治疗资质，且具备躯体病、传染病治疗或转院治疗工作机制。救助标准参照市级救助定点医院治疗项目和收费标准执行，所需经费由市财政局拨付市民政局后，由市民政局按照政府购买服务的方式向相关区县定点医院购买服务。

（2）经费标准

对于急性治疗期的流浪精神病人，送入精神病人救助定点医院诊断治疗，相关费用实报实销。急性治疗期一般情况下不超过 3 个月。急性期治疗期间，定点医院应参照本市当年确定的城镇职工基本医疗保险用药目录、诊疗项目、医疗服务设施目录，对受助人员入院后精神病及常见病、多发病、传染病及危重病提供治疗，做到因病施治、合理检查、合理用药、合理治疗、合理收费。其中，精神疾病治疗项目和收费标准按照《流浪精神病人救治项目及收费标准》并在其确定的范围内执行。救治监管工作由民政部门通过政府购买服务的形式委托专业机构和人员承担。

对于查找不到户籍地和居住地的慢性期流浪精神病人或经急性期治疗病情稳定后暂时无法返乡的流浪精神病人，转入市级救助定点精神康复机构或福利机构进行康复安置，康复安置托管经费按照 143 元/（人·天）包干使用。康复安置期间突发精神疾病需要紧急治疗的，转入精神病人救助定点医院继续救治，相关经费按照急性期治疗标准实报实销。

（二）预防未成年人犯罪

依据《中华人民共和国预防未成年人犯罪法》，政府有关部门、司法机关、人民团体、有关社会团体、学校、家庭、城市居民委员会、农村村民委员会等各方面共同参与，各负其责，做好预防未成年人犯罪工作，为未成年人身心健康发展创造良好的社会环境。包括预防未成年人犯罪的教育、对未成年人不良行为的预防、对未成年人严重不良行为的矫治、未成年人对犯罪的自我防范以及对未成年人重新犯罪的预防等方面的内容，并明确规定：未成年人的父母或者其他监护人不履行监护职责，放任未成年人有本法规定的不良行为或者严重不良行为的，由公安机关对未成年人的父母或者其他监护人予以训诫，责令其严加管教。教唆、胁迫、引诱未成年人实施本法规定的不良行为、严重不良行为，或者为未成年人实施不良行为、严重不良行为提供条件，构成违反治安管理行为的，由公安机关依法予以治安处罚；构成犯罪的，依法追究刑事责任。

五、北京市未成年人社会保护试点的基本做法

北京市于 2013 年发布《北京市民政局关于开展未成年人社会保护试点工作的通知》（京民救助发〔2013〕265 号），选择朝阳区、丰台区和密云县❶正式启动未成年人社会保护试点工作。

（一）试点的工作目标

北京市未成年人社会保护试点的工作目标包括以下几项：

（1）探索受伤害未成年人发现、报告和响应机制。

（2）开展困境未成年人救助帮扶。

（3）加强家庭监护服务和监督。

（4）构建未成年人社区保护网络。

（5）探索民政部门牵头协调、相关职能部门分工协作、社会力量广泛参与的未成年人社会保护工作机制。

（二）试点的领导机关

全市流浪乞讨人员救助管理工作联席会议相关部门负责共同推进未成年人社会保护试点工作。市级层面成立以市民政局牵头，综治、公安、教育、财政、人社、司法、团委、妇联等部门为主要成员的未成年人社会保护试点工作领导小组，办公室设在市救助管理事务中心。

（三）试点内容

1. 开展家庭监护监督

具体包括全面排查摸底和开展监护监督两个方面的内容。排查摸底主要是对选定的试点区域流浪乞讨、失学辍学、留守流动、监护缺失等各类困境未成年人及其家庭进行排查摸底，对试点区域困境未成年人进行台账式管理，为困境未成年人建立个案，并制订有针对性的帮扶计划。

监护监督包括：

（1）对困难家庭予以帮扶，提升家庭抚育和教育能力，帮助其解

---

❶ 密云县于 2015 年成为密云区。

决实际困难。

（2）对监护失当家庭进行监护干预和监护能力评估，为监护人提供家庭教育指导。

（3）对监护人不履行监护职责、侵害未成年人权益的进行劝诫、制止，经教育不改的，村（居）委会应支持未成年人申请法律援助，向法院起诉撤销其监护权，依法另行指定监护人。其间，由未成年人救助保护机构进行临时监护。被撤销监护权的监护人应当依法继续负担抚养费用。

2. 构建社区保护机制

主要内容包括：

（1）试点街道（乡镇）依托区域性机构和组织，确定专人负责未成年人社会保护事务，为未成年人及其家庭提供政策咨询、临时照料、监护指导、帮扶转介等服务。

（2）支持和鼓励社会组织和个人提供或者兴建有利于未成年人健康成长的活动场所和设施，以及为未成年人开展心理、生理、法律、教育咨询等。

3. 加强救助保护

主要内容包括：

（1）建立受伤害未成年人发现、报告和响应机制。

（2）打击相关违法犯罪行为。

（3）建立困境未成年人补贴制度。

（4）做好流浪未成年人救助保护。

4. 强化教育保护

主要内容包括：

（1）建立在读未成年人辍学、失学、逃学信息通报制度。

（2）做好流浪未成年人分类教育。

（四）北京市困境儿童社会保护试点的具体举措

1. 建立未成年人社会保护联席会议制度

北京市在市级层面成立以市民政局牵头，综治、公安、教育、财政、人社、司法、团委、妇联等部门为主要成员的未成年人社会保护试点工作领导小组，北京市政府副秘书长任组长，民政局局长任副组长。区县和街乡两级也成立联席会议制度，各区县的组长是主管副区长（副县长）。在朝阳区，建立了街乡、社区层面的困境未成年人联合救助机制，下发了文件，明确了办事处九个职能部门、各村（居）委会、属地派出所以及属地范围内的学校、幼儿园、医院等社会单位，将相关未成年人社会保护的工作职责予以明晰化，引入问责机制，强调部门统筹联动，及时向困境未成年人及家庭提供社会救助、教育救助、法律救助、医院救助、危机介入、紧急庇护等六种功能性救助。联席会议制度表明：

第一，组织领导是关键。现在全国大部分试点地区都是民政牵头，但民政在协调其他部门的时候常常会感到力不从心。朝阳区救助站站长的一段话就很具有代表性：

"就像朝阳区，当时就是部里面下发了这个《城市生活无着的流浪乞讨人员救助管理办法》，下发完了之后，有一些通知，下发一下，这是民政的，就直接给了民政科了，街乡的民政科。民政是弱势单位，你协调谁去？街乡的综治、派出所是强势单位。所以我们在做这个联席会的时候，下发了一个属地救助的文件，你发现你报告。联席会文件直接下发到党政办，至于谁分管我不管。这样就好多了。"

为此，丰台区采取的办法就是找一个"强势部门"来牵头，民政部门负责协调：

"为了推进这个工作，我们请综治办主任、区党委秘书长担任联席会议组长，综治办是权力部门，我们是协调部门。然后，只要是涉及未成年人的部门和机构，我们都要拉进来。所以我们一个文件要盖章就要盖好长时间……但是是管用，有什么事情，妇联也好，文化局也好，我们就找联席会议成员，问题就解决了。综治办负责协调全局，推进政策这方面我们力度比较大。"

第二，部门协作是保障。长期以来，我国民政、教育、卫生、公安、妇联、团委、关工委等诸多部门都承担着儿童福利和儿童保护的职责，但职责分散，常常是看上去谁都负责，但一遇到具体的事情又谁都不负责。换个角度来看，我国的儿童福利和儿童保护又不是从零起步的。民政系统下的福利院、未保中心，教育系统下的学校、少年宫，妇联系统下的儿童中心，还有居委会等，都是我国加强儿童保护必须依靠的重要资源，教育、医疗、社保、民政等都可以从不同的方面满足困境儿童的需要。因此，完善儿童福利和保护的重点不是另起炉灶，而是如何将分散于各个部门的职责和资源有效地整合起来，共同为儿童福利和儿童保护出力。北京市在这方面的经验是充分发挥联席会议的作用，将联席会议坐实。遇到棘手的个案，采取"一事一议"的形式，各个部门坐下来共同讨论，研究解决问题。

2. 政府购买专业社工服务

北京市按照"政府主导，社会承办"的原则，通过公开招标，在朝阳区、丰台区和密云县分别选择了七彩昀社工事务所、中鼎社工事务所和家业如心社工事务所具体承办儿童社会保护的工作。以中鼎社工事务所为例，该事务所在2013年11月至2014年11月试点期间主要开展了如下服务（见表6-4）。

表6-4 中鼎社工事务所服务项目列表

服务项目	服务内容
辖区内困境儿童的筛查	走访16个社区、6所学校，共发放问卷4000份，识别出15名特困儿童。
开通救助热线	建立救助热线，接到热线求助12人。
困境儿童宣传	先后走进16个社区、6所学校，通过宣传展板、新媒体等手段进行宣传。
暑期儿童小组活动	共开展8次，120名孩子受益。
个案工作	开展重点个案17个。

由于困境儿童问题的复杂性，个案工作常常需要社工付出很大的精力，对社工的专业能力要求也很高，下面以中鼎社工事务所服务的一个个案来说明这一点。

王××，来自东高地街道的一名儿童，父母离异，跟随母亲乞讨为生。社工介入这个个案后，首先让其感受到社会组织对他们的关心，并运用社会工作方法对其进行情绪疏导，使其宣泄不良情绪；对案主的一些基本情况进行跟进调查，弄清了母亲的成长经历并联系到孩子生父，为政府部门决策提供了依据；对王××父亲做思想工作，使其愿意抚养孩子并愿意去争取孩子抚养权；为防止该儿童发生意外状况，社工进行了十多次走访，保证了孩子生活在安全及可监控状态；积极为其协调政府及社会资源，东高地街道为其提供了居住场所，社工事务所为其送去基本生活用品；社工与公益律师联系，争取为王××转移抚养权；多次专门召开协调会，动员市民政局领导和最高法、最高检领导，到会协调解决监护权和抚养权转移的问题。

北京市"政府＋社工"的儿童保护模式在全国具有推广意义。政府部门负责政策制定、资金保障、技术支持、监管评估，社会力量开展监测预防、调查评估、心理关爱、教育辅导、法律服务等具体工作。政府主导的优势在于：第一，相对于社工机构而言，政府掌握更加丰富的资源，这些资源对于儿童保护来说常常是必不可少的。例如，朝阳区试点的将台地区为社工免费提供办公场所，为设立儿童友善保护中心解决了场地资源，通过联席会议制度解决了行政资源、教育资源和医疗资源，北京市则通过政府购买服务解决了资金资源。这些资源单纯依靠社工机构显然是很难获得的。第二，相对于社工机构，居民对政府的信任度更高。密云县家业如心社工事务所则与教育部门合作，由班主任事先跟家长进行沟通，社工入户就很顺利了，家长也更容易相信社工。第三，依靠居委会等基层组织，政府更方便也有更多的力量接触居民和困境儿童。密云县通过建立县镇村三级网络化管理，将各类困境未成年人全面纳入监督管理。在村（居）委一级，村（居）委会负责几栋楼、几个单元，进行网格划分。这个网格员可能是村代表、保健员、林场的护林员、电工等，此外社区志愿者服务队伍也被纳入进来，从而较好地解决了单纯依靠社工人手不足的问题。

社工承办的优势在于：第一，在儿童保护方面，社工具有更强的专业性。社工开展的危机介入、心理辅导以及个案、小组等专业服务通常都是政府部门所不擅长的。第二，由于专门从事儿童保护工作，所以社工的责任心和事业心通常会更强一些。在丰台，为了一个关于监护权的个案，经过社工的努力，仅范围不等的协调会就召开了 7 次，最后动员全国最高院和最高检都参加了会议，社工为了取证多次跟踪未成年人的母亲发现她带孩子乞讨。第三，社工有着明确的专业价值观指导。助人自助、平等、尊重、增权等都是社工奉行的基本价值观，这些价值观对于开展儿童保护工作是非常必要的。

3. 依托区域性机构和组织，专门负责未成年人社会保护事务

政府可以通过购买服务的形式委托社工事务所具体承担儿童社会保护的工作，但社工事务所通常只能派出几名社工来承接这个项目，他们要开展具体的服务和活动还必须依托某个机构或组织。这个机构或组织应该就扎根于社区之中，老百姓很容易就能够接近它。

在朝阳区，将台地区办事处在东半间房村专门提供一个 50 平方米的办公场所，设立了朝阳区首家社区儿童友善保护中心，七彩昀社工事务所配备了 3 名专职社工。儿童中心每周定期向将台地区内的未成年人开展四点半快乐成长小学堂、父母学堂、公益小天使、生活小能手情景小剧场、社区童乐汇等特色服务项目，在社区内搭建了未成年人参与社会互动的平台，并有利于掌握更多关于儿童的信息。

丰台区探索成立未成年人保护中心，未保中心设立在救助站，一个机构两块牌子。

密云县筹建未成年人救助站，政府批地 3847 平方米，救助站床位 50 张，其中未保中心 30 张，社工事务所也要留两间房。投资在 2000 万元左右。

北京市三个试点区县都成立了区县或社区未保中心。这就涉及两个核心问题：一个是编制，另一个是经费。要维持一个未保中心正常运转，至少需要 1~3 名正式编制工作人员，每年必要的办公经费、人员工资等也将成为固定支出。

4. 对选定区域困境儿童状况进行排查摸底

主要有两种方式。一种方式是自上而下，由市民政局下发《困境未成年人情况登记表》，然后由村（居）委会—街乡—区县逐级上报汇总。这种方式效率很高，成本也低，但准确性很差。例如在朝阳区，2013 年政府对全区困境未成年人摸底调查，各街乡总计上报 13

人。2014年社工的摸底调查，仅在一个村就发现困境儿童53人，其中包括高风险困境儿童6人。另外一种方式是自下而上，由社工事务所进入社区和学校，通过家访、座谈和发放调查问卷等形式，收集辖区内所有儿童信息，然后按照专业的标准筛查出困境儿童。这种方式的好处在于掌握的信息准确度高，而且更加丰富全面。但问题在于成本高，而且耗时费力。朝阳区一个试点村有常住人口接近7000户，试点项目能够配备的社工力量仅3人，按照一天调查4户计算，一年仅能完成约1000户，全部完成调查大概需要7年时间。另外，由于我国社工工作处于刚刚起步阶段，所以很多普通老百姓对社工并不熟悉，社工在调查过程中经常面临敲不开门，或者进入居民家庭后，居民因不信任或碍于情面等原因不说实话的情况。所以，就排查摸底而言，最有效的方式还是将两者结合起来。先由居委会或学校给居民和家长打好招呼，然后再由他们陪同或社工独立入户进行调查就容易多了。当然，为了解决人手的问题，社工通常会选择发挥志愿者的作用。在对志愿者进行培训后，由志愿者协助完成调查。

排查摸底的结果应该是建立辖区内所有儿童信息的台账，这是一个非常重要但又费时费力的基础性工作。台账建成以后，社工就可以有针对性地对困境儿童或困境家庭进行重点监控，及时更新和维护台账即可，工作量就大大减少了。

朝阳区在试点过程中发现，民政部和北京市民政局对困境儿童的界定相对模糊，操作性不够。为此，他们将困境儿童的构成主要分为以下五类：

（1）因监护人服刑、吸毒、重病重残等原因，事实上无人抚养的未成年人。

（2）遭受家庭暴力、虐待、遗弃等侵害的未成年人。

（3）缺乏有效关爱的留守流动未成年人。

（4）因家庭贫困难以顺利成长的未成年人。

（5）自身遭遇重病重残等特殊困难的未成年人。

密云县在试点过程中将困境儿童细分为以下11项：

（1）孤儿（父母去世）。

（2）事实孤儿（父母服刑和在押人员子女、吸毒人员子女、精神病人子女、父母双方智力残障人士子女）。

（3）父母重病、重残子女。

（4）留守儿童（父母在外务工、因父母离异或者再婚由隔代人监护子女、独居）。

（5）没有足够能力的单亲家庭未成年人（离异或者丧亲家庭）。

（6）残疾未成年人。

（7）父母酗酒、赌博家庭子女。

（8）涉诉、涉案与服刑未成年人。

（9）休学未成年人。

（10）退学未成年人。

（11）流浪儿童。

丰台区重点服务对象包括：

（1）失学儿童。

（2）失管青少年。

（3）服刑人员子女。

（4）吸毒家庭子女。

（5）贫困家庭子女。

（6）流浪儿童。

（7）重病儿童。

北京市在统计时将困境儿童分为孤儿、留守儿童、贫困家庭儿童、有流浪经历儿童、服刑人员未成年子女及其他六类。

可见，北京市主要是从社会保护的角度对困境儿童进行界定，即因个人、家庭或学校等方面的原因已经、正在或者有很大风险遭遇伤害的未成年人。但三个试点地区在外延上却有较大的出入，共性是都将监护人服刑、吸毒以及因父母外出打工等原因而产生的留守儿童作为重点服务对象（见表6-5）。就差异性而言，密云县界定的困境儿童类型是最为丰富的，朝阳区在三个区县中更重视遭受家庭暴力、虐待、遗弃等侵害的未成年人。就儿童保护而言，包括预防、制止和处置三项服务。密云和丰台的试点更多侧重于预防性服务，朝阳则涉及制止性服务。三个区县的差异性表明，服务于社会保护的目的，很难也不应该有一个关于困境儿童范围的严格界定。因为从理论上来讲，任何类型家庭、任何儿童都有可能遭受伤害或忽视，只是有些类型的家庭、有些类型的儿童这种可能性更高而已，而且不同的地区不同类型的儿童遭受伤害或忽视的风险也是不一样的。所以，对特定类型的儿童给予更多的关注是必要的，但一定要限于某些类型则难免会出现遗漏。另外，困境儿童是一个比较笼统的概念，不同类型的困境儿童有着不同的需求，单一性的服务往往不足以解决他们的问题。

表6-5 北京市试点区县困境儿童类型

困境儿童类型	朝阳	密云	丰台
监护人服刑	√	√	√
监护人重病	√	√	
监护人重残	√	√	
监护人吸毒	√		√
监护人精神障碍		√	
监护人智力障碍		√	
父母酗酒		√	
父母赌博		√	√
父母外出打工而留守——隔代抚养	√	√	√
父母外出打工而留守——亲戚代养	√	√	√
父母外出打工而留守——无人抚养	√	√	√
贫困家庭子女	√		
单亲家庭子女——父母离异		√	√
单亲家庭子女——父母一方去世		√	√
单亲家庭子女——再婚家庭		√	
孤儿		√	
残疾儿童	√	√	
重病未成年人	√		
涉案涉诉与服刑未成年人		√	
休学未成年人		√	
退学未成年人		√	
流浪儿童		√	√

续表

困境儿童类型	朝阳	密云	丰台
正在或曾经遭受家暴的未成年人	√		
正在或曾经遭受老师、同学欺凌的未成年人			
正在或曾经遭受社会欺凌的未成年人			
正在或曾经被遗弃的未成年人	√		

5. 建设未成年人社会保护监测预防信息平台

排查是社工或居委会主动进入居民家庭中发现困境儿童，监测预防信息平台则是由居民或相关机构向社工或村（居）委会报告儿童伤害等信息。监测预防的途径首先是设立热线电话。朝阳区热线电话设立一年多后共接到各类咨询电话103通，处理咨询个案97例，开办重点个案6例。热线电话并非开通一部电话那么简单，它是一套系统，涉及自主菜单服务、人工服务、客户统计分析等一系列项目。而且，热线电话系统要真正发挥作用必须实现与110、120等热线的关联并网，要实现民政、团委、妇联、司法、医疗等部门的信息共享和统一调度。

为了做好预防工作，朝阳区建立了社区高风险困境未成年人家庭的预警监测和动态管理工作机制。社工根据儿童的身体状态、行为特征、情绪反应、居住环境、生活秩序、家庭关系六个方面，建立了66类具体的困境儿童伤害评估指标体系。按照未成年人高度危险、紧急危险和一般危险三级预警机制，社工对高度危险及紧急危险家庭以重点个案的形式随时保证跟进；对一般危险家庭每个月至少探访两次。他们提出高度危险家庭发现识别标准如下：

（1）家庭成员关系紊乱或家庭冲突：如家中成人时常剧烈争吵，无婚姻关系频换同居人，或同居人从事特种行业及有药/酒瘾、精神疾病、犯罪前科等。

（2）家中儿童少年的父母或主要照顾者从事特种行业或罹患精神疾病、酒瘾药瘾并未就医或未持续就医。

（3）家中成员曾有自杀倾向或自杀记录者，使儿童少年未获适当照顾。

（4）因贫困、单亲、隔代教养或其他不利因素，使儿童少年未获适当照顾。

（5）非自愿失业或重复失业者：负担家计者遭裁员、资遣、强迫退休等，使儿童少年未获适当照顾。

（6）负担家计者死亡、出走、重病、入狱服刑等，使儿童少年未获适当照顾。

6. 建立受伤害未成年人发现、报告和响应机制

无论是排查还是监测，事实上，最重要的是建立起受伤害未成年人发现、报告和响应机制。北京市各试点区县努力拓展未成年人的社会保护报告渠道，包括：

（1）家庭。通过社工的宣传、入户调查、走访、发放救助卡等途径，告知家长及孩子报告渠道。

（2）学校。社工到学校为老师进行培训，提高老师识别儿童伤害的能力和意识。在学校实施部门联动通报制度。离校出走未成年人、休学未成年人、特殊学生（随班就读、残障）进行报告，建立疑似家暴儿童、教师对儿童进行体罚伤害进行通报制度。

（3）社区。利用网格员进行网格化管理，网格员一旦发现疑似儿童伤害事件就要报告；利用高校的志愿者、社区的"4050"人员、社区青年汇等对重点地区进行调查。

（4）婚姻登记。与民政局婚姻登记处建立合作机制，对于新离婚家庭进行教育指导，并建立跟踪回访机制。

（5）法院。与法院合作，对离婚家庭未成年子女进行风险评估。

（6）公安。参与涉罪未成年人犯罪社会调查。

（7）医院。医生和护士要对疑似家暴儿童进行报告。

（8）与各种热线对接。

（9）加大巡查力度，发动群众，及时报告。

（10）联系媒体报道。

（11）协调环卫和公交公司，发现流浪儿童及时报告。

（12）利用网络监控，进行网络预警。

朝阳区建立起了比较完整的受伤害未成年人发现、报告和响应机制，如图 6-6 所示。

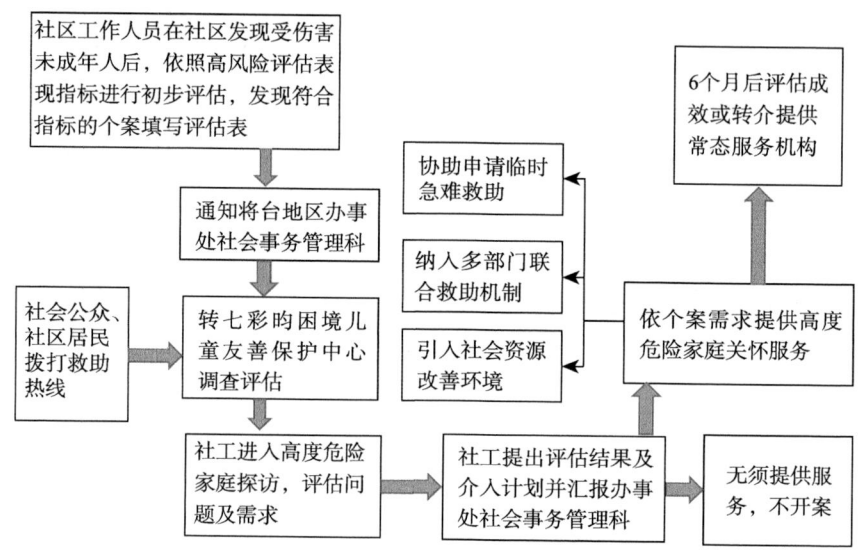

图 6-6　朝阳区受伤害未成年人发现、报告和响应机制

7. 对困难家庭予以帮扶，提升家庭抚育和教育能力，帮助其解决实际困难

儿童伤害常常与儿童家庭经济困难或者家长教育方式不当联系在一起。所以，对困难家庭予以帮扶，提升家庭抚育和教育能力，帮助其解决实际困难，是做好儿童保护的一项重要的基础性工作。

密云县家业如心社工事务所针对五类困境儿童制定了个体帮助和家庭救助办法，救助包括心理援助，以及对困难家庭通过低保和儿童福利政策进行经济救助。社工对确定为重点个案的孩子都要进到家里去进行生态系统资料的收集、排查等工作，然后着力做好家长的亲职教育。他们认为：

"大家都在提物质，需要这个需要那个，其实说到底，还是要重视父母的监护、养育、教育的能力，还得落到父母的职责上，父母的监护能力、父母的养育能力、父母的亲职能力。"

所以，他们将 15 所学校的家长集中起来，先后进行了 10 场系列工作坊，有30~50名家长参加。工作坊有集中的讲座，也有对每个家庭分别的培训。10场之后发现，孩子、家长，乃至整个家庭都有变化。

有家长说："过去是抱怨、指责、鸡飞狗跳地打孩子骂孩子，现在不那样了。人家都说，现在是发现了报告了，然后交到法庭那儿给处理了。但您看南京那个，不就是关15天就出来了？所以，惩罚解决不了问题，关键还是帮助我们学习掌握正确的育儿方法。"

房山区是随后加入国家级试点的区县。他们也发现：孩子出现问题，在很大程度上是因为家庭教育的缺失。但是，有些父母很固执，对社工和学校都持排斥的态度，认为自己的孩子在家里就很好，但是把孩子送到幼儿园、小学后，因为老师和同学没有把孩子照顾好，才产生这样那样的问题。遇到这种情况，就需要社工有更多的耐心和技巧来做家长的工作。

8. 建立困境未成年人的危机介入和紧急庇护救助工作流程

当困境未成年人处于高度危险环境或状态，遇有生命危险时，就需要第一时间进行危机干预，控制危机发展并提供及时有效的紧急庇护救助。

朝阳区在试点街乡层面建立了危机介入机制和工作流程，要求社工在30分钟之内必须到现场对危机状况进行评估。当确认必须立刻进行危机介入后，通知属地派出所、社区居委会、试点街乡、区救助管理站及时到达现场，共同进行危机控制。对需要提供紧急庇护救助的，由区救助管理站将该未成年人先安置到站内给予临时性庇护救助。当危机解除后，由社工对再次发生伤害的可能性进行评估，制定服务对象的后期安置方案，经民政局审核同意后进行安置处理。

六、北京市困境儿童社会保护试点遇到的困难

（一）法律缺位

法律缺位是我国儿童社会保护最大的障碍，主要表现在法律层面涉及疑难问题较多，个别法律、行政法规之间相互冲突。

第一,相关法律缺乏细则,可执行性差。两高两部出台的《关于依法处理监护人侵害未成年人权益行为若干问题的意见》非常好,但是有一些细则还有待出台。例如,该意见规定,虐待、暴力伤害未成年人,严重损害未成年人身心健康的,人民法院可以判决撤销其监护人资格。但是,"严重伤害"的标准是什么?一次、两次还是五次暴力伤害,或是身心伤害到何种程度,称之为严重伤害?法院在执行过程中很难掌握。

第二,剥夺监护权缺乏后续安置的制度保障。该意见规定,判决撤销监护人资格,未成年人有其他监护人的,应当由其他监护人承担监护职责。没有其他监护人的,人民法院根据最有利于未成年人的原则,在《民法通则》第十六条第二款、第四款规定的人员和单位中指定监护人。没有合适人员和其他单位担任监护人的,人民法院应当指定民政部门担任监护人,由其所属儿童福利机构收留抚养。

这里有两个问题。第一,其他监护人不愿意履行监护职责怎么办?现行法律缺乏强制性的规定。第二,对于没有合适人员和其他单位担任监护人的,最终的选择是由其所属儿童福利机构收留抚养。但是,我国儿童福利机构明显供不应求。儿童福利机构没有收养能力怎么办?

还有一种情况是,一旦剥夺了孩子父母的监护权,孩子因病等原因发生费用怎么办?有一个案例,一家六口,四口都服刑了,孩子要上幼儿园,但1500元入园费成为一个大问题。后来社工找了团中央新闻中心进行报道,然后找到私立幼儿园免费入园。全面推开的话,这种情况怎么办?

第三,各个法规存在冲突。例如,流浪未成年人、违反计划生育政策的未成年人的户籍问题、义务教育问题、社会救助问题等,都涉及深层次的问题。北京有一个案例,有个外地户籍的女孩,跟哥哥嫂子在北京一起生活,后来被嫂子打了,女孩的父母都不知道。社工介入后就发现非常为难。从保护女孩的角度,应该把女孩带离她的哥嫂家。但因为她是外地户口,没有办法进入福利院,最多只能由救助站代养一年,一年之后怎么办?所以,让女孩跟哥嫂一起生活可能对她而言还是最好的选择。社工所能做的只能是对哥嫂进行劝诫。换个角度来说，女孩的哥嫂也许还巴不得不管她呢，这种情况对于一些不愿意承担抚养责任的再生家庭是同样的。

再如，该意见规定，未成年人福利和保护机构履行临时监护责任一般不超过一年。但是，如果父母被判刑5年，剩余的4年怎么办？

（二）进一步细化监护人责任

《中华人民共和国未成年人保护法》规定了父母和其他监护人对孩子的监护职责和抚养义务。但是，该法只是规定"禁止对未成年人实施家庭暴力，禁止虐待、遗弃未成年人，禁止溺婴和其他残害婴儿的行为，不得歧视女性未成年人或者有残疾的未成年人""预防和制止未成年人吸烟、酗酒、流浪、沉迷网络以及赌博、吸毒、卖淫等行为"，对于儿童忽视和监护不当等行为并没有做出明确的规定。另外，该法规定"父母或者其他监护人不依法履行监护职责，或者侵害未成年人合法权益的，由其所在单位或者居民委员会、村民委员会予以劝诫、制止；构成违反治安管理行为的，由公安机关依法给予行政处罚"，但是，何为"不依法履行监护职责"，判定的标准是什么，由谁提出，谁来举证，等等，也没有明确的规定。还有，对于作为处罚措施，只有劝诫、制止和行政处罚几种，处罚的方式过于单一，有效性也不够。所以，应细化父母或其他监护人对于未成年人负有的监护责任，使该法更具有操作性；同时，对于未能很好地履行监护人职责行为的处罚，除了可以剥夺其监护人资格外，也要进一步予以细化，按照违法情节的轻重等实际情况给予不同层次的处罚。例如对于监护不力情节轻微或一时疏忽造成伤害程度并不是很严重的，可以强制做一定时间的义工等方式来处罚；对于不履行抚养义务的，依据《婚姻法》第二十一条规定"父母不履行时，未成年的或不能独立生活的子女，有要求父母给付抚养费的权利"。

必须平衡家庭和国家对未成年人的监护责任。长期以来，我们过度重视家庭责任而忽视政府对家庭的支持。现在要避免走另外一个极端，即过度重视国家的责任而不是家庭的责任。举例来说，对于"爹死娘嫁人"这种情况,如果按照完全等同于孤儿的方式来发放基本生活费的话,就有可能引致更大比例的一方去世、另外一方放弃监护责任的情况。

(三)行政积极性的调动问题

我国社区服务主要以社区为单位面向居民开展各类社区服务,服务的形式多为自上而下,以推动各类行政工作为主,而非基于社区居民或家庭的主要需求而提供。这样就会出现一个突出问题:有的基层社区对儿童保护工作缺乏积极性。上级要求紧一些,居委会动一动;上级要求一松,居委会也就不当回事了。另外一个问题就是容易出现碎片化和相互推诿的问题。困境儿童的需求是综合性的、多方面的。但是,具体的政策执行却是由不同的部门、不同的人负责。这就难免会出现职责不清、相互推诿的情况。

(四)救助站和福利院离居民太远的问题

由于历史的原因,我国各地的救助站和福利院都设立在远离城区的地方。这就带来了三个问题:第一,儿童特别是困境儿童接近救助站和福利院难。儿童有什么需要,如被家暴,很难及时得到来自救助站和福利院的紧急庇护。第二,救助站和福利院接近儿童难。社区的儿童是什么情况,有什么需要,有没有正处于危险之中的孩子等,救助站和福利院都很难在第一时间知晓。第三,由此带来了额外费用和风险的发生。例如,救助站的孩子要上学,但救助站附近没有学校,救助站就要想办法送孩子到很远的地方上学。由此带来的额外费用怎么办,在上下学期间发生意外怎么办,等等。

(五)社工执法权的问题

该意见规定,符合七种情形之一,法院就可以撤销其监护人的监护权。这七种情形都需要进行深入、细致的调查。国外这方面通常由社工来做。但我国社工并没有执法权。这样,被调查对象不让社工入户怎么办,入户之后被调查对象不配合调查怎么办,等等,都是一些现实问题。我国也可以请居委会来调查,居委会在权威性上要比社工好一些,但同样存在缺乏执法权的问题。还有就是由公安来负责调查。公安有执法权,但问题是由他们来调查是否妥当?

(六)人员短缺

儿童保护的人力资源严重不足,具体包括四个方面:

第一,社工力量严重不足。特别是农村地区的社工严重不足。北京市是全国专业社工队伍发展比较迅速的地区。截至2013年8月,全市已在16个区县成立59家社会工作事务所,有约400名专职社工、300名兼职社工和8800名志愿者参与社工事务所工作。但是,即使这样,社工的力量也还是远远不够的。按照全市12万困境儿童计算,即使全部持证社工都只服务于困境儿童,平均1个社工就要服务7个孩子。北京市有300多个街乡,所有的社工事务所都参与到儿童保护工作中来,平均每个街乡也只能分配到1名专职社工。而这意味着社工事务所助老、助残以及服务社区等大量其他工作都要停下来。

第二,救助站编制不足,严重限制救助能力。今年第二季度,北京市为儿童提供收养救助的人数为1459人,而同期救助流浪儿童2635人次。仅救助流浪儿童这一项工作,服务对象就是工作人员的2倍多。密云救助站是一个综合救助站,包括成年人救助和未成年人救助。整个救助站只有4个正式编制,最年轻的一位也有50多岁了。

第三,福利院专业技术人员严重不足。北京市儿童福利机构专业技术人员不足,孤残儿童护理员配置比例偏低,特教人员、社工以及康复、医护人员缺乏。全市儿童福利机构一线的儿童护理员有200名左右,护理员和孤残儿童的比例基本在1∶10左右,相当于1个护理员要照顾10个孤残儿童。而按照发达国家的相关测算,这个比例应该在1∶3~1∶5才是最合适的。

另外,各区县的儿童福利机构建设滞后,配套设施普遍欠缺,服务功能单一,部分区县尚未建立独立运作的儿童福利机构,未列入全额拨款事业单位,未解决其独立的事业单位法人身份和基本人员编制。

第四,居委会行政性、事务性工作太多,居委会工作人员专门开展儿童保护工作力不从心。

居委会是政府的"腿"、老百姓的"头"。上面千条线，下面一根针。居委会承担了大量的应该由政府承担的行政管理性事务，非常繁忙。所以，居委会要抽出专人负责儿童福利和儿童保护工作也是非常不容易的。

第二节　广东省儿童福利与保护改革试点

一、广东省流浪乞讨人员救助管理概况

2014年，广东省以开展"大爱有声送温暖"系列活动为契机，以创建救助管理机构国家等级为抓手，认真开展救助管理机构"开放日"活动，在确保救助管理工作安全开展的基础上，努力提高救助管理和救助保护工作水平。截至2014年12月31日，全省共救助流浪乞讨人员189627人次，其中，未成年人8247人次，精神病及疑似精神病人10107人次，残疾人10507人次。

（一）认真开展"寒冬送温暖"专项救助行动，把党和政府的关怀送到流浪乞讨人员之中

广东省把开展"寒冬送温暖"专项救助行动作为重要任务来部署，全省各地民政部门和救助管理机构积极采取有效措施应对寒冷天气，普遍开展了日常巡查、联合执法、集中整治、有序疏导、增强街面流动救助等形式多样、内容丰富的专项救助行动，确保生活无着流浪乞讨人员和陷于临时困境的困难群众得到及时救助。广州市、区两级流动救助服务力量共开展联合救助集中行动25次，街面救助850人次，向981名不愿进站受助的流浪乞讨人员发放防寒保暖物资。广州市海珠区民政局、公安局、城管局按1∶1∶1的比例抽调精干力量补充到区流动救助服务队参加联合救助专项行动。汕尾市民政局派出4个工作组到各县（市、区）检查指导工作。东莞、佛山、梅州、江门等市强化救助专项行动，在开展主动救助的同时，通过政府网站、政府微博、短信以及派发宣传资料等形式广泛宣传救助政策，圆满完

成了"寒冬送温暖"专项救助行动。共有4个救助单位获得民政部通报表扬。

（二）切实加强流浪未成年人救助保护工作，把"流浪孩子回校园"专项行动推向深入

一是以民政部门牵头，联合综治办等10部门继续开展"流浪孩子回校园"专项行动，积极做好受助流浪未成年人返校复学和教育转化工作，帮助他们接受义务教育、职业教育、替代教育和技能培训等多种形式的辅导教育，提高他们的文化知识水平和生存技能手段。同时，对离站的受助未成年人进行跟踪回访，通过电话、信函实地回访联系制度，了解受助未成年人返乡后情况，协调有关部门为家庭困难的受助人员提供支持和生活保障。二是及时下发了《关于进一步做好流浪未成年人救助保护工作的紧急通知》（粤民电〔2014〕8号），要求全省各地立即行动起来，以高度的责任感和政治敏锐性，把街头救助、流动救助和专项集中救助行动有机结合在一起，一旦发现有街面未成年人流浪乞讨的，必须立即实施救助保护，做到发现一个，救助保护一个，努力减少街面未成年人流浪乞讨的现象。三是配合公安部门开展打击操纵乞讨违法犯罪行动和反拐行动，民政部门救助管理站加大街面巡查，在重点开展保护解救、临时安置、找寻亲人、护送返乡的基础上，积极有效救助保护流浪未成年人。专项行动进展顺利、效果明显，不断地向深入发展。

（三）积极做好特殊时期救助管理工作

根据民政部部署，广东省于2014年2月10日下发了《关于做好困难群众防寒保暖工作的通知》（粤民电〔2014〕6号），对春运期间的救助管理工作做了部署，要求各地积极主动做好城市生活无着的流浪乞讨人员的救助管理工作，切实服务好困难群众。省民政厅领导先后两次到广州市救助管理站、广州市救助管理站市区分站及火车站救助咨询点进行实地检查，要求把春运救助管理工作作为一项重要工作来抓，把安全工作放在第一位，切实落实各项制度、措施和应急预案。全省民政部门积极部署，主动开展工作，春运期间，共救助流浪

乞讨人员 12491 人次，圆满完成任务。

（四）联合社会力量参与救助管理，引领社会各界广泛关怀关爱弱势群体受助人员

积极引导和支持社会力量、志愿者参与救助服务工作，省民政厅联合省健康管理学会、南方生活广播共同策划开展了"大爱有声送温暖"活动，组织了 13 家医疗机构和新闻媒体共 30 名医务人员、媒体人，为街面流浪受助人员开展送医送药和宣传关爱活动。通过活动关爱社会弱势群体，努力营造社会广泛参与、人人奉献爱心的良好氛围，为全省各地开展活动起到引领示范作用。"大爱有声送温暖"活动已在厅直属 2 个救助管理机构开展，为近 200 名受助流浪乞讨人员进行身体检查和送医送药，并取得良好社会效应和引领示范作用。

（五）积极开展救助管理工作培训，不断提高工作人员的业务知识水平

2014 年广东省民政厅举办了 2 期全省流浪未成年人救助保护工作培训班，全省 77 个救助管理站和流浪未成年人救助保护中心的 100 位同志参加了培训，另组织全省各地救助管理机构积极参加民政部举办的 2014 年度福利彩票公益金救助管理机构服务人才培训项目，安排 51 人次分期参加共 15 期（6 月至 11 月）每期共 7 天的培训班。通过加大培训力度，有效提高了干部职工开展救助流浪乞讨人员工作的业务能力和综合素质，为救助管理工作的顺利开展奠定了坚实基础。

（六）积极开展救助管理机构等级创建，不断提高救助管理和救助保护工作水平

广东省各级救助管理机构积极开展等级创建工作，积极参与救助机构等级评定工作。2014 年，共有 5 个救助管理机构申报国家等级评定。全省已有 14 个救助管理机构获得国家等级评定称号，其中获得国家一级救助管理机构称号的有 6 个管理站。在开展等级创建工作的同时，不少救助管理机构引进社工专业理念和工作方法，根据受助流浪儿童的身心特点逐步拓展服务内容，开展多层次多形式特殊教育和心理矫治，为他们能够真正回归社会做好准备。通过等级创建工作推

动了广东省救助管理机构规范化、标准化水平的不断提高。

（七）积极开展救助管理机构"开放日"活动

根据民政部将每年6月19日定为全国救助管理的"开放日"的要求，广东省高度重视，认真部署，积极引导各地开展救助管理"开放日"宣传活动。民政厅领导亲自带队检查和参与广州市救助管理站市区分站的"开放日"宣传活动。全省各地开展了形式多样的宣传活动，包括观看救助管理宣传片、现场参观、情况介绍、座谈互动等，让社会公众亲身体验救助管理工作流程，零距离接触救助管理机构。

二、广东省适度普惠型儿童福利建设开展概况

（一）开展全省困境儿童全面摸底调查统计

困境儿童是除孤儿外最困难、最需要关爱的人群，要优先纳入适度普惠型儿童福利制度保障范围。摸清全省困境儿童的底数和情况是推进试点工作的基础，为此，用一个半月左右的时间对全省困境儿童进行了一次全面摸底调查统计。此次摸查的对象是指具有本省户籍的因自身、家庭等原因陷入困境的未满18周岁的未成年人，主要有以下五种情形。

1. 重残重病儿童

（1）重残儿童：具有县级以上（含县级）医疗机构出具的重度残疾证明或取得第二代《中华人民共和国残疾人证》（认定残疾等级为一、二级，下同）的儿童。

（2）重病儿童：患有重大病的儿童。重大病包括白血病（含再生障碍性贫血、血友病）、先天性心脏病、尿毒症、恶性肿瘤等，以及符合当地城乡居民基本医疗保险、城乡居民大病保险规定的大病病种（下同）。

2. 监护人无力监护的儿童

包括有下列情形之一的儿童：

（1）父母双方均重残或重病。

（2）父母一方死亡或失踪（人民法院宣判或公安机关证明，下

同），另一方因重残或重病无力抚养。

3. 监护人无法监护的儿童

包括有下列情形之一的儿童：

（1）父母双方长期服刑在押（服刑剩余年限不低于1年，下同）或强制戒毒。

（2）父母一方死亡或失踪，另一方长期服刑在押或强制戒毒。

（3）父母一方死亡或失踪，另一方因另娶、改嫁等原因弃养或无法抚养。

4. 其他需要帮助的儿童

主要包括流浪儿童、最低生活保障家庭和临界最低生活保障家庭中的儿童。

各地要认真组织所属辖区民政部门，对以上对象参照全国儿童福利信息管理系统登记的项目内容进行全面铺开调查，包括儿童个人情况、家庭或监护人情况、儿童及家庭生活状况、需求情况等，建立基本信息完整的儿童电子档案和纸质档案，做到全面真实掌握本地困境儿童的情况。在认真调查统计的基础上，以地级市为单位如实填报《广东省困境儿童调查统计表》。

（二）建立适度普惠型儿童福利分类保障制度

一是合理确定保障对象。试点地区要坚持量力而行、尽力而为的原则，根据本地实际，科学合理确定试点制度保障对象范围。要重点将重残重病儿童、监护人无力监护和无法监护的儿童（即上述困境儿童的前三类）纳入保障范围。鼓励有条件的地方一步到位建立覆盖全体儿童的全面保障制度。二是建立分类保障制度。坚持全面保障、适度普惠，依法保护、全面发展，政府主导、社会参与的原则，着眼于保障儿童在身心发展全过程的合法权益，着眼于保障孤儿和困境儿童在生活、医疗、康复、教育等方面的基本权益，与当地经济社会发展水平相适应，区分不同类型儿童并根据其需要建立分类保障制度。主要有以下几方面：

（1）建立完善基本生活保障制度。加强协调财政部门，贯彻执行广东省政府办公厅《转发国务院办公厅关于加强孤儿保障工作意见的通知》（粤府办〔2011〕20号）精神，全面落实孤儿基本生活保障制度，参照孤儿标准，落实艾滋病病毒感染儿童基本生活费。按照《广东省民政厅广东省财政厅关于提高我省孤儿基本生活最低养育标准的通知》（粤民发〔2014〕84号）要求，按不低于全省最低标准的原则，建立完善孤儿基本生活最低养育标准的自然增长机制，并确保按时足额社会化发放。着重将困境儿童的前三类纳入基本生活保障，可参照当地社会散居孤儿基本生活费标准的一定比例或全额发放生活费补助，有条件的地区可对其他需要救助的儿童（即上述困境儿童的第四类），按当地社会散居孤儿基本生活费标准的一定比例发放生活费补助。要落实《广东省财政厅广东省残疾人联合会关于我省残疾人生活津贴和重度残疾人护理补贴资金管理使用有关问题的通知》（粤财社〔2014〕39号），确保符合条件的儿童全部按政策享受补助。

（2）建立完善医疗康复保障制度。加强协调卫计、社保、残联部门，整合、用足国家现行医疗康复、医疗救助和残疾人康复政策资源，形成困境儿童医疗康复保障合力。要将符合条件的困境儿童纳入城乡居民基本医疗保险、城乡居民大病保险，可参照孤儿保障给予金额补贴办法资助其参保。有条件的地方，可多方筹资资助孤儿和困境儿童投保意外伤害、重大疾病保险等。符合当地城乡居民大病保险条件的，按相关规定及时足额给予医药费结报。将符合救助条件的儿童全部纳入救助范围，按照当地的医疗救助比例和封顶线用足政策。对符合条件的患儿医疗费用所剩的自付部分，可利用当地慈善救助资源给予资助。要拓展"明天计划"范围，扩大手术病种和康复项目，为有需求的社会散居孤儿、残疾儿童提供康复服务。要重点将符合条件的孤儿和困境儿童优先纳入残疾儿童康复训练补助制度。在确保做好在院儿童的康复工作的前提下，有条件的儿童福利机构要向社会开放，优先为社会散居孤儿和困境儿童提供康复服务。

（3）建立完善教育保障制度，加强协调教育部门，将孤儿和困境儿童全部优先纳入国家教育资助和教育帮扶政策，落实免学杂费和生活补助政策。认真贯彻《广东省人民政府办公厅关于转发省教育厅等部门〈广东省特殊教育提升计划（2014—2016 年）〉的通知》（粤府办〔2014〕36 号）精神，加强儿童福利机构特教班、特殊教育学校以及特教老师队伍建设，确保健康适龄孤儿和困境儿童接受普通教育，轻度残疾适龄孤儿和困境儿童随班就读，中重度残疾适龄孤儿和困境儿童集中接受特殊教育，以制度安排切实保障孤儿和困境儿童受教育的权利。

（4）建立完善住房保障和服务制度，加强协调住建部门，将成年后、无住房的孤儿和困境儿童按规定优先纳入农村危房改造计划和城市廉租住房或其他保障性住房给予保障，做到应保尽保。对有房产的孤儿和困境儿童，要指导、督促临时监护人帮助其做好房屋的维修和保护工作。

（5）建立完善培训就业保障制度。加强协调人社部门，认真贯彻落实《广东省〈实施中华人民共和国就业促进法〉办法》和《广东省人民政府关于进一步做好促进就业工作的通知》（粤府〔2008〕55 号）等，要将有劳动能力且处于失业状态的成年孤儿和困境儿童列入城镇"零就业家庭"失业人员和农村最低生活保障家庭劳动力就业扶持范围，鼓励和支持有劳动能力的孤儿和困境儿童成年后实现就业，按规定落实好职业培训补贴、职业技能鉴定补贴、职业介绍补贴、岗位补贴、社会保险补贴和少额担保贷款贴息等扶持政策。

（三）建立儿童福利工作指导和服务体系

试点地区要建立完善儿童福利工作协调机制，加强儿童福利工作指导和服务力量的建设，建立完善的儿童福利服务体系，负责儿童福利对象的动态管理和制度落实，形成"城乡四级"一体化、纵向到底、信息共享的工作指导和服务体系。

（1）建立儿童福利工作协调机制，要建立完善"政府主导、民政牵头、部门协同、社会参与"的儿童福利工作协调机制，各级民政部门要发挥职能作用，确保有专人负责儿童福利管理和指导工作。要建立部门联席会议制度，协调发改、财政、公安、教育、卫计、人社、司法、住建、民宗、残联、共青团、妇联等部门通力合作、各负其责，动员引导社会力量广泛参与，共同推动儿童福利事业加快发展。

（2）建立儿童福利指导中心。要依托市、县儿童福利院或综合性社会福利院建立儿童福利指导中心，配备专职从事儿童福利保障服务的工作人员、必要的设施设备和相对独立的办公场所，建立规范的工作制度和管理制度，履行协调落实本行政区域内各项儿童福利保障政策的职责，指导街道、乡镇和社区开展儿童福利服务工作。有条件的地方可以独立设立儿童福利指导中心。

（3）建立儿童福利服务工作站。要在街道和乡镇设立儿童福利服务工作站，负责对本辖区内所有孤儿和困境儿童的信息进行收集、建档、汇总、上报，指导农村、社区儿童福利督导员开展儿童福利服务工作。

（4）设立儿童福利督导员，在村（居）委会设立专职或兼职儿童福利督导员，在儿童福利服务指导中心和儿童福利服务工作站的指导下，具体开展儿童福利服务工作，主要负责本辖区孤儿和困境儿童的家庭入户调查、身份信息收集、档案建立及统计上报、定期巡访、政策宣传，督促、协助儿童福利各项保障制度落到实处，解决落实儿童福利工作最后"一公里"的问题。

在建立完善儿童福利服务体系中，试点地区要积极通过争取编制、设置公益岗位、政府购买服务、社工岗位开发等多种渠道和措施，千方百计解决经费和人员问题，做到有岗位承担职能、有人员落实任务、有经费开展工作。

三、深圳市适度普惠儿童福利制度发展概况

深圳市积极采取建立少年儿童医疗保险制度、不断完善儿童保障体系、形成困境儿童帮扶机制和加强未成年人福利和保护工作等举措，推动儿童福利从传统的以"救孤"服务为主到惠及全体儿童的福利项目逐步建立，迎来了从巩固困境儿童福利向普惠型儿童福利迈进的新时期。2013年6月，深圳市被国家民政部确定为全国首批适度普惠型儿童福利制度建设试点城市之一，2014年深圳市又被确定为"第二批全国未成年人社会保护试点地区"。

（一）初步建立了适度普惠儿童福利制度

深圳市已将全体儿童纳入政策范畴，早在1994年就成立了深圳市妇女儿童工作委员会，制定并实施了深圳市儿童福利发展规划。2007年，深圳市在全国率先推出"少年儿童住院及大病门诊医疗保险"制度，且率先淡化户籍界限，不管有无户籍均可参保。2013年，深圳市实施"深圳少年儿童健康成长计划"，入园儿童均可享受每生每年1500元的补贴，已建成503所普惠型幼儿园，解决"入园贵"问题。深圳市社会散居孤儿和集中供养孤儿最低养育标准分别提高至每人每月1150元和1712～2203元不等，建立孤儿供养保障经费自然增长机制，开始探索孤儿社会养育和爱心家庭领养新模式。对残疾、重病和流浪三类困境儿童也已形成初步帮扶机制，同时，对监护人无法和无力抚养的困境家庭儿童的关注度不断加大，对他们实施教育救助。如市救助站于2004年加挂了深圳少年儿童救助保护中心的牌子，2007年更名为深圳市未成年人救助保护中心；经过多年的摸索，对受助未成年人的生活保障、教育管理和返乡安置已形成一套较为完善的机制。未成年人进到市救助站后，都能得到百分之百的接收、治疗和亲人领走或遣送的服务。市救助站还引入专业社工为未成年人提供专业化服务。

（二）发动社会力量救助困境儿童成长

深圳市政府制定了残疾儿童康复救助服务办法，用福彩公益金资助残疾儿重做康复，而社会组织可为某一群体的儿童提供政府暂时力所不及的特色服务。如全市有深圳自闭症研究会、民爱、华阳等多家民间残障儿童康复教育机构为特殊儿童提供照料、托管、康复、教育等各方面的服务。深圳市慈善会设立了雏鹰展翅、关爱劳务工基金、首彩爱心慈善基金、儿童大病慈善基金等专项基金或冠名基金，广泛动员社会力量，为不同需求的困难儿童募集资源，形成全社会共同关注儿童福利事业的氛围。深圳市还用社会企业的方式探索儿童医疗救助及康复事业发展。2012年，国内首家由非公募基金会——爱佑慈善基金会成立的深圳市爱佑和康儿童康复中心正式启动，爱佑慈善基金会依托此项目，发起、运营社会企业，通过"政府补贴一部分、社会赞助一部分、家庭承担一部分"的形式，积极推动中国孤贫患儿医疗救助及康复事业的发展。

（三）构建儿童福利保障网

为了监测干预遭遇困境的未成年人，深圳市在探索建立未成年人社会保护"监测预防、发现报告、帮扶干预"联动反应机构及覆盖全市的未成年人社会保护网络，推动建立"以家庭监护为基础、社会监督为保障、国家监护为补充"的监护制度。除了政府政策，深圳还大力引进社会力量，坚持政府和社会力量两条腿走路，探索孤儿社会养育新模式，将孤儿交给除福利院外的其他社会福利机构代养，并定期回访。此外，也探索引入更多社会力量投入未成年人保护、困境儿童救助等领域。

第七章　中部地区儿童福利与保护改革试点

第一节　湖南省儿童福利与保护改革试点

一、困境儿童的基本情况

湖南省作为我国中部人口大省之一，其独特的地理位置和经济发展阶段为我国儿童福利和保护财政政策研究提供了典型的研究场景。

2014年1月开始，湖南省部分区县相继实施困境儿童分类保障制度暨普适性儿童保障制度试点工作。试点工作由各地区自愿实施，报上一级民政部门备案，所需投入由所在地区地方财政支持。

截止到2014年第三季度末，全省共有3个县开展了湖南省困境儿童基本生活保障试点工作，4个市辖区开展了民政部全国适度普惠型儿童福利制度建设试点工作；7区县共计1803名困境儿童得到了基本生活保障直接救助。以下从困境儿童分类、试点地区困境儿童分布情况等，对湖南省困境儿童状况进行说明。

（一）困境儿童分类

从困境儿童困境成因分类来看，湖南省将困境儿童（未满18周岁的未成年人）分为自身困境儿童（在细分中又常简称为"困境儿童"）和困境家庭（的）儿童两大类。其中自身困境儿童又分为重病儿童和重残儿童两类；困境家庭儿童又以"事实无人抚养儿童"为主。困境儿童分类示意如图7-1所示。

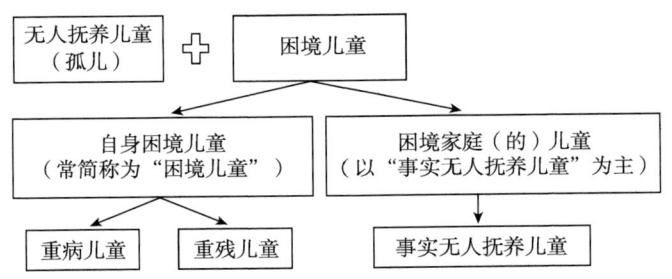

图 7-1 湖南省困境儿童疾病生活保障试点工作困境儿童分类

相对于无人抚养儿童即父母双亡的儿童（即孤儿）而言，事实无人抚养儿童是按父母（一方或双方）是否死亡、失踪、服刑或强制戒毒、重病或重残四个标准来细分形成的六类儿童，分别为：第一类为父母双方均失踪、服刑或强制戒毒的儿童；第二类为父母一方死亡，另一方失踪的儿童；第三类为父母一方死亡或失踪，另一方服刑或强制戒毒的儿童；第四类为父母一方死亡或失踪，另一方重病或重残的儿童；第五类为父母一方服刑或强制戒毒，另一方重病或重残的儿童；第六类为父母双方均重病或重残的儿童。

（二）困境儿童分布

1. 试点区县困境儿童粗率

按各试点区县在摸底统计中困境儿童占所在区县总人口中的比例计算试点区县困境儿童粗率表明（见图7-2）：各试点区县中，汝城县平均每10万人口中有困境儿童167名，为试点区县中困境儿童粗率最高；湘潭县平均每10万人口中有困境儿童15名，为试点区县中困境儿童粗率最低。值得注意的是，这一困境儿童粗率与各区县人口年龄结构尤其是总人口中儿童所占比重、政策宣传、摸底筛查标准及执行、儿童困境发生情况有关，未经标准化不可精确对比。此处受数据所限，计算此粗率，仅供粗略比较。

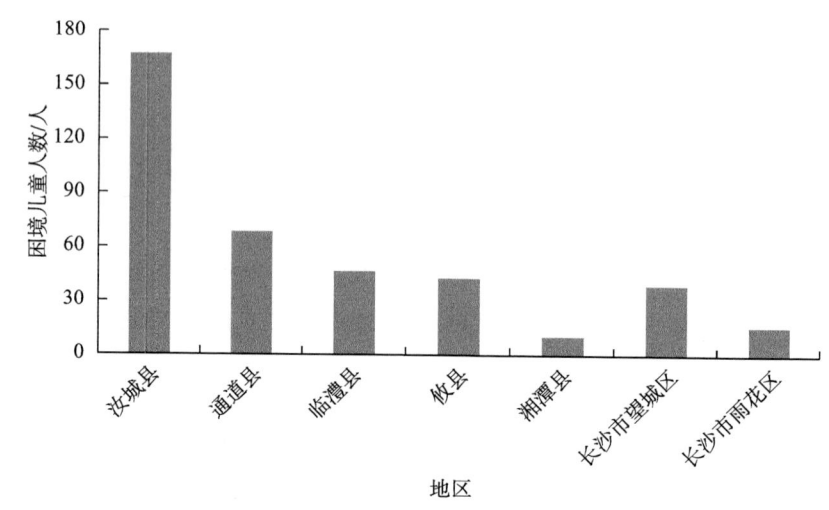

图7-2 长沙市试点区县困境儿童发生率（每10万人口）

2. 自身困境儿童是重点施保对象

大部分试点区县在摸底统计中又根据困境儿童成因对困境儿童进行了细分，以便实施分类分标准保障工作。从获得数据支持的5个试点区县中的困境儿童分类来看，试点区县分类保障的重点人群为自身困境儿童即重病重残儿童（见图7-3）。

3. 重残儿童是施保对象中的重中之重

进一步对自身困境儿童按成因进行分类，从有数据支持的3个试点区县来看，重残儿童是自身困境儿童中的主要部分，是试点区县分类保障人群中的重中之重（见图7-4）。

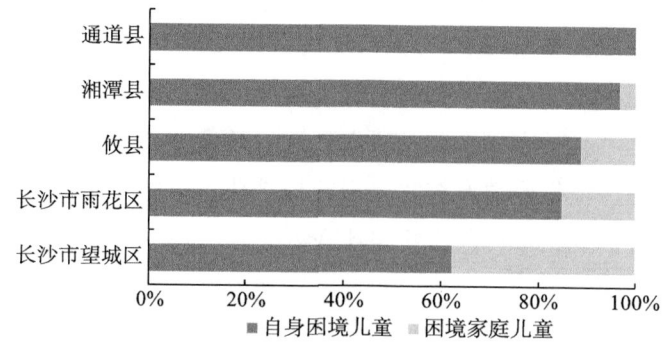

图7-3 按成因分长沙市试点区县困境儿童类型

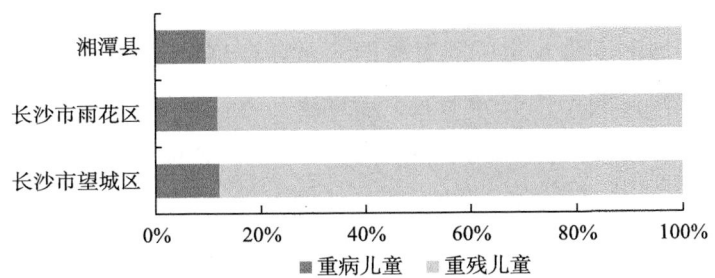

图 7-4 按成因分长沙市自身困境儿童类型

(三) 困境儿童受助特点和趋势

1. 各类困境儿童受惠面逐步扩大

长沙市雨花区和望城区是民政部全国适度普惠型儿童福利制度建设试点区，最早从 2014 年 1 月 1 日开始实施试点工作。望城区作为湖南省会城市长沙县改区的新兴市辖区，在困境儿童粗率、自身困境儿童占困境儿童比例、重残儿童占自身困境儿童比例等指标方面在各试点区县中都具有一定的独特性，因而本部分内容主要以望城区为例，审查试点工作实施以来财政政策与实施情况。首先关注望城区困境儿童受惠面的发展情况。

截止到 2015 年第一季度末，长沙市望城区困境儿童生活补贴受惠儿童数由 2014 年 1 月的 161 名增加到 233 名；开展试点工作以来，受惠儿童数量逐季增加，平均每季增幅为 9.68%。

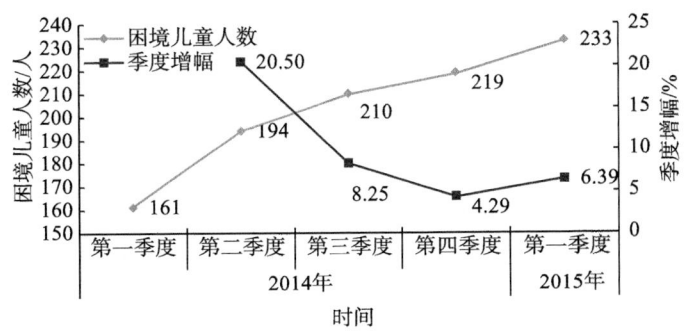

图 7-5 长沙市望城区困境儿童生活补贴受惠儿童数及增幅

2. 因残疾而被界定为困境的儿童合计占比80%以上

按望城区困境儿童成因对受助儿童进行细分表明（见图7-6），所占比例排在前三位的分别为：①重残儿童；②第六类事实无人抚养儿童即父母双方均重病或重残的儿童；③第四类即父母一方死亡或失踪、另一方重病或重残的儿童。

从2014年1月试点工作实施以来，这三类主要因残疾而陷入困境的儿童合计占望城区受惠困境儿童80%以上，其中重残儿童占比超过50%。

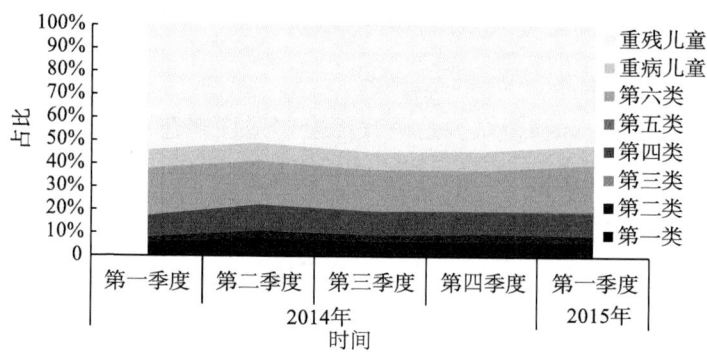

图7-6 按成因分望城区不同类型困境儿童占比

3. 困境家庭儿童是适度普惠型困境儿童保障试点工作中的新方向

前文所述，重残儿童是施保对象中的重中之重；因自身残疾或父母病残陷入困境的儿童占施保对象的80%以上。然而，在社会经济相对发达的新兴市辖区长沙市望城区的城市社区中，困境家庭儿童正成为困境儿童保障试点工作新阵地。

雷锋路社区位于高塘岭街道，面积约3.5平方公里。辖区内有居民3194户、7294人，4个纯居民小组，流动人口1128人。社区先后获得了全国"综合减灾示范社区"，湖南省"和谐社区"，长沙市"残疾人明星社区"，望城区2014年绩效考核一等奖等一系列奖项；同时辖区有企事业单位18个、2所幼儿园、2所小学、1所职业中专、286间门店、1个卫生服务站。社区有工作人员10名。粗略而言，从其社会经济发展形态来看，雷锋路社区是新兴市辖区长沙市望城区的城市社区中的典型，可就其所开展的困境儿童福利和保护情况进行解剖麻雀式的分析。

在 2015 年第一季度末困境儿童调查统计汇总工作中，雷锋路社区按户籍管理方式共摸底统计 16 名困境儿童，其中困境家庭儿童 13 名。另 3 名儿童为自身困境儿童，分别患有智力一级残疾（2 名）和肢体二级残疾（1 名）。这 13 名困境家庭儿童在社区困境儿童台账中被称为"贫困孩子"，致贫基本原因分别列举如下：

（1）家中有两个在读学生，母亲身体差，父亲打工。

（2）单亲家庭，父亲精神残疾，靠祖父母维持生计。

（3）父母下岗，本人在读。

（4）父母下岗，本人在读。

（5）父亲病退，母亲无业。

（6）父母下岗，本人在读。

（7）母亲患癌症，父亲做临工。

（8）父母下岗，本人在读。

（9）母亲肢体残疾，父亲无业。

（10）母亲视力残疾、退休，父亲无业。

（11）父亲病逝，母亲带其改嫁。

（12）父母均系残疾。

（13）父亲身体差。

考察上述成因的性质，大致可见该社区已将残补型儿童福利和保护政策向适度普惠型转变，并向源头治理拓展，例如将父母下岗失去稳定生活来源的学生家庭纳入支持体系，实现及早扶贫干预。

二、困境儿童福利和保护政策及其实施情况

湖南省儿童福利和保护主要着眼于孤儿保障与困境儿童两大类。

（一）孤儿与困境儿童福利和保护政策及投入概况

初步统计表明，湖南省在孤儿保障方面，每年省财政配套支持额度约为 5000 万元。与其他省市类似，湖南省对散居孤儿与在机构中

的孤儿实施分类施保。湖南省对社会散居孤儿的基本生活费标准为600元/月，福利机构养育的孤儿基本生活费标准为1000元/月。

在困境儿童救助保障方面，湖南省2014年摸底统计困境儿童人数为44万人，分为自身困境、家庭困境和监护困境三种类型；并在全省7个区、县实施了困境儿童分类救助保护，由试点县、区财政全额支持。

生活费补贴从审批后的次月开始发放。补贴儿童的家庭情况发生变化不再符合补贴条件的，自条件发生变化起三个月后的次月起终止发放。补贴儿童已年满18周岁，但仍在中学或全日制大学就读的，补贴从其毕业起三个月后的次月起终止发放。

（二）困境儿童生活补贴标准与孤儿基本生活费标准联动

湖南省7大试点区县在设定困境儿童生活补贴标准时主要有两种做法：

（1）参照孤儿基本生活费标准单独设定困境儿童生活补贴标准。

（2）按照孤儿基本生活费标准联动设立困境儿童生活补贴标准。例如同时纳入了民政部全国适度普惠型儿童福利制度建设试点区的长沙市雨花区与望城区。这一联动方案的实施增强了困境儿童生活补贴试点工作中标准设立的简明性、权威性和增幅的可预见性，做法相对更为先进。

（三）自身困境儿童给付标准相对较低及其合理性分析

如前所述，试点区县施保对象的选取重点是重病重残即自身困境儿童。而在财政投入的给付标准来看，7区县在施保的重点上有两种主要做法：

（1）重病重残儿童的给付标准相对高，一般高出50元/月。例如攸县对自身困境儿童的给付标准是280元/月，而对困境家庭儿童的给付标准是220元/月；临澧县分别是200元/月和150元/月。

（2）困境家庭儿童的给付标准相对高，一般高出200~380元/月。例如长沙市雨花区对自身困境儿童的给付标准是100元/月，而对困境家庭儿童的不同细分类别的给付标准分别是360元/月和480元/月；

长沙市望城区分别是 100 元/月和 300~360 元/月。

上述第 2 种做法中，将儿童的家庭情况与儿童自身状况独立考量。考虑到自身困境儿童中有家庭经济状况富有者，该做法是不论家庭经济状况如何，一旦其监护人依程序提出困境儿童生活费补贴申请，符合条件者即可于次月获批并开始领取困境儿童基本生活费补贴。当同时满足重残（或重病）儿童与困境家庭儿童的条件时，采取就高不就低的原则享受高给付标准的项目。简言之，这一规定以儿童重病重残为享受水平较低的重病重残儿童生活费补贴的充分条件，当同时属于困境家庭儿童时，享受水平较高的困境家庭儿童生活费补贴。可见，采取第 2 种做法具有一定的合理性。

与困境家庭儿童的界定繁复、困境状况的动态性不同的是，对自身困境儿童的定义标准简明，易于操作；且自身困境的状况通常具有不可逆性，这意味着自身困境儿童的生活费补贴是一个持久的需求。因而，在困境家庭儿童与自身困境儿童两种人群中采取对自身困境儿童较低的给付标准，从福利具有刚性的特点考虑，这一做法具有更大的政策可持续性；从福利的济贫帮困的特点考虑，这一做法更可能将有限的福利资金用于帮扶最需要的儿童。

以下就长沙市新兴市辖区望城区的困境儿童福利和保护财政政策及其实施情况做典型案例分析。

三、望城区困境儿童基本生活保障试点实施情况

作为湖南省困境儿童基本生活保障试点的区县，长沙市望城区抓住发展契机，对儿童福利适度普惠型制度做了探索和创新；并在区委区政府的重视和工作创新下，被纳入了全国适度普惠型儿童福利制度建设试点区，将望城区儿童福利工作推上了一个新台阶。

截止到 2014 年年底，全区审批的困境儿童有 219 名，共发放困境儿童补贴 429720 元；截止到 2015 年第一季度末，全区有困境儿童 233 名，第一季度发放困境儿童补贴 129480 元。

（一）特点

困境儿童按照"分类推进、分类立标、分类施保"的原则，望城

区政府出台了《长沙市望城区孤儿基本生活费和困境儿童生活补贴暂行办法》。该办法有以下几个特点：

（1）在施救范围上有拓展。暂行办法中将救助对象由孤儿扩展到困境儿童和留守儿童，并对困境儿童做了明确界定。

（2）在救助标准上有分类。在执行孤儿基本生活费标准不变的前提下，明确了困境儿童的补贴标准按360元/月与300元/月（与散居孤儿基本生活费联动）和100元/月的三个档次分类执行。

（3）在施保对象认定上有制度。按村、镇、区（社区、街道、区）三级审批，并在廉政风险防控系统中，建立专门的一人一档基础数据库进行动态管理、廉政管理，归口区民政局社会福利科经办管理。

（二）程序

孤儿或困境儿童基本生活费补贴申请遵循自愿申请、三级审核审批、季初上报造册到账等主要规定。

1. 申请方面

须由儿童在其监护人的陪同下自愿向其户籍所在地村民委员会（社会居委会）提出申请。孤儿基本生活费的申报材料按上级有关要求执行，申请困境儿童基本生活费补贴提交类似材料，其中所提供的相关证明材料主要指有关第三方权威证明材料。

2. 材料审核方面

由村（社区）初审、乡镇（街道）审核、区民政局审批。具体操作分为三个阶段：

（1）首先由村民委员会（社区居委会）派2名以上工作人员进行入户调查、邻里访问，填写家庭情况调查记录表；村（居）委会负责人签章申请审批表，完成第一级审核，所有材料报乡镇人民政府（街道办事处）审核；村（居）委会发现一名困境儿童则组织申报一名，确保不遗漏一名困境儿童。

（2）乡镇（街道）凭初审材料入户调查，签章申请审批表，完成第二级审核，报区民政局审批。

(3) 区民政局分管局长审定报送材料，完成第三级审核，造花名册和资金计划汇总表报市民政局备案。

3. 拨付方面

补贴自审批之日起的次月开始发放。具体操作分为几个阶段：

(1) 每季初的上旬（10日前），村（社区）、乡镇（街道）将符合条件的对象情况报区民政局。

(2) 20日前区民政局将第三级审批结果造册，填写补贴发放花名册和资金计划汇总表；报市民政局的同时，将该资金计划汇总表和补贴发放花名册报告区财政局。

(3) 30日前区财政局将资金划拨至补贴对象的个人账户。区财政根据上年度情况将孤儿和困境儿童基本生活费补贴经费列入当年预算，专账管理，实行银行卡发放，每季度发放一次。

<u>上述工作中由区民政局、乡镇人民政府（街道办事处）建立孤儿和困境儿童的基础信息库，补贴发放对象一人一档。推行定期入户复查，动态管理，确保困境儿童信息可靠。</u>

（三）补贴发放标准

《长沙市望城区孤儿基本生活费和困境儿童生活补贴暂行办法》对困境儿童基本生活费发放原则等做了进一步规定，简述如下。

1. 长沙市孤儿和困境儿童基本生活费补贴的发放遵循

(1) 属地管理的原则。

(2) 分层次、分类型、分标准实施的原则。

(3) 动态管理的原则。

(4) 适度普惠，与经济发展水平相适应的原则。

2. 组织管理方面

实行部门联动机制，主要有：

(1) 由区人民政府制定孤儿和困境儿童基本生活费补贴政策。

(2) 由区民政局负责孤儿和困境儿童基本生活费补贴政策的实施。

(3) 由区财政局负责补贴专项经费的预算，按期拨付资金并进行监督。

（4）由乡镇人民政府（街道办事处）负责辖区内孤儿和困境儿童的摸底调查，负责补贴对象的申请受理、初审审核、资料上报和动态管理工作，确保准备界定补贴对象和保障补贴对象的权利。

3. 给付标准方面

困境儿童基本生活费补贴分层次、分类型、分标准实施。事实无人抚养儿童实行分类保障。前述六类事实无人抚养儿童中，补贴标准分别为：

（1）第一、二、三类对象生活补贴标准为散居孤儿基本生活费的 60%。

（2）第四、五、六类对象生活补贴标准为散居孤儿基本生活费的 50%。

（3）重残、重病儿童生活补贴为 100 元/月。

4. 关于福利能否叠加

该办法也做出了规定，可理解为"同类不叠加，不同类可直接叠加"。具体如下：

（1）同时满足孤儿、困境儿童、重残（或重病）儿童生活补贴条件的对象，按就高不就低的原则享受其中一项。

（2）享受孤儿基本生活费和困境儿童基本生活费补贴的对象，不影响家庭其他成员继续享受城乡低保救助或其他各项救助和补贴。

望城区所开展的困境儿童基本生活保障试点工作进行了大量的创新。主要有：望城电视台对困境儿童基本生活费补贴政策进行为期一个月的滚动宣传；在试点工作典型中，望城电视台全程报道营造社会影响力；民政局开展全局干部职工协同基层干部与困境儿童"一对一"帮扶，通过现场录像和拍照建立孤儿帮扶档案，营造孤儿与困境儿童支持性成长环境；通过全区集中倡议牵手帮扶活动进行集中结对帮扶，向困境儿童赠送学习生活用品等，凝聚基层干部、监护人等关键人物参与困境儿童帮扶。相关工作投入得到了区委区政府的重视和支持。

上述规定对该区试点工作的开展起到了实际的指导作用。从 2014

年年初试点工作开展以来,望城区民政局通过工作会议,并通过区域内外的新闻媒体、网络平台、宣传手册等媒介对政策文件精神和典型事迹与活动等进行宣传,形成了补贴有落实、活动有支持的工作局面。

四、湖南省困境儿童福利和保护改革的成效和经验

调查表明,湖南省困境儿童福利和保护工作以7区县的试点工作为张力,在全社会形成了共同关注弱势儿童的氛围,基本实现了试点区县辖区内的孤儿和困境儿童应保尽保。

总的来说,在原有的最低生活保障与孤儿生活费补贴尽可能保障最弱势人群的最低生活水平的同时,湖南省对类似孤儿的困境儿童即事实无人抚养儿童建立适度普惠型儿童福利制度,是实现共享改革发展成果,进一步推进地区和谐发展的新举措。具体来看,湖南省困境儿童福利和保护财政政策的成效和经验主要有以下几点。

(一)合理的优先级设置增强了分类施保的科学性和政策可持续性

在儿童福利对象优先级方面,首先对重病重残儿童施以低标准普惠补贴,这一无差别福利有利于促进家庭与社会和谐,提高弱势儿童自我认同。其次在福利叠加问题上,困境儿童福利中困境家庭儿童福利额度高于自身困境儿童福利额度,当满足困境家庭儿童条件时,采取就高不就低的原则给予较高水平的福利待遇,这一做法施行了分类施保的科学性,并确保了将有限的救困资金用在最有需求的弱势人群上,提高了政策的可持续性。

(二)低标准的普惠的自身困境儿童福利突出了政策关怀和保护功能

现行的低标准(100元/月)的重病重残儿童生活补贴的政策意义何在?这是试点工作设计之初的核心问题之一。对此政策设计重在雪中送炭,体现党和国家对重病重残儿童的关怀。

然而,政策实施效果折射出了更深远的福利附加效应:纵使提供

的补贴额度小，但对中国老百姓而言，这种政府性质的补贴对儿童形成了有力的保护作用，儿童也由此感受到了政府的关怀，增强了自身的存在感和价值感，"那小孩也觉得自己有用了，他自己的银行卡里能收到政府给的补贴，他把它交给家里人，脸上也有光了，意思是，看，这是我来的钱。我们调研中经常听到家长这样的反馈。"（湖南省民政厅）这是这份低标准的普惠的重病重残儿童基本生活费补贴最凸显的福利效应。

（三）困境儿童与孤儿的基本生活费标准联动具有先进性

如前所述，湖南省7大试点区县在设定困境儿童生活补贴标准时主要有两种做法：参照孤儿基本生活费标准单独设定困境儿童生活补贴标准，以及按照孤儿基本生活费标准联动设立困境儿童生活补贴标准。后者这一联动方案的实施增强了困境儿童生活补贴试点工作中标准设立的简明性、权威性和增幅的可预见性，做法更为先进。

（四）专账管理并纳入廉政风险防控体系确保了财政资金使用效率

在工作开展方式上，困境儿童福利审批在实行严格的三级审批程序的同时，将一人一档的困境儿童信息数据库纳入廉政风险防控系统，将生活费补贴直接拨付到困境儿童个人账户；同时政府主管领导亲自抓这项困境儿童福利和保护工作，民政局局长重点关注该项工作，财政局专账管理，确保了困境儿童基本生活保障试点工作廉政高效。这在改善困境儿童的基本生活、改变困境儿童命运的同时，确保了政策公共财政资金使用效率，增强了政府公信力。

总之，湖南省通过试点区县推行适度普惠型儿童福利制度建设试点工作，对重病重残的自身困境儿童和事实无人抚养的困境家庭儿童普惠、分类施保，保障了社会弱势儿童基本的生存权，为其健康发展打下了必备的基础，促进了家庭与社会的和谐和良性发展。

五、完善困境儿童福利和保护政策的建议

着眼于儿童福利和保护工作的中长期发展，本报告主要结合长沙

市望城区试点工作，针对调查中反映出来的可改善之处，提出以下建议。

（一）根据客观上父母没有监护能力，将事实无人抚养儿童分类纳入孤儿基本生活保障和低保制度

调查表明，适度普惠型儿童福利制度建设试点工作中的疑难点主要在于：

（1）界定中，事实无人抚养儿童即困境家庭儿童难以评定，尤其是父母双方或其中一方重残是否导致家庭困境儿童难以确定。这意味着如果按残疾证一刀切，则恐与是否家庭困境事实不符从而带来不公，要区别对待又需要较大的人员投入，且难以考核这一评定工作的质量。

（2）当困境家庭儿童与低保家庭成员身份重叠时，采取福利"不同类可直接叠加"的做法。这与大部分社会福利制度的做法相悖。且打入儿童个人账户的额度较大的资金是如何用于儿童的生存和发展的？对此试点工作中难以监督和测量。这种儿童本人非儿童福利的直接受益人的风险，难以确保适度普惠型儿童福利制度建设政策目标的实现。如何回应这两大问题？

2010年国务院颁发《国务院办公厅关于加强孤儿保障工作的意见》（国办发〔2010〕54号）后，我国2010年1月起为全国孤儿发放基本生活费（民发〔2010〕161号）；同时部分省市已施行低保人员中分特困人员施保的做法，在现有低保工作方案中增加特困人群分类施保具有较好的可行性。

据此，应当从客观上以父母能否有监护能力为标准，将事实无人抚养儿童分为应当纳入类孤儿一类和可以纳入低保特困人员一类。

具体来看，对以下情况的儿童，客观上父母没有监护能力，应当视同孤儿（类孤儿），实行孤儿基本生活费保障：

（1）父母双方均失踪、服刑或强制戒毒的儿童（前述第一类儿童）。

（2）父母一方死亡，另一方失踪的儿童（第二类）。

（3）父母一方死亡或失踪，另一方服刑或强制戒毒的儿童（第三类）。

以及以下情况中，父母双方或一方罹患重度精神疾病、重度精神或智力残疾，从而法律上无民事行为能力的，这类儿童也应当视同孤儿。

（4）父母一方死亡或失踪，另一方重病或重残的儿童（分属于前述第四类）。

（5）父母一方服刑或强制戒毒，另一方重病或重残的儿童（分属于前述第五类）。

（6）父母双方均重病或重残的儿童（分属于前述第六类）。

对上述第（4）（5）（6）种情况中，父母双方或一方罹患重度精神疾病以及重度精神或智力残疾以外的重病重残、法律上有民事行为能力的，应当将这类儿童纳入城乡低保户中的特困人员。

（二）对重病重残儿童施以具有一定增长机制的低标准普惠型儿童福利

自身困境儿童（重病重残儿童）是适度普惠型儿童福利制度建设试点中的重点施保对象，工作面已经铺开，且对重病重残儿童的低标准普惠福利的确带来了积极的政策效果；加上重病重残儿童的界定清晰，简便易行，因而可向这类重病重残儿童推广具有一定增长机制的低标准普惠型儿童护理补贴。

（三）以月为单位落实重病重残儿童补贴，增加政策弹性

适度普惠型儿童福利制度建设中，一般都规定了及时申报的工作时效，但困境儿童包括重病重残儿童工作主要以季为单位审批，不能体现在季初和季末申报的审批生效时间的差别。应借鉴低保施行办法，将审批工作常规化，真正实行当月申请，符合条件者次月领取补贴的做法。可在现有流程的基础上，按季补发审批月份的补贴，增加政策弹性。

（四）多部门联动满足困境儿童多方面的成长需求

调查发现，困境儿童有多方面亟待回应解决的未满足的需求，以

教育需求和医疗需求尤为突出。例如在孤儿享受教育方面，代为办理申请入学时，民政部门通常面临学校或相关方面以没有学籍为由拒绝孤儿入学的尴尬，实质是有关方面考虑到升学率，升学率又与奖金挂钩。福利院的儿童还经常面临医保空档期的状况。原因在于福利院的儿童实质入院与获得户口这两个时点之间，由于没有户口则享受不了国家规定的政府财政保障的医疗保险。类似问题，需要在政府主导下由多部门联动加以统筹解决，如医院开设孤儿免费特设病房、教育部门直管孤儿入学与教育问题等。

（五）积极发展地方特色产业，规避困境发生的根源

要进行本土的经济社会发展能力评估，积极发展地方特色产业，实现就近就业，尤其通过小额信贷等促进妇女在家门口就业，从而促进家庭与社会和谐，从根本上减少困境儿童的产生。

（六）通过政府购买社工服务，向事实无人抚养儿童提供成长服务

事实无人抚养儿童的家庭困境状况复杂，不同情况带来的主要问题不同。但都将产生家庭教育缺失、亲情缺失、心理健康发展受挫等成长中的问题，这需要通过政府购买社工服务弥补家庭主要功能的缺失。此外，在事实无人抚养之前，这些儿童都可能遭遇儿童忽视、家庭暴力等危机爆发阶段，这同样需要通过做实发现报告工作的同时，通过政府购买社工服务，提供专业的儿童保护服务，如促进监护权的临时转移等。

（七）试点实施订单定向社工免费培养，促进专业社工与基层融合

继2007年我国在教育部直属六所师范大学实行师范生免费教育政策后，2010年国家发改委等五部委开始启动实施农村订单定向医学生免费培养项目，俗称"定向村医"。通过累计投入7.3亿元中央财政，支持招收3万余名免费医学生，在总规模上已实现为中西部每个乡镇卫生院培养一名免费本科医学生的目标。这对我国现阶段社工难就业于城乡基层、就业后于城乡基层水土不服的症状，提供了重大的

战略参考。

依据建设社工专业人才队伍中面向群众、服务基层、突出重点、统筹推进等原则，可试点实施以城乡基层为重点、以为妇女儿童服务为重点的社工免费培养项目，促进专业社工与乡镇（街道）结合。

总之，完善困境儿童福利和保护财政政策既要及时回应现实问题，又要有中长期方案。中央财政重点关注将事实无人抚养中的类孤儿纳入孤儿基本生活费保障、事实无人抚养的其他儿童纳入城乡低保中的特困人员保障，以及重病重残儿童护理补贴，关注订单定向社工免费培养试点；地方财政落实孤儿多项成长需求、地方小额信贷和购买社工服务等，促进我国困境儿童福利和保护财政体系建设。

六、讨论与总结

本报告以湖南省为例，分析了困境儿童福利和保护财政政策体系建设的背景、条件和可行性建议。总而言之，中央财政须重点关注将事实无人抚养中的类孤儿纳入孤儿基本生活费保障、事实无人抚养的其他儿童纳入城乡低保中的特困人员保障，以及重病重残儿童护理补贴，关注订单定向社工免费培养试点。

总的来说，中央财政重点关注：

（1）客观上父母没有监护能力的类孤儿，将以下儿童纳入孤儿基本生活费保障：①父母双方均失踪、服刑或强制戒毒的儿童；②父母一方死亡，另一方失踪的儿童；③父母一方死亡或失踪，另一方服刑或强制戒毒的儿童；④以及以下情况中，父母双方或一方罹患重度精神疾病、重度精神或智力残疾从而法律上无民事行为能力的儿童，即父母一方死亡或失踪，另一方重病或重残的儿童；父母一方服刑或强制戒毒，另一方重病或重残的儿童；父母双方均重病或重残的儿童。

（2）对上述第4类情况中，父母双方或一方罹患重度精神疾病以及重度精神或智力残疾以外的重病重残、法律上有民事行为能力的，应当将这类儿童纳入城乡低保户中的特困人员。

（3）采取有一定增长机制的自身困境儿童即重病重残儿童护理补贴，实现政策的关怀和保护功能。

（4）支持困境儿童多发区识别与趋势基础研究，规划这类地区实施订单定向社工人才免费培养试点。

上述主要关注点既是从中央财政入手对现实问题的回应，又着眼于我国社会民生的中长期发展。

第二节 河南省儿童福利与保护改革试点

一、基本情况

（一）河南省人口、经济等基本情况

河南省是中国人口大省，也是劳动力输出大省，同时也是重要的经济大省，经济发展较为均衡。2014年，河南省生产总值达34939亿元，虽然拥有较高的GDP，但是其人口多，消费量大，人均GDP还是较少。截至2014年，河南省总人口为10662万人，常住人口9436万人，少数民族人口144万人。河南政府统计官网发表的《2013年河南省人口发展报告》的数据显示：2013年河南省常住人口中0～14岁少儿人口达到1988万人，占常住人口的21.12%；15～64岁的劳动适龄人口为6572万人，占常住人口的69.82%。

（二）现行政策

1. 孤儿救助政策

孤儿是社会上最弱小、最困难的群体，河南省政府一直都很重视、关心孤儿的福利事业。秉持"区别情况、完善救助制度，使孤儿都能健康成长"的精神，按照民政部下发的《关于加强孤儿救助工作的意见》，结合省内实际情况，推出一系列孤儿福利和保护政策，积极展开孤儿福利和保护工作。

第一，采取多种形式妥善安置孤儿。由孤儿父母生前所在单位或所在地居民委员会担任监护人；根据《中华人民共和国收养法》的规定，积极开展孤儿收养工作。对事实收养的问题，根据不同情况予以解决，符合收养条件的，依法办理登记和相关手续；对于暂时找不到家人的流浪未成年人，可以根据不同情况延期其在流浪未成年人救助保护机构的时间；对于无法查明身份的，可以安置到福利院；对因父母服刑或者其他原因暂时失去生活依靠的未成年人，可以根据相关法律规定，比照孤儿，妥善安置。

第二，保障孤儿的合法权益。切实加强孤儿救助工作的协调配合，各级综合治理办要发挥协调指导作用，将孤儿救助工作列为维护社会稳定的重要任务；救助资金以财政资金为主，其他社会资金为辅。财政部门要将孤儿救助所需要的资金纳入城乡社会救助和社会福利事业发展的预算安排，建立救助资金的自然增长机制。

根据上述政策要求，河南省积极采取政策落地措施，并初见成效。2011年郑州市有差别地进一步加强孤儿救助金保障，其中城区孤儿救助资金标准为每月1070元，农村孤儿每月900多元；有些县市更高，城市地区达到每月1170元，农村地区每月940元。总的看来，孤儿保障水平较高，从覆盖人数来看，基本实现了孤儿应保尽保。为确保每一位孤儿都能享受救助金，河南省建立儿童寻访监管制度，该制度重点在于对孤儿的养育指导与资金监管，每个季度监管员到孤儿家中巡访一次，确保资金用到孩子身上。

2. 医疗保险政策

2015年河南省新农合政策涉及以下方面：

第一，基本规定。参加新农合的人员，凭合作医疗证和身份证到本辖区医疗机构就诊，享受相应补助；定点医疗机构因限于技术和设备条件，不能诊治病人，经医院同意，出具证明，并报区合作医疗办公室备案；对于特殊急诊病人应当根据情况做出相应的处理。

第二，二次报销补偿比例分为三个档次，最低为50%，根据政策，除正常新农合报销外，2015年1月1日后生病的参加新农合的农民还可以进行二次报销，二次报销的起付线为15000元，年度内补偿封顶线为30万元。在省外就医或省内非即时结报的参加新农合的患者，凭借有效身份证明、转诊证明复印件和新农合住院补偿费用结算票，到参合地商业保险机构指定的服务网点办理新农合大病保险补偿手续，商业保险服务网点通过省级新农合信息管理系统，为参合患者进行补偿费用结算。省卫计委要求,商业保险机构要在每个统筹地区设置至少一个服务网点,也可以在统筹地区新农合经办机构派驻业务人员提供一站式结算服务。

第三,大病保险分档。2014年度,大病保险起付线为1.5万元,分三个档次报销:1.5万元到5万元(含5万元)部分按50%的比例给予补偿;5万元到10万元(含10万元)部分按55%的比例给予补偿;10万元以上部分按65%的比例给予补偿,年度内补偿封顶线为30万元。

郑州市新农合试点在巩义市,面向农村的全体居民,包括0~14岁的儿童,有效解决因病致贫的问题,人均筹资528元,提高筹资标准,个人缴费90元,原先筹资标准是30元。大病保险,最高补偿标准30万元。2013年,拿出35个病种,进一步提高报销水平,最高比例达到90%。例如儿童白血病,个人需要10%,有些医疗机构也不收费,全免费(个人的10%也不用拿)。新农合对儿童的优惠政策包括:14周岁以下的儿童住院,降低起付线,降低50%;白血病、唇腭裂等重病,提高报销比例。实行母婴共享政策,新生儿出生当年,可以随同母亲一起享受新农合保障。2014年统计,全市享受重大疾病保障的儿童有212人,人均住院费用565.55元,实际的报销为44%~45%。治疗效果好的药品纳入医保,包括70%乙类药品和全部甲类药品。

3. 残疾人福利政策

河南省关注残疾人群体的利益,已将河南省《残疾人保障法》修订为《河南省实施〈中华人民共和国残疾人保障法〉办法》。总体布局残疾人工作,并从健康、教育、就业、社会生活等方面维护残疾人的利益。该办法要求,各级人民政府应当加强对残疾人事业的领导。县级以上人民政府负责残疾人工作的机构,负责组织、协调、指导、督促有关部门做好残疾人工作,研究解决残疾人工作中的重大问题,协调、督促、检查《残疾人保障法》和本办法的贯彻实施。同时要求各级人民政府应当将残疾人事业纳入国民经济和社会发展规划,纳入决策目标、执行责任和考核监督体系,建立稳定的经费保障机制,经费列入本级财政预算，安排康复、就业、教育、维权、扶贫、文体等专项经费，并随着经济和社会的发展逐年增加。

在健康方面，县级以上人民政府加强对残疾预防工作的领导，组织有关部门宣传、普及母婴保健和残疾预防的知识，建立健全出生缺陷预防和早期发现、早期治疗机制，针对遗传、疾病、药物、事故、灾害、环境污染和其他致残因素，采取有效措施，预防和控制残疾的发生。

在教育方面，教育部门、家庭和社会积极采取措施，使具有学习能力的适龄残疾儿童、少年受到规定年限的义务教育。各级人民政府对接受义务教育的残疾适龄儿童、少年和贫困残疾人的子女，补助寄宿生活费等费用；逐步实施残疾学生中等职业教育和普通高中免费教育。对接受非义务教育的残疾学生和贫困残疾人的子女，通过减免学费、提供助学贷款和特殊困难补助、组织勤工助学等形式，保障其完成学业。省辖市至少建有一所达到国家标准的综合性特殊教育学校，县（市）根据需要建立特殊教育学校。

在就业方面，政府有关部门设立的公共就业服务机构，应当为残疾人免费提供就业服务。残疾人联合会举办的残疾人就业服务机构，应当组织开展免费的就业失业登记、职业指导、职业介绍和职业培训，为残疾人就业和用人单位招用残疾人提供服务和帮助。各级人民政府举办残疾人福利企业、盲人按摩机构和其他福利性单位，集中安排残疾人就业。

在社会生活方面，新建、改建、扩建建筑物、道路、交通设施等，应当严格按照国家相关规范标准和要求，与无障碍设施同步设计、同步施工、同步验收。对已建成未达到无障碍建设要求的，应当逐步进行无障碍改造。优先推进与残疾人日常工作、生活密切相关的公共服务设施的无障碍改造。逐步推进小城镇、农村地区无障碍设施建设和改造。

二、"洛宁模式"经验总结

2010年6月，河南省洛宁县被定为中国儿童福利示范项目的项目点。近三年来，洛宁县全力构建了政府主导、民政牵头、部门协同、社会力量广泛参与的困境儿童救助模式，堪称"洛宁模式"。该模式的特点是有着组织网络化、服务专业化、保障制度化的困境儿童福利体系，以及助养、助困、助医、助学、助业"五位一体"的儿童福利工作机制。此外，洛宁县还在18个乡（镇）依托民政所建立了困境儿童救助站，在每个行政村设立儿童福利主任职位，由此建立了县、乡、村三级儿童福利工作队伍。

项目启动后，洛宁县儿童事业取得了显著的成果，洛宁县形成了"五位一体"的儿童救助体系，将儿童福利工作从困境儿童救助向全县儿童福利普惠层面拓展。另外，洛宁县还搭建儿童福利项目平台，积极与国内外儿童福利事业前沿组织合作。2014年年初，洛宁县通过与瑞士银行基金会、儿童乐益会、北京师范大学等单位合作，联合开展针对未成年人的保护工作，在洛宁建立起了中国首个县一级的"儿童福利和儿童保护示范区"。该项目计划通过三年的实施，总结出可复制的针对儿童保护机制和协作体系，填补国内儿童保护领域的空白。

该项目主要从以下方面实施。第一，依托县乡村三级网络结构，采取实地入户调查，摸清每家每户儿童的情况，建立儿童信息数据库。第二，开展宣传工作，发放宣传手册和宣传单页，利用墙体标语、电视屏幕滚动标语、出租车车身标语等，宣传儿童保护，让老百姓认识、了解儿童保护的重要性与意义。第三，邀请北京高校教师、北京青少年法律援助与研究中心的专家对县医院、法院、人民法院、检察院的工作人员进行培训，设置福利主任，明晰各乡镇民政工作人员及各个科室的职责，架构出儿童保护项目的清晰框架。第四，全面面向县儿童开通24小时儿童保护热线，及时保障儿童的权益免受伤害。第五，建立相关部门针对儿童问题的发现、报告、响应、联动机制。第六，提升儿童福利中心的职能，在保护儿童福利的基础上，建立儿童庇护中心，争取使全县儿童获得福利。

通过儿童福利示范项目建立的合作平台，洛宁县的儿童福利事业有了长足的发展，洛宁县委县政府及民政局希望在此基础上继续努力，通过儿童保护项目推动全县儿童及其监护人了解基本儿童保护知识，形成儿童保护防患于未然，及时发现，有效干预，科学解决的良好局面。

三、存在的问题

(一) 国家、社会、家庭各自的责任有待理顺

儿童福利和保护是国家、社会、家庭不可推卸的责任。洛宁县儿童福利院提出家庭是孩子最大的福利，《中国妇女报》提出国家应该承担儿童保护的主要责任，同时政府又提倡儿童保护应鼓励社会力量积极参与。当前儿童福利和保护的确存在国家、社会、家庭责任不清的情况。有的家庭意识不到儿童保护的重要性，以及不清楚作为家长该怎样履行保护孩子的责任；国家的责任一直体现在经济帮扶上，救助缺乏长效机制，并且不能覆盖所有的儿童；社会力量缺乏进入渠道或者没有充分的资金和人力投入。河南有孤儿4万到5万人，人数多。困境儿童制度做不好，会助长只生不养的风气。家庭是基础，国家是保障，社会是补充。父母长期打工，孩子不能跟随父母，享受不到其他优惠政策，很多现实问题和基本需求满足不了，服务更加谈不上。

(二) 儿童福利和保护工作碎片化

提及儿童福利和保护，民政、财政、公安局、教育局、共青团、妇联、关工委、卫计委等部门都能说出自己的努力与贡献，可是各个部门你一拳我一拳，各自按照自己的工作计划和能调动的资源制定相应的制度与政策，各个部门之间未能形成合力，影响到这项工作的成效；另外每个部门内部也存在工作职责划分不明的情况，工作内容不清，工作程序模糊等，也使得儿童福利和保护工作的效果大打折扣。

(三) 福利和保护队伍建设经费不足

福利和保护队伍建设经费不足主要体现在两个方面：一是没有足够的资金筹建致力于儿童保护的社会组织；二是已有的社会组织或者机构的工作人员工资水平低，难以留住人才。福利和保护机构设施建

设不健全,保护未成年人的机构不到10家,人员队伍需要加强,经费缺口大,救助人员严重不足,大的机构有五六人,小的机构有一两人;基础设施严重不足,已有的设施服务功能不完善,用于救助流浪乞讨儿童的材料不足。

以洛宁县为例,洛宁县还没有社会组织,政府正在准备筹建,可是因为人才匮乏,无法成立。

(四) 居家残疾儿童福利和保护水平低

河南省0~6岁儿童残疾现患率为1.79%,其中57.34%为男性残疾儿童,37.44%儿童患多重残疾,14.79%接受了教育,智力残疾占44.72%,言语残疾占23.91%,肢体残疾占13.35%;致残原因主要有原因不明、发育异常、新生儿窒息、早产、产伤、遗传、药物等因素;83.85%未接受任何服务或扶助,81.68%需要医疗救助。

(五) 流动儿童教育问题

外来务工子女就读,只要达到五证齐全都可以入学,只要有小学和初中学籍就能报考郑州的高中。40%的学校接受外来子女就读,并保证他们的平等教育,与当地的学生混合编班,同等条件。现在的主要问题是因为对外来务工子女开放就读,导致本地教育资源紧张。有的家长为了孩子上学而来郑州打工。教师工资、日常软硬件费、设施维护等都没有着落,而且班级学生多,教学质量下降。

(六) 儿童福利和保护覆盖面窄

河南省儿童保护类型有流动儿童、留守儿童、困境家庭儿童、流浪儿童、孤儿,这是做得较好的、能查出工作成效来说明的几类儿童。儿童救助工作未能做到全面覆盖,例如普通儿童、服刑人员子女、事实无人抚养的孤儿,虽然在一些政策文件中有所涉及,但是因为种种原因,这些儿童未能被纳入救助体系中。

四、完善儿童福利和保护政策的建议

基于儿童福利和保护政策的目标框架和我国现行儿童福利和保护政策存在的问题,我们建议从以下几个方面完善儿童福利和保护政策：

（1）加大儿童最低生活保障资金投入，将儿童最低生活保障金标准提高到基本生活费水平。同时，取消孤儿基本生活费和农村五保儿童部分拨款，将其并入儿童最低生活保障。

（2）建立儿童照料津贴制度并确保财政资金支持。从制度上明确不同类型家庭儿童照料津贴的标准，由社工对儿童家庭进行实际评估后提出要求。津贴可以向儿童家庭直接支付，也可以用于资助儿童家庭从市场上购买居家照顾服务。

（3）支持建立独立的儿童医疗保险制度。重点是支持低保儿童参保，其他类型家庭可以考虑政府与儿童家庭各出50%的做法（具体需要进一步测算）。另外，提高大病医疗保险中儿童报销比例。

（4）改革财政拨款方式，儿童教育救助和临时救助都要从限额拨款向实拨资金转变。这两项救助款之所以主要采取限额拨款是因为救助标准不明确，地方政府会利用信息优势而出现道德风险。所以，要实现从限额拨款向实拨资金转变的前提，一是要明确儿童教育救助和儿童临时救助的资格条件和标准，二是要建立健全儿童福利递送体系，由专业的人员负责做出评估和决定。

（5）加大财政投入，重点支持儿童福利递送体系建设。我国大部分儿童救助政策都由政府机构或准政府机构执行。这样做的问题是：①救助对象的需求不能得到及时、准确反映，救助政策会出现和救助需求之间的脱节；②救助方式单一，不能满足困境儿童多样化的需求，不能通过根据儿童的实际情况制定综合方案解决其问题；③救助力量有限，救助专业性不够。

第八章　西部地区儿童福利与保护改革试点

近年来，儿童受到伤害案件不时见诸报端并引起社会强烈反响。除此之外，儿童受到虐待和被忽视，有的儿童因监护权缺失或者监护人履行权利不力而陷入困境，流浪儿童、留守儿童和流动儿童等都是我国迫切需要解决的问题。这些问题凸显为我国在儿童保护和儿童福利领域的制度缺失和机制缺失，中国儿童福利和保护体系亟待完善。完善中国儿童福利和保护机制是一个系统工程，它需要制度创新、体制建设、机构培育、人才队伍建设，而财政政策的调整和完善则是其中基础性和关键性的一环。完善相关财政政策不仅是适应制度创新的需要，更要发挥引导制度创新的作用。自2010年以来，财政部明显加大对儿童福利和保护事业的投入，但是财政对于困境儿童的补助应该进一步扩展到哪些人群，补助的条件和标准是什么，如何实现儿童保护财政政策的规范化、常态化，这是本项课题研究目的所在。

2015年6月28日—2015年7月1日，本调查组赴成都市进行调研。调研走访了成都市财政局、成都市民政局、成都市儿童福利院、成都市未成年人救助保护中心、仁寿县未成年人救助保护中心，分别对各部门的相关情况进行走访了解和观察，并对各个部门的相关人员进行了半结构式访谈。访谈的形式主要是个案访谈和焦点小组访谈法。本项目组通过实地观察、访谈等方式收集了大量的一手资料，对成都市以及仁寿县的儿童救助保护工作情况有了深入的掌握，在调研基础上，项目组也明确了当前困境儿童救助保护工作的困境所在，并就此提出了相应的建议。

第一节 成都市儿童福利与改革试点

一、成都市困境儿童的现状特点

困境儿童家庭的共性是：第一，绝大多数家长文化程度低、缺乏技术、观念保守、思想落后，导致家庭经济困难，生活难以保障。第二，家庭教育与学校教育相脱节，家庭教育跟不上，好多残缺家庭对儿童缺少关爱。在这样的环境中成长的儿童在生活上缺关照，情感上缺关爱，心理上缺疏导，行为上缺规范，家庭上缺教育，安全上缺保障。在这些缺失中，尤其以情感缺失问题最为严重。因为长期缺乏亲情关爱，导致一系列的譬如情绪消极，性格孤僻偏执，多愁善感，法律、道德意识淡薄，行为习惯较差，人身安全没有保障，极易受伤害等问题，严重的会受社会不良行为的引诱，走上歧途，最终导致违法犯罪。

二、成都市儿童社会福利和保护体系的政策规划

成都市的未成年人福利和保护工作一直处于领先水平，在民政部下发《民政部关于开展未成年人社会保护试点工作的通知》后，引起了成都市政府、财政部以及民政部等相关单位的重视，更加大了对困境儿童救助工作的开展力度和范围。

成都市政府、民政局等相关部门坚持教育优先、儿童优先原则，以健康和教育为重点，以困难家庭为主要扶持对象，加大统筹协调、资源整合和推进发展力度，实行政府直接提供服务和向社会力量购买服务相结合的工作机制，切实保障贫困地区儿童生存和发展权益，实现政府、家庭和社会对贫困地区儿童健康成长的全程关怀和全面保障。

在四川省贯彻落实《国家贫困地区儿童发展规划（2014—2020年）》实施方案的文件中，我们可以看到，成都市将从"新生儿出生健康""儿童营养改善""儿童医疗卫生保健""儿童教育保障""特

殊困难儿童教育和关爱"这几个方面,努力实现困境儿童福利和保护体系的完善。从补缺型的社会福利制度逐渐走向适度普惠型方向。具体的要求和做法如下:

(一) 新生儿出生健康

(1) 加大出生缺陷综合防治力度。推行一级防治措施,减少出生缺陷发生。广泛开展出生缺陷防治社会宣传和健康教育。实施自愿免费婚前医学检查项目,婚检率达到60%以上。规范孕前咨询和孕前、孕早期医疗保健服务,实现免费孕前优生健康检查项目城乡全覆盖。实施农村育龄妇女孕前和孕早期免费增补叶酸项目,预防神经管缺陷。落实二级防治措施,提高孕期胎儿缺陷发现率。建立健全产前筛查和诊断服务网络,逐步实现怀孕妇女孕20周前自愿接受至少1次产前筛查服务。加强三级防治措施,减少先天残疾发生。规范开展新生儿疾病筛查,健全新生儿遗传代谢性疾病和听力障碍筛查网络,逐步扩大新生儿疾病筛查病种,新生儿先天性甲状腺功能减低症、苯丙酮尿症筛查率均达到80%以上,新生儿听力筛查率达到60%以上。严重多发致残的出生缺陷发生率逐步下降。加强确诊病例的治疗和干预,提高确诊病例治疗率。

(2) 加强孕产妇营养管理。加强产前随访,开展孕早期个人卫生、心理和营养保健指导。做好孕妇健康状况评估,为孕前、孕产期和哺乳期妇女等重点人群提供有针对性的营养指导,合理补充营养素,预防和治疗孕产妇贫血等疾病,降低孕产妇中、重度贫血患病率,减少低出生体重的发生。积极运用中医药(民族医药)方法,发挥在饮食起居、情志调摄、食疗药膳、产后康复等方面的健康促进作用。

(3) 加强孕产妇和新生儿健康管理。规范开展孕期、产褥期、哺乳期保健服务。加强孕期健康管理和产前筛查、诊断的宣传告知,加强高危孕妇的识别与管理、早产儿的预防与干预。规范落实国家基本公共卫生服务项目中的孕产妇健康管理,城乡基层医疗卫生机构为孕12周前孕妇建立《孕产妇保健手册》,辖区内居住的孕产妇(包括流动人口）健康管理率达到85%以上；提高流动人口中的儿童健康管理率，辖区3岁以下儿童系统管理率和7岁以下儿童健康管理率均达到80%以上，降低流动人口中婴儿和5岁以下儿童死亡率。继续实施农村孕产妇住院分娩补助项目，做好与新型农村合作医疗和医疗救助制度的有效衔接。加大贫困地区孕产妇住院分娩保障力度，建立危重孕产妇和新生儿急救绿色通道及网络，配备孕产妇急救设施设备，强化产儿科规范化建设，农村孕产妇住院分娩率达到95%以上（民族县达到85%以上）。大力实施预防艾滋病母婴传播项目，为感染孕产妇及所生婴儿提供规范的干预和治疗，孕产妇艾滋病抗体检测率达到90%以上，感染艾滋病孕产妇及所生儿童抗病毒药物应用比例均达到85%以上。

（4）加强优生优育宣传教育。发挥舆论导向和科普教育的作用，通过广播电视、移动通信、网络平台、公益广告、集中教育等多种方式，把"婚育新风进万家活动""关爱女孩行动"与"新农村新家庭计划"等宣传活动紧密结合，利用人口与健康文化基地、文化园、文化大院等基层阵地，开展丰富多彩、形式多样的宣传活动。宣传优生、优育、优教等新型婚育观念。进一步普及家庭文明、家庭健康、家庭和谐的科学知识，倡导新的生活理念和婚育观念。结合基本公共卫生和计划生育服务，针对贫困地区儿童发展特点，设计开发优生优育等方面的出版物和宣传品。通过现场专题讲座、远程教育和多媒体专题辅导等方式，向育龄群众和孕产妇传授优生优育专业知识。残联、卫生计生部门共同组织开展残疾预防宣传活动。

（二）儿童营养改善

（1）改善婴幼儿营养状况。加强母乳喂养宣传及相关知识培训，强化爱婴医院创建与管理，促进母乳喂养，0~6个月婴儿纯母乳喂养率达到70%以上；开展科学喂养与营养素补充指导，促进合理添加辅食，预防和治疗营养不良、贫血等儿童营养性疾病。扩大四川省贫困地区困难家庭婴幼儿营养改善项目，以低保家庭、低保边缘家庭为重点，为贫困地区6~24个月龄婴幼儿补充辅食营养补充品，预防儿童营养不良和贫血，并逐步实现全省国家集中连片特殊困难地区县全覆盖。

（2）完善农村义务教育学生营养改善工作机制。认真贯彻落实《四川省人民政府办公厅关于建立健全农村义务教育学生营养改善计划长效保障机制的通知》（川办函〔2013〕157号）精神，进一步落实农村义务教育学生营养改善计划管理责任和配套政策。切实加强资金保障和使用管理，充分发挥资金使用效益。加强食品安全管理，健全食品安全保障和校园食品企业准入、退出机制，完善食品安全事故应急预案。加快食堂建设步伐，全面向食堂供餐模式转变。统筹农村中小学校舍建设相关项目和资金，将学校食堂列为重点建设内容，使其达到餐饮服务许可的标准和要求。

（3）提高儿童营养改善保障能力。建立儿童营养健康状况监测评估制度；提高全省参与农村营养监测工作人员的技术水平，加强对各级妇幼保健机构、计划生育服务机构、疾病预防控制机构和基层医疗卫生机构人员的营养改善技能培训，提高预防儿童营养性疾病指导能力。各级教育行政部门要加强对中小学生幼儿园教师及食堂从业人员的青少年膳食营养知识培训；中小学校要按照《中小学健康教育指导纲要》对学生开展营养知识宣传教育，并利用家长会、致家长一封信等向家长宣传青少年膳食营养知识，引导学生及其家庭形成健康饮食习惯。

（三）儿童医疗卫生保健

（1）完善儿童健康检查制度。推进儿童保健规范化门诊和儿童医疗保健科室建设，落实国家基本公共卫生服务项目中0~6岁儿童健康管理服务，广泛开展新生儿保健、生长发育监测、营养与喂养指导、早期综合发展、心理行为发育评估与指导等服务。对儿童生理状况、营养状况和常见病进行常规检查，建立儿童体检档案，定期对身高、体重、贫血状况等进行监测分析。将入学前儿童健康体检纳入基本公共卫生服务，由基层医疗卫生机构免费提供。各级教育部门要主动配合卫生计生部门督促当地义务教育学校对在校学生按中小学生健康检查基本标准进行体检,所需费用纳入学校公用经费开支范围。承担体检任务的医疗机构应对体检结果进行分析评估,提出干预措施,向当地教育行政部门和学校通报。学校应将学生的体检结果和健康干预措施告知家长,形成学校、家长共同关心青少年学生健康成长的工作机制。

(2)加强儿童疾病预防控制。建立健全免疫规划服务网络,做好常规接种工作。严格按照国家规范,加大预防接种工作力度,每年保证至少提供6次常规免疫服务,常规免疫接种率维持在90%以上,努力提高及时接种率。指导并确保托幼机构、小学及预防接种点开展预防接种证查验和补证、补种工作。落实碘缺乏病、地方性氟中毒、大骨节病防治措施,控制地方病对儿童的危害。加强新生儿健康和儿童疾病预防服务,加强儿童视力、听力和口腔保健工作,预防和控制视力不良、听力损失、龋齿等疾病发生。

(3)提高儿童基本医疗保障水平。完善新型农村合作医疗制度,通过全体农民参合登记等措施,使制度覆盖全体农村儿童。全面推进农村居民大病保险,逐步提高农村儿童大病保障水平。完善医疗救助制度,加大农村儿童医疗救助力度,做好与大病保险制度、疾病应急救助制度的衔接。

(4)加强儿童医疗卫生服务能力建设。落实《四川省人民政府关于进一步加强妇幼卫生工作的决定》(川府发〔2008〕13号),确保每个行政区域(省、市、县)设立1所政府举办的妇幼保健机构。按照《四川省医疗卫生服务体系规划(2015—2020年)》,加强妇幼保健机构、妇产医院、儿童医院、综合性医院妇产科、儿科和计划生育服务体系建设,健全妇幼卫生服务网络。提高基层医疗卫生机构孕产期保健、儿童保健、儿童常见病诊治、现场急救、危急重症患儿救治和转诊能力。健全孕产妇、新生儿医疗急救网络,在民族乡(镇)建立孕妇待产点,完善基本设备,提高农村危重孕产妇和新生儿转运及急救能力,降低孕产妇和新生儿死亡率。规范儿童保健和儿科诊疗行为,推广儿童疾病综合管理等适宜技术,降低新生儿窒息、肺炎和先天性心脏病等的死亡率。做好儿童早期发展示范基地建设,发展儿童早期服务。寄宿制学校或600人以上非寄宿制学校要设立卫生室（保健室），配备人员器材。县级人民政府要建立健全学校突发公共卫生事件应急管理机制。市（州）、县（市、区）疾控机构要定期对学校传染病防控工作进行指导。

（5）保障学生饮水安全和学校环境卫生。将农村学校师生饮水问题纳入"十三五"农村饮水安全提质增效规划，统筹考虑和优先解决集中连片特殊困难地区农村学校师生饮水问题。对无法接入公共供水管网的学校，就近寻找安全水源或实行自备水井供水。学校要主动配合当地卫生疾控部门开展学校饮用水监测工作。定期进行饮用水消毒，保障水质达标。加强农村学校卫生厕所、浴室等生活设施建设，为学生提供健康生活环境，加强中小学生卫生防病知识和行为习惯教育，从小培养文明生活习惯。

（6）加强体育和心理健康教育。加强学校体育设施建设和体育器材配备，在基层公共体育设施建设中统筹规划学校体育设施。切实加强学校体育工作，开齐开足上好体育课，严格落实每天锻炼1小时的要求，大力开展符合农村特点的体育活动和群众性体育项目竞赛。建立健全儿童心理健康教育制度，重点加强对留守儿童和孤儿、残疾儿童、自闭症儿童的心理辅导。加强班主任和专业教师心理健康教育能力建设，使每一所学校都有专职或兼职的心理健康教育教师。结合每周1课时的"少先队活动"课，有针对性地精选与贫困地区儿童学习、生活经验密切相关的教育内容，采取儿童易于接受的方式，组织开展丰富多彩的实践性、体育性活动，进行心理健康教育辅导。在农村义务教育学校教师特设岗位计划和中小学教师国家级培训计划中加大对体育和心理健康教育骨干教师的补充和培训力度。

（四）儿童教育保障

（1）开展婴幼儿早期保教。依托幼儿园、早教中心和农村支教点，为3岁以下儿童及其家庭提供早期保育和教育指导服务。坚持公益性的办学方向，建立公共财政支持、社会参与、家庭合理分担成本的早期教育成本分担机制。采取多种形式宣传普及早期保教知识，鼓励媒体开办公益性早教节目（栏目）。建立城乡幼儿园对口帮扶机制，组织专家和有经验的志愿者到边远贫困地区开展科学的早教服务。

（2）推进学前教育。建立健全多渠道学前教育经费筹措机制，加大对集中连片特困地区的倾斜力度。运用多种方式引导、鼓励和支持扩大贫困地区普惠性学前教育资源，通过学前教育三年行动计划和学前教育发展专项资金支持集中连片特困地区改扩建公办幼儿园、改善办园条件，在乡村和城乡接合部新建幼儿园等。原则上每个乡镇（5000人以上）要建设1所独立设置的公办幼儿园；通过政府购买服务、奖补等方式支持集中连片特困地区普惠性民办幼儿园发展，由民办幼儿园统筹用于改善办园条件、购置玩教具、支付租金、改善教师待遇、开展教师培训等；根据当地实际，充分考虑适龄儿童入园需求和服务半径，依托乡镇中心小学或村小学举办附属幼儿园（班）或村级幼教点，使贫困地区适龄儿童能够享有公平的学前教育机会。支持鼓励城市学前教育机构将优质教育资源往贫困地区延伸，独立或联合设立幼儿园。各地可根据实际聘任优秀的幼儿园退休教师到教师资源短缺的贫困地区任教或开展巡回支教活动；在有需要的民族地区加强学前双语教育，切实提升学前双语教育教学水平和质量。进一步完善学前教育资助制度，对家庭经济困难儿童、孤儿和残疾儿童接受普惠性学前教育实施保教费减免政策。

（3）办好农村义务教育。按照国家统一部署，进一步提高农村义务教育学校生均预算内公用经费标准，继续对集中连片特困地区义务教育薄弱学校改善办学条件予以倾斜。通过农村义务教育经费保障机制、农村义务教育"全面改薄"、第二个"民族地区教育发展十年行动计划"、教师周转房和乡村教师生活补助等教育民生政策、工程，深入推进标准化建设，全面改善贫困地区中小学办学条件和教师生活环境，促进义务教育均衡发展。进一步规范农村义务教育学校布局调整，科学规划农村各级各类学校和教学点。配齐必要的教学实验仪器设备和器材，优先解决农村留守儿童必要的活动器材。重点化解义务教育学校大班额，2018年前基本消除56人以上的大班额。实行城乡统一的中小学教职工编制标准，对贫困地区适当倾斜。大力实施农村义务教育教师特设岗位计划，逐步配齐配足教师。逐步扩大省级免费师范生培养计划实施范围，努力实现贫困地区全覆盖。加强贫困地区教师培养培训，在职称评审、表彰奖励等方面向贫困地区教师倾斜。积极开展增加贫困地区学校教师绩效工资总量试点，切实落实农村教师生活补助和特教教师岗位津贴。

（4）推进农村学校信息化建设。大力推进贫困地区中小学宽带网络校校通、优质资源班班通、网络学习空间人人通。按照"保基本、补短板"的原则，积极加强贫困地区学校的教育信息化基础设施建设，提高贫困地区教育发展水平。将校内信息基础设施建设列入学校新建、改扩建和薄弱学校改造等项目建设内容。依托国家级培训项目和各类平台，加强教师信息技术应用能力培训，充分利用四川省数字教育资源公共服务平台，共享优质数字教育资源，提升农村学校教育教学质量。

（5）保障学生安全成长。将贫困地区学校的人防、物防、技防纳入学校标准化建设。继续推进以"课程教育为主、活动教育为辅"的安全教育制度，加强和改进边远地区、贫困地区的中小学校"生活·生命与安全"课程教育工作，抓好生命课程教育和学生青春期教育工作，加强防溺水、防震减灾、食品卫生、消防、交通等安全知识宣传。完善学校安全管理制度，开展隐患排查整治。按照"党政同责，一岗双责"和《中小学校岗位安全工作指南》的要求，进一步落实安全责任。寄宿制学校要按要求配备生活管理教师和宿管人员，执行24小时不间断的领导带班、教师值班制度。建立和完善应急信息通报报告制度。切实加强反恐防暴等应急管理工作，进一步完善相应的应急预案，认真做好应急演练。加强校园周边地区巡逻防控，做好农村贫困地区中小学上下学重点时段、校园周边重点地段的护导工作。

（五）特殊困难儿童教育和关爱

（1）完善特殊困难儿童福利制度。实施县级儿童福利机构建设"蓝天计划"二期规划。到2020年，建立健全城乡一体化、保障制度化、组织网络化、服务专业化、惠及所有特殊困难儿童的福利制度和服务体系。逐步建立困境儿童分类保障制度,将重残、重病、事实无人抚养儿童等困境儿童优先纳入儿童福利保障范围,适时扩大到服刑人员未成年子女、吸毒家庭子女等困境儿童群体。全面落实孤儿及艾滋病感染儿童基本生活保障,依法保护孤儿的合法权益。逐步建立重病重残儿童医疗康复补贴制度和收养寄养机构内残疾儿童家庭补助制度。为0~6岁残疾儿童免费提供手术、康复服务、适配辅助器具,并形成制度。保证适龄孤残儿童进入相应的学校就读,将义务教育阶段的孤残寄宿生全面纳入生活补助范围。全省每个市(州)、县(市、区)都建成1个残疾人服务中心,为残疾儿童提供康复服务。

(2)保证残疾儿童受教育权利。按照中央统一部署,将所有残疾学生纳入城乡义务教育"三免一补"政策覆盖范围。进一步提高特殊教育学校生均公用经费标准。按实际需求配足配齐特殊教育专业教师,落实特殊教育教师倾斜政策,进一步提高工资待遇水平。加强特殊教育教师培养培训,提高专业化水平。残联、教育行政部门要加强沟通,共同研究制定残疾儿童随班就读、特校就读、送教上门等帮扶方案,确保到2016年,基本普及残疾儿童少年义务教育,视力、听力、智力残疾儿童少年义务教育入学率达到90%以上。学校和医疗机构要相互配合推进医教结合,实施有针对性的教育、康复和保健。鼓励有条件的儿童福利机构和康复机构兴办特殊教育学校和特教班,落实儿童福利机构和康复机构特殊教育教师的相应待遇。

(3)完善儿童社会保护服务体系。发挥现有流浪未成年人救助保护制度的作用,探索建立未成年人社会保护"监测预防、发现报告、帮扶干预"联动反应机制,推动建立"以家庭监护为基础、社会监督为保障、国家监护为补充"的监护制度。深入推进未成年人社会保护试点工作,完善"市、县、乡镇(街道)、村(居)"四级联动机制,建立纵向到底、横向到边、覆盖城乡的未成年人社会保护网络。发挥福利和保护机构在未成年人社会保护中的工作平台和服务载体作用,切实帮助解决困境未成年人生活、监护、教育、发展等问题。积极引导社会力量,参与未成年人具体服务工作,构建"家庭、社会、政府"三位一体的未成年人社会保护工作格局。加大劳动保障监察执法力度，提高全社会保护儿童身心健康的法律意识，依法查处使用童工等违法行为。

（4）健全留守儿童关爱服务体系。加强农村寄宿制学校建设，优先满足留守学生就学、生活和安全需要，加强留守儿童之家建设，引导留守儿童开展健康有益、积极向上的活动。着力提高留守学生教育管理水平。鼓励教师对学习和生活困难的留守学生进行帮扶。把留守学生档案全面纳入现有的全国中小学生学籍信息管理系统进行管理，切实抓好对留守学生的控辍保学工作。加强宣传引导，强化父母和其他监护人的监护责任并提高其监护能力。对家长和临时监护人开展子女教育、监护方面的宣传培训。切实保障进城务工人员随迁子女在流入地平等接受义务教育的权利，进一步简化入学手续。关注留守儿童健康问题，通过巡诊、义诊及基本公共卫生服务进乡镇、进农村等进行有效干预。加强关爱服务体系和关爱服务阵地建设，组织乡村干部和农村党员对留守儿童进行结对帮扶。推动"手拉手"结对互助等活动，通过社会捐赠、城乡学校结对捐赠等方式，为贫困地区学校捐建一批"红领巾书屋""少先队队室"，推荐一批优秀的少年儿童图书作品，为贫困地区广大少年儿童提供更为广泛、优质的阅读资源和阅读渠道。

三、成都市困境儿童福利和保护工作实地开展情况

（一）成都市未成年人救助保护中心和成都市救助管理站

成都市救助管理站成立于 2000 年 10 月，早在 2007 年就更名为未成年人救助保护中心（以下简称"中心"）。中心与成都市救助管理站为一个单位两块牌子，是成都市民政局下属的全额拨款事业单位。除公用部门外（如办公室、总务科、财务科、业务科等），中心还下设有儿童保护科、儿童教育科。儿童保护科主要负责流浪未成年人的生活起居、日常安全、查询查证。儿童教育科主要负责流浪未成年人的非正规教育、心理干预、行为矫治、回归安置。

中心的工作主要分为两部分：第一部分是继续中心原有对流浪人

员的救助和保护；另一部分是结合开展试点的要求，进行探索型的困境未成年人的保护。困境未成年人包括流浪、残疾、重病、低保边缘、服刑人员子女、轻微犯罪未成年人。这项工作已在部分区县展开。希望形成由政府牵头、民政提供技术支持、枢纽型的社会组织参与来共同搭建未成年人社会福利和保护体系。截止到调查日期，困境儿童的监测评估和排查的动态化管理已经初步完成，配套的服务也在有条不紊地进行中。服务的开展，一部分由中心自己完成，另一部分通过社会公开招标，寻找合适的社会机构和组织来实现。即便是公开招标，中心仍然需要承担对项目的监管等职责，才能确保项目的成效。

中心的临时救助对象为6~18周岁的未成年人，对他们施以关爱型、人性化救助。普通市民在遇见流浪街头、生活无着、存在临时生存危机，或者有轻微违法行为的未成年人，可拨打110或120对其进行救助。各相关职能部门、各街道办及各社区，均有预防未成年人流浪、为流浪未成年人提供临时救助和护送的职责。救助站年均救助量约为2000人次，为众多处于困境的未成年人提供了及时有效的救助服务。

考虑到流浪未成年人身心发展的需要，中心采用"亦家亦学校"的工作理念。设有寝室、卫生间、浴室、洗衣房、教室、技能培训室、阅览室、音乐室、美工室、心理辅导室、多功能厅等功能房间。使流浪未成年人在中心接受救助期间，不仅享受吃、住、行、医的服务，还能接受以自我保护、法律常识、心理干预、行为矫治等为主题的非正规教育，使流浪未成年人的身心得到健康发展，为他们最终重返家庭和主流社会打下基础。

中心常年同联合国儿童基金会、英国救助儿童会等国际性组织开展与流浪儿童救助保护工作相关的项目合作，接受了大量先进的儿童保护工作理念，将流浪儿童救助保护工作延展到了流出地预防、社区保护网络等部分。

（二）儿童福利院

成都市儿童福利院隶属成都市民政局，是以收养0~18周岁孤儿、弃婴和无家可归的残疾儿童为主要职能，集医疗、康复、特殊教育、护理为一体的省内最大的儿童福利机构。

成都市儿童福利院位于距离市区约15公里的郫县犀浦镇，占地35亩，建筑面积16000平方米，收养的0～18岁困境儿童中90%为残疾儿童，有医务、护理、康复、特教、管理人员200余名。该院根据收养儿童的具体情况，实行集中供养、家庭寄养和模拟双亲家庭抚养三种养育模式。对入院儿童实行养、治、康、教、置相结合的方针，重点拓展困境儿童康复和特教领域，稳步发展家庭寄养，依托"成都市儿童福利指导中心"平台，延伸职能、拓展服务，将该院建设成为功能完善、服务一流的儿童福利机构。

成都市儿童福利院对入院儿童实行养、教、治、康、置相结合的方针，具体表现为健康的学龄儿童全部送到附近中小学校就读，学龄前儿童在本院实施普幼教育，中轻度残疾儿童进行肢体康复训练和特殊教育，重残儿童实施特殊治疗和监护。

成都市儿童福利院实行的家庭寄养和模拟双亲家庭抚养是真正考虑到儿童的实际需求的创新之举。为了让困境儿童重享家庭的温暖，该院于2000年和2004年分别推出家庭寄养和双亲家庭抚育模式，即将院内孩子放入城乡社区家庭抚养或者由招聘的"爸爸妈妈"和八个孩子组成一个模拟家庭。这充分体现了"以人为本"的理念，让孩子拥有人性化和个性化的发展。为他们今后走出福利院，继续健康成长打下良好的基础。

儿童福利院的资金来源较为充足，资金的使用按照专项资金管理办法来使用。

第二节　仁寿县儿童福利与保护改革试点

仁寿县未成年人福利和保护工作涉及部门众多，有财政部、关工委、残联、妇联等部门，除此之外还有占据主导地位的未成年人救助保护中心以及流浪未成年人救助站。各部门充分发挥自身能量，共同救助保护困境儿童。

一、仁寿县财政局的未成年人福利和保护情况

仁寿县将困境儿童救助经费、未成年人福利和保护工作经费、保障学前教育、义务教育和特殊教育的经费都纳入财政预算，并且加大了残疾儿童特殊教育经费的投入。县财政每年设立不低于40万元的特殊教育学校专项经费，每年还安排20%的残疾人就业保障金，支持特殊儿童教育学校开展劳动技能教育。每年安排不低于200万元用于特殊教育学校设施建设。并将散居困境儿童全部纳入政府救助范围，保证他们平等受助权利。2014年县财政共投入3311.32万元用于关爱社会儿童。

（一）民政方面

一是散居孤儿、事实孤儿资金投入。2014年仁寿县散居孤儿和事实孤儿362人。其中城市孤儿10人，标准每人每月834元；农村孤儿228人，标准每人每月678元；事实孤儿124人，标准每人每月300元。总计投入240多万元。

二是民政救助站、未成年人救助中心的资金投入。2014年仁寿县民政救助站由财政投入20万元，用于救助流浪儿童基本生活，未成年人救助中心由财政投入50万元，用于未成年人的安置。

（二）特殊教育方面

一是残疾人学校学生生活补助。2014年仁寿县有残疾儿童154人，每人补助300元，财政投入4.62万元用于学生基本生活补助。

二是修建残疾人学校建设。2014年财政投入200万元用于修建残疾人学校基础设施建设，投入40万元用于特殊教育经费。

（三）教育方面

一是资助学前教育"三儿"（残疾、孤儿、贫困）资金。2014年"三儿"补助标准1000元/人，公办学前教育人均公用经费100元/生，两项财政投入513.3万元。

二是义务教育阶段免作业本费。2014年小学30元/（生·年），初中40元/（生·年）；贫困寄宿生生活补助小学1000元/（生·年），

初中 1250 元／（生·年）。两项财政投入 1653.4 万元。

三是乡村少年宫项目建设资金投入。2014 年一共有 18 个乡村少年宫项目建设。每个项目的经费资助标准是 20 万元，总计投入 360 万元。

（四）其他方面

一是关工委积极向社会争取资金，关爱社会儿童。2014 年社会捐助 179 万元用于救助贫困儿童。

二是团委整合力量帮扶儿童。2014 年团委动态掌握重点青少年 11513 名，动员指导各乡镇团委完善数据台账建设和结对帮扶青少年，通过各种方式帮扶 200 名重点少年，投入资金 11 万元。

三是妇联通过建立一套维权机制，构建两个维权网络来维护儿童权益。

二、仁寿县关工委对未成年人福利和保护情况

仁寿县关工委在中共仁寿县委的领导下，切实发挥关心下一代的组织作用，充分调动"五老"志愿者的积极性，在儿童保护救助中成效显著。

（一）积极争取资金，对贫困儿童进行救助

从 2013 年起，连续三年，通过向社会各界募捐，为眉山市关心下一代基金会筹集资金 250 万元（分别是 90 万元、90 万元、70 万元）。

从 2014 年起，连续两年，眉山市关心下一代基金会安排仁寿县关工委使用资金 229 万元，其中 50 万元由眉山市基金会直接划拨给眉山市团委。仁寿县实际使用 179 万元。除 55 万元用于仁寿县青少年社会实践基地建设外，其余全用于大学新生、高中、初中、小学困难学生的救助。

自关工委建立以来，以关工委名义，广泛发动社会各界爱心人士、爱心企业捐款捐物救助贫困儿童，累计在 50 万元以上。

（二）关爱帮扶"五失"青少年

"五失"（失足、失亲、失管、失学、失业）青少年是社会转型期的特殊弱势群体。仁寿县于2014年10月至11月，对辖区内的"五失"青少年进行摸查，共有980人，其中失足36人，失管230人，失学311人，失业95人，失亲308人。在对这些青少年进行帮扶时，关工委主要采用物质帮扶与心灵抚慰相结合的方式。2015年已经落实帮扶资金25万元，帮助人数为980人。由关工委创建的"青少年谈心站"已经在仁寿县的876个乡镇、村（社区）、学校铺开。谈心站的谈心人员主要由"五老"志愿者、党政干部以及青年志愿者（大学生、青年、民政社工）组成，在物力帮扶的同时，给予"五失"青少年心灵的慰藉和引导。

（三）从源头做起，从苗头抓起开展救助帮扶工作

关工委在全县范围内兴办家长学校、假日学校、青少年谈心站。在仁寿县建立家长学校总校，各学校建立分校共198所。在家长学校的教材中，将儿童保护的法律法规写进去，使家长入脑入心，转化为保护儿童的实际行动。为减少儿童假期不安全事故的发生，关工委在每个乡镇建立"假日学校"，将假日儿童集中起来开展为期30天的活动。从2012年起，连续办学4年，累计20万人次参加学习。当发现个别儿童有问题倾向时，关工委充分发挥"青少年谈心站"，对他们进行谈心，指出问题的危害，教导他们改正错误，做一个优秀儿童。这些工作都在源头上确保儿童权益的保障。

三、仁寿县残疾儿童福利状况

（一）残疾儿童少年基本情况

仁寿县有0~18周岁持证残疾儿童少年1675人，其中视力残疾157人，听力言语残疾213人，肢体残疾590人，智力残疾424人，精神残疾239人，多重残疾52人。从残疾类别分，一级残467人，二级残469人，三级残344人，四级残395人。

(二)"十二五"期间残疾儿童福利建设

仁寿县残疾人联合会作为县妇儿工委成员单位之一，历来高度重视未成年人保护工作，特别是在帮扶救助未成年残疾儿童工作中，针对各类残疾儿童在康复、教育、就业、社会保障等方面的需求，建立维权体制和平台，筹措专项资金，积极维护残疾儿童的权益，通过实施"贫困家庭脑瘫儿童康复救助工程""救助贫困家庭重度听力残疾儿童"项目、"救助智力残疾儿童康复训练"项目，资助残疾学生入学、发放重度残疾人护理费用补贴等，多措并举开展未成年人保护和救助工作。

1. 实施贫困家庭脑瘫儿童康复救助工程

2012年省残联、省卫生厅、省民政厅等10家省级部门联合印发《四川贫困家庭脑瘫儿童康复救助工程实施办法》（川残发〔2012〕1号），在全省为0~12岁具有手术潜力和康复价值的脑瘫儿童开展包括资助康复训练、康复手术及适配辅助器具救助项目。仁寿县残联高度重视，精心组织，周密安排，大力宣传，数次邀请省八一康复中心、市残疾人康复中心的脑瘫儿童专家到仁寿县开展筛查，全面开展贫困家庭脑瘫儿童康复救助工程。

在救助工程开展过程中，大部分脑瘫儿童家庭积极参加筛查、手术、康复。但有一部分家长观念保守、资金欠缺，不愿参加救助工程。县残联在了解到相关情况后，走村入户，逐一走进脑瘫儿童家中，对观念保守有顾虑的家长进行仔细沟通，列举其他孩子在参加康复训练或者手术后的效果；对资金欠缺的家庭，县残联根据相关政策予以救助。同时为减轻脑瘫儿童家庭费用负担，县残联还组织专车送脑瘫儿童到定点医院进行手术、康复等。

"贫困家庭脑瘫儿童康复救助工程"开展三年多来，县残联为每名手术的脑瘫儿童提供20000~30000元的手术费用，为每名康复训练的脑瘫儿童提供8000~10000元的康复费用，为每名适配辅助器具的脑瘫儿童提供1000~5000元的辅具装配费。累计救助260人次，提供救助资金230万元。

2. 实施救助贫困家庭重度听力残疾儿童项目

2012年省残联印发《〈听力语言康复"十二五"实施方案〉四川省实施办法》，为0~7岁有听力障碍的儿童开展康复训练，免费开展儿童听力筛查、耳聋诊断、助听器验配、听力语言康复训练一体化工作。在开展救助贫困家庭重度听力残疾儿童工作中，仁寿县残联高度重视，积极配合，精心组织，周密安排，在全县范围内大力宣传，筛选出一批听障儿童，及时送到眉山市康复中心语训部开展人工电子耳蜗、助听器适配及聋儿语训等救助。对不愿开展语训的家长，县残联及时电话沟通，对电话沟通不成功的逐一入户，为困难家庭垫付语训保证金。"十二五"期间，县残联累计救助68人次，救助资金48万元。植入人工耳蜗的儿童，全面进入普幼普小读书。经过语言康复训练的儿童，部分回归普幼普小，部分继续进入特殊教育学校读书。

3. 开展救助智力残疾儿童康复训练项目

成立机构开展0~7岁智力儿童康复训练，共康复训练42名，补贴康复训练费50.4万元。

4. 资助残疾儿童少年入学

通过与县教育局、县特殊教育学校协作，每年将"资助残疾儿童入学"纳入"民生工程"项目，通过减免在校残疾学生的学杂费，补贴住宿费、生活费，提供临时困难救助，进入特校读书、拼班就读、送教上门等方式，资助残疾儿童少年入学1400人次。每年，从征收的残疾人就业保障金中提取20%支持特殊教育学校发展，投入资金每年达100万余元。

5. 发放重度残疾人护理费用补贴

"发放重度残疾人护理费用补贴"是省市县"民生工程"项目。从2014年1月1日起，对一级重度残疾人按每人每月80元的标准给予护理费用补贴，对二级重度残疾人按每人每月50元的标准给予护理费用补贴。仁寿县受助残疾儿童少年930人，年补贴护理费用72.7万元。

四、仁寿县未成年人救助保护中心试点——"1685"工程模型

民政部于 2013 年 5 月在全国启动未成年人社会保护试点工作，同年 6 月，眉山市确定仁寿县为试点县。2014 年 7 月，民政部将仁寿县纳入全国试点。试点工作开展以来，仁寿县立足现行法律法规政策，结合仁寿县实际，以"实施家庭干预"为工作重点，以"受保护对象是儿童、重点工作对象是家庭"为工作理念，以"预防为主、干预为手段"为工作思路，以"依法保护、预防为主、共同参与、有效干预"为工作原则，创新构建了独具仁寿特色的"1685"工程模型（见图 8-1），建立了困境未成年人的发现、报告、响应、转介、处置、评估、考核等机制（见图 8-2），完善了救助保护工作流程（见图 8-3），成立了政府专门救助保护机构，实现了关口前移、源头预防，试点工作取得初步成效。

（一）"1685"工程模型简介

"1685"工程模型即一个中心搭建关爱平台，六项机制实现关爱长效，八类政策确保关爱到位，五大行动集聚关爱力量。

"一个中心"即依托县救助站设立"仁寿县妇女儿童反家庭暴力救助保护中心"，救助在该县因遭受家庭暴力后暂时无处安身的妇女儿童。

"六项机制"即建立未成年人社区（村委会）救助保护机制、流浪未成年人发现机制、困难未成年人救助帮扶认定审核机制、困境未成年人分类帮扶机制、受伤害未成年人保护机制、流浪未成年人救助分流机制。

"八类政策"即由县关工委、民政局、团县委、妇联、教育局、人社局、残联、司法局等共同落实孤儿扶助政策、留守儿童扶助政策、患重大疾病儿童扶助政策、失（辍）学儿童扶助政策、生活无着儿童扶助政策、不良行为问题儿童扶助政策、残疾儿童扶助政策、服刑人员子女中的未成年人扶助政策。

"五大行动"即深化接送流浪孩子回家专项行动、深化流浪孩子回校园专项行动、深化打拐专项行动、深化异乡关爱行动（对外地来

仁务工人员子女开展关爱行动）、深化结对子帮扶行动，鼓励群众企业、社团等社会各界采取"一对一"的帮扶。

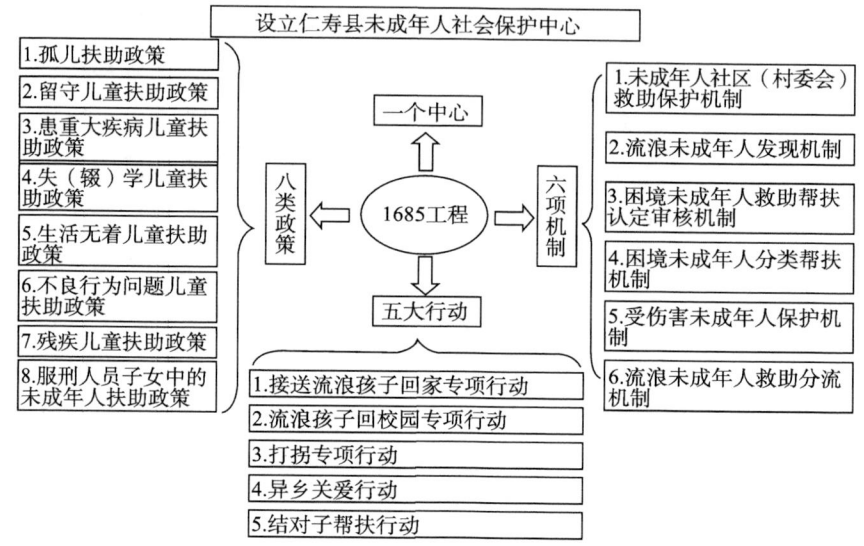

图 8-1　仁寿县未成年人社会保护试点工作"1685 工程"模型图

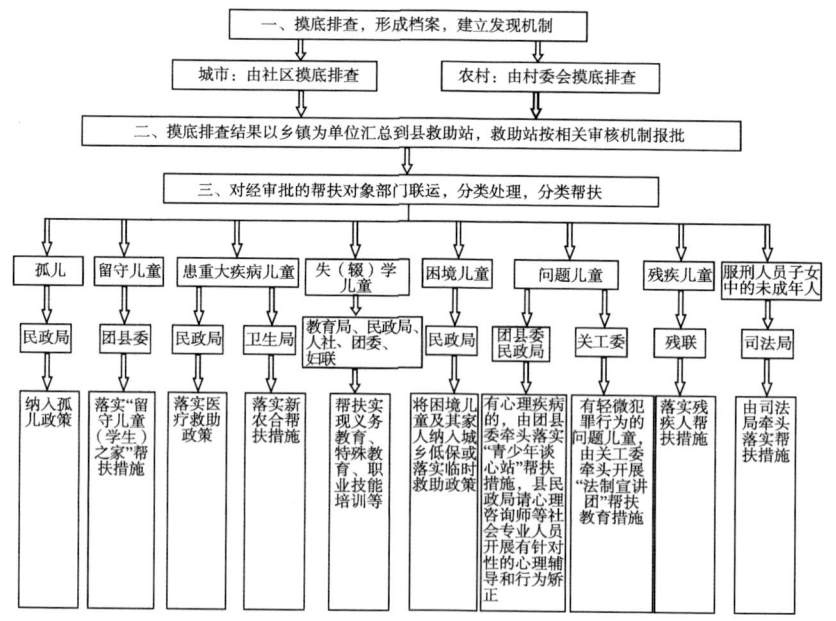

图 8-2　仁寿县未成年人社会保护试点工作部门联动帮扶机制示意图

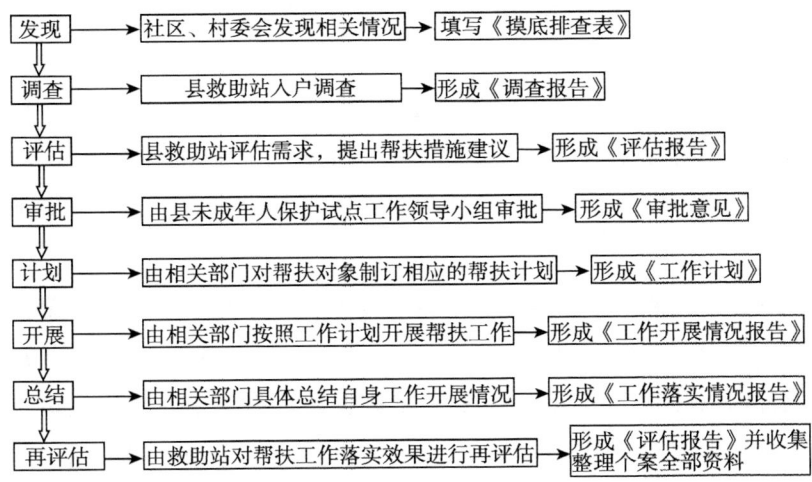

图 8-3　仁寿县未成年人保护试点工作帮扶个案项目化管理示意图

（二）试点的具体工作方法

2013 年 8 月，经仁寿县救助管理工作联席会议讨论研究，并报县未成年人保护试点工作领导小组同意，制订了仁寿县未成年人保护试点四年工作计划，为全县试点工作指明了方向，理清了思路，明确了目标：围绕"政府、社会、家庭"三位一体大社会福利和保护模式，2013 年着重探索实践"政府"责任，明确政府职能部门职责和任务，整合部门资源；2014 年着重探索实践"社会"的责任，强化社会组织和社会力量的高度介入；2015 年着重探索实践"家庭"的责任和义务，实施家庭监护干预；2016 年则全面梳理未成年人保护工作体制机制，总结经验，建立未成年人保护工作长效机制。具体围绕以下四个方面开展工作：

（1）宣传动员，营造氛围。通过报刊、电台、电视台、公开栏、宣传册、会议等传统宣传形式以及网络传媒，广泛宣传未成年人福利和保护的法律法规政策，开通未成年人保护中心 24 小时救助热线电话，取得了社会对未成年人保护的广泛认同。

（2）清理摸排，弄清家底。以政府为主导，动员社会力量，对全县困境未成年人进行摸排，截至 2014 年年底全县共清理摸排困境未成年人 14629 人（动态数据），并将他们按属地管理原则，全部纳入了政府监控体系。

（3）培育社工，专业服务。邀请国际救助儿童会、全国社工师委员会、中国青年政治学院、成都信息工程学院等专家教授对全县各部门、各乡镇未成年人保护工作骨干进行专业培训指导，提升其专业服务能力。

（4）多方配合，真情保护。建立联动机制，由联席会议统筹协调民政、公安、教育、卫生、司法、关工委、团委、妇联、残联等重点职能部门以及社会组织，对 2014 年排查出的全县 14629 名困境未成年人分别实施救助保护或帮扶，其中救助保护流浪乞讨未成年人 135 人次，重点困境未成年人 181 名，其余 14313 名困境未成年人以社区未保委员会、假日学校、家长学校、社区儿童之家、乡村少年宫、青少年谈心站、青少年教育训练基地等为平台，通过部门或社会组织一对一、开展小组活动等形式予以帮扶。2013 年、2014 年、2015 年 1—6 月分别救助流浪未成年人 196 人、135 人、36 人。

（三）取得的成效

（1）架构了一个"平台"。仁寿县未成年人社会保护中心。该中心于 2014 年 5 月经县编委办批准建立，成为全国首批成立的为数不多的试点中心之一，中心由原仁寿县流浪未成年人救助保护中心转型升级而成，中心内功能区分科学规范，设备设施完备完善，服务人员专业敬业，能面向全县困境未成年人提供保护和服务。

（2）构建了一个"机制"。县救助管理联席会议工作机制。该机制有效运行，23 个县级部门分工协作，密切配合，体现了"政府主导、民政牵头、部门配合、社会参与"的原则，实现上下互通，部门联动。

（3）探索了一个"体系"。以家庭监护干预为核心的"政府、社会、家庭"三位一体的大社会福利和保护体系。探索了对监护失当、监护不足、监护缺失的问题家庭的教育转化以及监护权的转移问题，厘清了"政府、社会、家庭"三者及三者间在未成年人保护工作中的责任、权利和义务。

（4）建立了一个"网络"。全县未成年人保护网络。在全县60个乡镇建立了未成年人保护工作领导小组，619个村（社区）、80所学校建立了未成年人保护工作委员会。

（5）开发了一个"系统"。仁寿县未成年人社会保护试点工作数据库管理系统。该系统紧贴工作实际、紧跟工作流程、实行动态化管理。该系统已录入了全县14629名"八类"未成年人的个人信息、家庭信息、生活现状、监护现状、就学现状、困境成因分析、帮扶措施建议等数据，涵盖了动态监控、调配评估、部门转介、帮扶联动等重要工作环节。实现了乡镇政府与未成年人保护中心、部门与未成年人保护中心、乡镇政府与县级各部门之间资源共享和工作的无缝对接。

（6）流浪未成年人逐年减少。自开展未成年人社会保护试点工作以来，引起了各级政府高度重视，增强了社会各界对未成年人福利和保护的意识，采取了强有力的措施，形成了部门合力，开展了有针对性的帮扶工作，促进了流浪未成年人源头预防工作，使仁寿县流浪未成年人数量和现象逐年减少。据数据统计，2012年救助流浪未成年人341人，2013年救助流浪未成年人191人，2014年救助流浪未成年人135人。

（7）困境未成年人得到全方位动态监控。通过摸底排查，将仁寿县处于困境中八类14629名未成年人全部纳入福利和保护工作范围，并对这八类困境未成年人分别建档、动态监控、及时干预、个案救助、分类服务、依法保护。

（8）取得了广泛的社会认同。由于"1685"工程模型颇具规范性和操作性，民政部和四川省民政厅领导分别批示予以肯定，民政部《民政信息参考》第89期和四川省民政厅（川民发〔2013〕203号）文件予以转发。

仁寿县未成年人保护中心在工作中树立大社会救助理念，创新实践"政府、社会、家庭"三位一体救助帮扶模式，初步构筑了综合救助格局，初步探索了未成年人福利和保护体制、机制并积累了宝贵经验，形成了全县未成年人福利和保护部门工作合力，取得了广泛的社会认同。

（四）小结

仁寿县的困境儿童救助工作做得比较全面，尤其是未成年人保护中心试点工作开展得很有特色，部门之间的联动工作做得比较好。除以上各部门外，其他相关部门也都就儿童福利和保护工作出台了相关文件。

五、存在的问题

（一）缺乏稳定的专业化的队伍

困境儿童福利和保护需要的不仅仅是物力援助，更多的是需要针对困境儿童的不同困境特点提供专业的服务，如需要大量的医疗、康复、行政、特殊教育、护理等人员的基础支持。困境儿童长期处于不利的环境，缺乏正常家庭的关爱，在情感和心理需求上都无法得到满足，在现实中容易出现内心封闭，不相信他人，对自己缺乏信心，甚至出现行为孤僻等性格上的缺陷和心理上的障碍，这些特点使得对他们进行救助和保护时，工作人员必须有专业的知识和方法、充足的耐心和爱心。而由于儿童福利和保护的专业化队伍普遍存在工作强度相对较大、工资待遇相对较低、服务对象特殊等特点，工作人员的流动性大，稳定程度低，因此严重缺乏专业化的队伍。

特别是面对困境儿童中的残疾儿童时，如大量的脑瘫、智障、听障、孤独症等儿童的康复训练，必须要有专门机构和人员，但政府部门受编制的限制，难以成立单独的机构，而民间机构因为投入多，收益小，对专业化程度要求高，大都不愿意介入。这个群体的需求十分迫切，但是相对来说，绝对人数少，配套的机构和设施少，特别是农村地区，就没有康复机构。一家中如果有这样的小孩如同遭遇灭顶之灾，因为需要耗费大量的人力、精力、财力，普通家庭是难以承受的，只能放弃为他们康复。

（二）购买服务的风险高，成效难以保证

未成年人保护中心开展福利和保护的一项措施就是通过公开购买

服务来实现。首先,虽然招标看似能筛选出有资质和能力的社会组织,实则不简单。成都市的社会组织和机构数量很多,但侧重于儿童服务的机构很少,能力也是良莠不齐。由于儿童福利和保护是一项特殊的服务,判断这些社会机构是否有能力需要一个长期的接触过程,这些社会机构有没有违法违规也很难知道,这不是通过简单的材料就可以审查出来的。且在资格审查方面,国家也没有出台相应的规章制度,一切都在摸索中前进。因此挑选机构的过程是一个很艰难和复杂的过程。其次,这种通过购买得到服务是有时限的,因此流动性十分大,不利于项目的持续开展和经验的累积。最后,虽然服务已经外包出去了,但对于服务质量的监管仍然需要中心来完成,因此必须有专业的督导机制和准确的评估方法才能安心购买服务,这也是中心仍然欠缺和尚在探索的问题。

(三) 社会公益福利和保护难以形成持续机制

社会公益在儿童福利和保护中多为一次性捐助,没有形成完善的福利系统,难以长期持续,很难保证良好的福利和保护效果。

(四) 困境儿童福利和保护管理机制混乱

困境儿童福利和保护工作牵涉各个部门,包括教育部门、民政部门、残联、妇联等,每个部门各自为政,分头分别开展福利和保护工作,难以形成统一的儿童福利体系。未成年人救助保护中心试点的运行,希望从一定程度上改变这种局面,将困境儿童的保护扩展开来并系统化管理。但在实际的工作中,受行政力量的制约,缺乏强有力的统筹协调能力,也没有权力通过监督、考核、通报、奖励等方式,动员相关部门协调做好工作,因此容易处于十分尴尬的地位。

(五) 法律法规政策不完善

我国有与儿童福利和保护相关的法律法规,但都不成体系,零散出现,且原则性、一般性的法规多,实际可操作性很低。我国保护儿童的法律分散于《刑法》《未成年人保护法》《收养法》《预防未成年人犯罪法》等,相关法律法规在保护儿童权益过程中协调性差,专门保护儿童权益的法律少之又少,也没有一套系统保护儿童权益的专门程序性法律规范，在儿童权益受侵害后不能快速有效地应对。儿童保护的法律制度不但内容很空洞，缺乏实际具体规定，实际操作性差，而且关于儿童保护所适用的有些法律规定陈旧，不合时宜。这些都为相关部门在处理儿童福利和保护工作中增加了难度，难以有效地维护儿童的权益。

（六）社会力量调动不足

现行的儿童福利和保护强调政府的主导作用，个人、企业、社会团体、慈善机构、宗教组织等社会力量没有被充分调动起来。即便是有社会力量想进入儿童福利和保护领域，也缺乏相应的管理机构来确保服务的合法开展。更重要的原因是相关的基金机构没有做好公开透明的工作，导致社会大众对其缺乏信任，这也制约了民间力量的调动。

（七）家庭监护功能脆弱

在中国的儿童福利体系下，大多采取的措施偏向于问题治理的思维，对于困境儿童的产生源头这部分缺乏保障。家庭监护功能的缺失不能排除监护人的失职，但是也有部分家庭是因为无奈，家长无法承担，最终造成弃婴的悲剧。例如那些脑瘫家庭，真的没有能力负担起脑瘫儿童，并且得不到任何帮助，而家长将孩子偷偷送往福利院的话，孩子也许就能得到很好的照顾和康复。这使得这些家长铤而走险将自己的孩子遗弃给政府，这不仅给政府增加了负担，也让孩子从小与亲人骨肉分离，缺乏关爱。

六、建议

（一）在政策制度上查缺补漏，尽快出台可操作的法规政策

尽快出台和完善有关政策和法规，明确有关部门的职责、细化困境儿童的分类和救助标准。行政法规、部门规章和地方立法需进一步细化，就每类儿童的救助出台相关细则。如针对流浪儿童，需细化到对流浪儿童进站、站内管理、在站（或中心）的期限以及其监护权、

教育、医疗、送返、安置等问题做出规定,这样才便于救助站工作的开展。针对其他部门的立法也应该如此清晰。

(二) 加强队伍的稳定性建设,在政策待遇上给予倾斜

加强专业队伍的稳定性可以从以下方面来努力。

首先是增加一线员工和技术岗位员工的编制,壮大员工队伍。福利院、救助站等部门的人力资源数量同实际工作需求相比相差很大,这不仅造成了员工沉重的工作压力,同时也不利于服务质量的提高。且这些部门性质特殊,社会影响大,稳定的工作人员更有益于实际工作的开展和服务的提供。在工作性质没有优势的情况下,为一线员工提供事业编制不失为当前留住人才的一个适宜的好方法。因此,建议相关部门应积极配合解决增加相关部门一线员工编制的问题。其次是进一步健全职工的薪酬福利体系。薪酬福利是每个员工都关注的问题,也是提升员工满意度、激发其工作热情的关键因素之一。公平性和竞争性是维护员工对薪酬满意度的两大原则。在暂时无法大幅度提升工资总额的条件下,还可以在丰富职工福利上做出改进和新的尝试。如在员工生日、逢年过节时,都给予一定数量的礼品;为优秀的员工提供学习培训和发展的机会,让年轻人看到有向上走的可能性,激发他们的工作热情;给予适当的奖励式的休假;有针对性地增加班车路线,改善职工食堂的伙食;增加文化娱乐设施及文化娱乐活动的趣味性。以上这些做法都是提升职工福利的有效做法,也是提高职工工作热情、团队凝聚力的好方法。最后是动员社会资金用于员工的待遇支付。社会上普遍认同的是资助困境儿童,并没有意识到帮助为困境儿童提供服务的人员提高待遇,也是提高服务质量的一种方式。成都市儿童福利院招收"妈妈"时,就运用阿里巴巴的部分赞助款补贴"妈妈们"的待遇,效果很好。

(三) 提高队伍的专业化

首先要创新人才观念,创新工作方式,把建设困境儿童养护人才队伍作为重要工作来抓。这要求儿童福利机构重视人才所带来的巨大发展动力,将培养人才、适用人才放在重要位置;将困境儿童养护人

员的专业化、思想修养和技能的提升作为重要工作来抓。福利机构要根据自身发展规划及困境儿童养护需要,制定困境儿童养护人才队伍培养规划,建立人才管理的相关规定和措施,有计划、分步骤地推动人才梯队发展,努力培养造就一支结构合理、素质优良、专兼结合、以专为主、爱岗敬业、能力强、能吃苦、能打硬仗、职业化、年轻化、专业化的困境儿童养护人才队伍。

其次是加强教育培训,培养出一批包含教育、医疗、康复、社工等专业的带头人,促进养护人员队伍专业化发展。儿童福利机构应建立困境儿童养护人才培养体系,多途径、多方位培养困境儿童养护所需的各类人才。第一,对于具有一定工作经验及技能,且年轻能干的养护人员,可根据个人发展意向,定向将其培养为困境儿童教育、医疗、康复、社工等方面的专业能手,将其选送到高等院校进行相关技能的培训、进修、函授等,通过以点带面的方式,不断完成困境儿童养护人员职业技能的提升及专业化进程。第二是针对大批一线的养护人员,要充分发挥实践对困境儿童养护人才培养的基础作用,要加强岗位锻炼,坚持在干中学、学中干,对工作过程中遇到的困难和问题及时反馈、讨论;同时采取轮岗交流、主管部门有针对性地办班培训等方式,定时定点进行专门培训。最后是对于新入职养护人员,应积极做好岗前培训,在入职前充分了解困境儿童护理的相关知识及技能,做到来即能干,干则干好。

通过对困境儿童养护人员分门别类,各个层面逐个开展培训、教育,以此来提高整个队伍的作业能力和专业技能,以保证养护人才队伍的更新换代和不断提升。

(四)增加财政支持的同时,整合多方资金,建立资金的长效保障

中央财政、地方财政应加大儿童福利和保护的资金支持力度。在此资金的基础上,各相关部门应充分利用社会资源优势,积极动员和引导社会救助力量参与到儿童福利和保护事业的建设,建立起政府主办、社会参与的儿童福利事业健康发展的长效资金链条。

（五）加强各部门的联动，有效展开救助

儿童福利和保护工作涉及的部门很多，但是功能零散，彼此间工作有重叠又有区分，很难建立成体系的儿童保护机制。因此加强各部门之间的联动显得尤为重要。各部门间需加强沟通，信息共享，更有效地共同完成这项工作，争取将困境儿童全部覆盖到。针对基层对发现、报告、监督有抵触行为的现象，需加强沟通和宣传工作，将工作的重点放在福利和保护的成效上。

（六）鼓励和培育更多的社会组织

行政部门的人员数量有限，在落实困境儿童的福利和保护服务上，必须依靠社会组织的力量来实现。为了保证服务质量，政府应该支持社会组织的建设，帮助他们成长，提供更优质的服务。

（七）加强源头管理，帮助家庭实现监护功能

儿童最适合居住的地方永远是家庭。与其等孩子流出后进行治理，不如在孩子未成为社会福利机构的负担时给家庭多提供帮助。加强对困境儿童所在家庭的救助，为有需求的家庭提供资金的补助、专业的机构服务、适当的心理慰藉和辅导，让有实际困难的家庭能够有条件履行好家庭的监护责任。这不仅是家庭的福音，也是政府积极有力作为的体现。

（八）加大对儿童公共文化娱乐休闲服务设施的投入

每一个儿童都是未来的希望，在现阶段很难建立普惠型儿童福利制度的情况下，可以将眼光转向儿童公共文化娱乐休闲服务设施的投入。为儿童办更多的公立幼儿园、免费的图书馆、安全的游乐场所等，让每一个儿童都能有一个安全而丰富多彩的童年，不因为贫富差距而受到人格的践踏。

第九章 全面深化儿童福利与保护改革的建议

第一节 总体目标、基本思路和步骤

一、总体目标

完善儿童福利和保护政策的总体目标是理顺机制、补好短板、兜住底线、公平高效。李克强总理在政府工作报告中提出，统筹做好保障和改善民生工作，要坚持建机制、补短板、兜底线，保障群众基本生活，不断提高人民生活水平和质量。这也是对完善儿童福利和保护财政政策的目标要求。建机制就是要建立健全儿童福利和保护体系，理顺中央责任和地方责任的关系，理顺政府主导与引导社会力量参与之间的关系，理顺不同儿童福利和保护政策之间的关系。补短板就是重点加强儿童福利和保护薄弱环节的建设，特别是儿童保护和儿童福利递送体系两个短板的建设。兜底线就是确保儿童福利和保护的底线不破，让每个孩子有饭吃、有衣穿、有房住、有学上，生病能得到及时治疗，免受各类虐待和忽视，这是对儿童的底线保障。相对于其他福利项目而言，对儿童福利和保护的底线应该更高一些，因为他们在各类人群中更为弱势，对他们进行投资的长期收益也是最大的。公平是指各类、各地区的儿童都应该得到公平的对待。高效就是要求提高福利和保护的精准性，确保有限的财政资金能够真正用到最需要的儿童身上。

二、基本思路

完善儿童福利和保护政策首先要厘清政府、社会和家庭的责任边界。家庭必须承担儿童养育的基本责任，政府的责任首先在于帮助家庭更好地履行育儿的责任，即发挥支持性作用。但是，儿童不是家庭的私有物品，家长和其他监护人不能对孩子任意对待。孩子是家庭的，也是国家的，更是一个拥有独立权利的个体。所以，当家长和其他监护人监护不当或监护不能时，政府有责任对家庭进行干预，做出替代性的安排。因此，政府至少要在家庭支持、家庭替代和家庭监督三个方面做出制度性安排。但是，政府不可能也不应该承担全部责任。完善儿童福利和保护体系离不开全社会的参与。社会参与的方式包括捐款捐物或者出资兴办儿童福利和保护机构，也包括通过提供直接或间接的服务更好地满足儿童的需要。最重要的是，在相对厘清政府、社会和家庭责任边界的基础上，三方要保持紧密的合作关系。只有这样，才真正符合儿童利益最大化的基本原则。

接下来还要明确各级政府在儿童福利和保护方面的责任划分，建立事权和支出责任相适应的制度。再接下来要加强儿童救助和儿童保护的整合、不同儿童救助项目的整合，努力解决儿童福利和保护制度碎片化的问题。

儿童福利和保护不应仅仅是"授人以鱼"，还要"授人以渔"，即采取发展性的儿童福利和保护政策取向，具体包括两项制度：一是儿童发展账户，二是有条件现金转移支付制度。

综上所述，我们将完善儿童福利和保护财政政策的基本思路概括为以下 20 个字：责任明确、社会参与、优化结构、制度整合、促进发展。

三、步骤

完善儿童福利和保护政策的总体目标不可能一蹴而就，它要受到儿童福利和保护制度整体改革、经济发展、社会发展等多方面因素的制约，上述思路也不可能齐头并进地推开。所以，按阶段区分完善儿童福利和保护政策的重点任务是非常必要的。

在目前阶段，完善儿童福利和保护政策的首要任务是完善儿童医疗福利和儿童保护主责机构建设及保护网络建设。当前，儿童面临的两个突出的威胁是重大疾病得不到必要的治疗和儿童安全问题。解决第一个问题就必须完善儿童医疗福利制度，特别是儿童医疗保险和大病医疗救助制度。解决第二个问题就要完善儿童保护制度，但这是一个复杂长期的过程，当前首要的任务是明确主责机关，建立健全能够深入儿童身边的儿童保护网络体系。

第二阶段的重点任务是在理顺儿童福利政策体系的基础上理顺财政投入体制，在建立健全儿童保护发现报告机制的基础上完善家庭干预体制和儿童安置体制，通过政府购买的方式发挥各类儿童福利和保护机构在家庭干预和儿童安置等方面的作用。

第三阶段的重点任务是普及儿童发展账户和有条件现金转移支付制度，实现儿童福利从制度型向发展型的转变；全面系统地建立儿童保护体系，解决儿童保护安置能力不足和专业保护人力资源不足两个瓶颈问题，解决限制家庭收养、国有和非营利儿童福利机构平等竞争等深层次制度问题。

第二节　目标模式构建

如前所述，近40年来我国经济得到了快速发展，GDP总量已经稳居世界第二。但是，我国仍然是一个发展中国家，仍然处于社会主义初级阶段的基本现实没有改变。儿童福利和保护制度建设必须立足上述国情，兼顾儿童需求和财政承受能力，合理确定儿童福利和保护模式和水平。

在儿童福利的四种模式中，社会保护模式很吸引人，一旦发生儿童被虐待或疑似被虐待的事件，政府"冲入"家庭并将孩子带走，的确很容易获得社会大众的支持。但西方国家发展的经验表明，这种做法存在很大的问题，从长远来看对孩子是不利的。国内很多学者在论及福利国家下的儿童政策时，往往只看到普惠型儿童津贴，但这绝不是福利国家儿童政策的全部。第二次世界大战后,西方国家儿童政策转变的重点是受《儿童权利公约》的影响,从片面强调儿童保护向儿童保护与支持家庭平衡的方向发展,普惠型儿童津贴只是支持家庭,特别是防止母亲因工作原因不能尽心照顾孩子的举措之一。

我国儿童福利传统上属于典型的残补模式。它因为对儿童保护的忽视而广受诟病。在制度转型的时期,我们必须加强儿童保护,但应该避免西方国家所走过的弯路,防止政府的过度介入对家庭造成的破坏和对儿童长久不利的影响。也就是说,我们应该选择更具有"中庸"特点的家庭与父母权利模式。但是,考虑到中国的经济发展水平和新常态的现实,我们需要对这种模式进行适当的改造,降低其过高的福利水平。这与适度普惠的社会保障理念是一致的。但我们所主张的适度普惠并非当前民政部门所主张的分类分层模式,而是统一的福利和保护模式。

一、加强儿童福利制度和儿童保护制度的整合

我们建议我国儿童福利和保护的总体框架如图 9-1 所示。生活在原生家庭中的儿童因贫困、疾病、教育等方面的原因而享受到儿童福利。享受到福利的儿童当中有较少一部分会因遭遇家庭虐待和忽视而被紧急保护和临时安置。儿童福利体系发挥了"防火墙"的作用:福利体系越严密,福利水平越高,福利越是对家庭友好,受到家庭虐待和忽视的儿童比例越低。儿童福利体系和儿童临时安置之间应该是打通的,即在临时安置期间的儿童也可以无障碍地享受必要的福利。经过家庭干预,大部分儿童应该回到原生家庭当中去。但也有少部分儿童会因为经过评估后必须与原父母脱离监护关系,或者原来就没有有效的监护人。在这种情况下,应该优先考虑收养,其次为寄养,最后才是被福利院收留。无论是收养、寄养,还是生活在福利院当中,儿童都应该平等地享有福利的权利,政府应该给予寄养和收养家庭更多的支持,因为他们不仅对儿童成长更有利,还减轻了福利院负担。另外,原生家庭和收养寄养家庭或福利院也应该保持一种"畅通"的关系,生父母对孩子的意义往往是养父母、寄养家长或福利院所无法替代的。

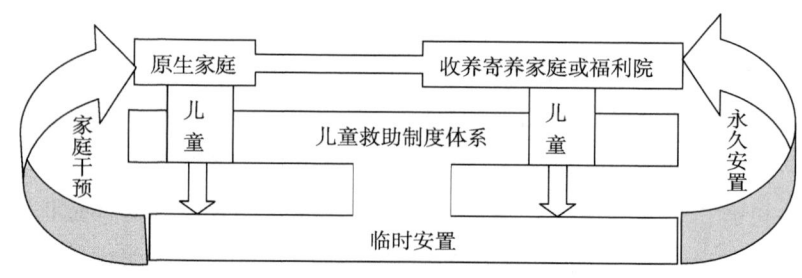

图 9-1 儿童福利和保护的总体框架

二、儿童福利制度内部的整合

我们提出儿童福利政策新框架的基本目标是通过优化整合制度、加强政策衔接，有效解决儿童福利和保护制度碎片化问题，实现不同儿童群体有机会均等地享受福利和保护政策和待遇。基本思路是通过提高儿童低保保障水平，实现低保制度和按人群划分的福利制度的整合，在此基础上统一按困难类型划分福利制度，避免现行福利政策的"单项叠加"，并实现困境儿童的全覆盖。取消专项救助锁定低保对象的限制，减少福利捆绑，针对救助对象医疗、教育、住房、康复等方面的实际需求提供差别化福利。具体思路如下：

（1）大幅度提高儿童城乡居民最低生活保障的保障水平，提高到与孤儿基本生活费相同的水平。孤儿基本生活费是根据儿童基本生活的实际需要测算出来的，具有较强的科学性。既然认定孤儿达到这样的生活水平是合理的，那么，根据公平性原则，其他儿童达到这样的社会水平也是必要的。之所以孤儿领取基本生活费而其他儿童没有领取，是因为我们假定其他儿童在家庭的支持下也可以至少过上这样的生活水平。但现实显然不是。且不说重病重残等特困儿童，即使低保儿童的家庭人均收入水平也要远远低于孤儿基本生活费水平。根据《福利机构儿童养育费用支出参照表（均值）》，这将意味着相当一部分贫困家庭的儿童在饮食、服装、教育、基本医疗等方面的需求得不到满足。所以，我们建议按照孤儿基本生活费提高儿童最低生活保障标准。所有儿童，无论是孤儿、残疾儿童、父母重病重残的儿童，抑或是普通家庭儿童，只要家庭人均收入低于孤儿基本生活费，都按照差额补助的办法给予补齐。

（2）取消孤儿基本生活费制度、农村儿童五保制度和残疾儿童补贴。所有儿童都按照城乡居民最低生活保障的标准享受同一水平的待遇。因为，当城乡居民最低生活保障提高到孤儿基本生活费标准之后，这几项制度单独存在已经不再具有意义。

（3）增设儿童照料津贴或儿童居家照顾服务制度。以下四类儿童可以申请儿童居家照顾服务或申请儿童照料津贴购买家政服务：①父母生病；②父母一方死亡所形成的单亲家庭；③家有特殊儿童（如重病重残），给予父母喘息时间；④父母不善于亲职，而且需要训练（如智障、儿童虐待、酗酒、吸毒等）。

（4）进一步完善儿童医疗福利制度。第一，通过加大财政补助缴费等方式努力实现儿童参加城乡居民医疗保险制度的参保率达到100%。第二，提高城乡居民医疗保险对儿童的报销比例，理由是儿童的患病率要远远低于成人，在相同报销待遇的情况下，他们的均衡净保费要远远低于成人。所以，在统一缴费率的安排下，完全有理由为儿童提供更高的报销比例，并结合儿童特点扩大报销范围。第三，推动城镇职工基本医疗保险，将职工未成年子女医疗费支出纳入报销范围，即在享受居民医疗保险之后剩余的报销范围之内的部分由职工基本医疗保险报销50%。第四，提高大病医疗保险对儿童的报销比例。当前大病医疗保险对所有患者的报销比例是相同的，从儿童优先的角度出发，建议提高对儿童的报销比例，特别是提高对重大疾病的报销比例。最后，由医疗救助兜底。医疗救助与最低生活保障脱钩，根据儿童在享受居民医疗保险、职工医疗保险、大病医疗保险之后实际支出与家庭人均收入的差额决定救助水平。确保在经过医疗救助最后一道防线后，家庭负担在可承受范围之内。

（5）建立并完善儿童康复制度。保留残疾儿童康复津贴，但该津贴应原则上向康复机构支付。加强儿童康复师队伍和康复机构建设，为残疾儿童康复创造更好的条件。

（6）完善儿童教育福利制度。重点是：①制定并细化国家助学金的评定标准和办法,使全国有统一的规则可以遵循;②完善国家助学金的评定程序,按照自下而上的方式评定和申请,取消配额制,为避免地方夸大贫困面,可以由独立的第三方负责评选;③继续加大中央财政促进义务教育均衡发展的投入,鼓励社会力量提供形式多样的教育救助。

(7) 完善儿童住房福利制度。除了以家庭为单位提供廉租房等住房保障外,对无家可归的流浪儿童也应该考虑在社区内为其提供短期庇护或者为长期滞留的儿童以"类家庭"形式提供救助所需的住房。

(8) 完善儿童法律援助和心理服务。加强对儿童的普法教育,加强对困境儿童的法律援助和心理辅导。

(9) 全面实施儿童临时救助制度。开展"救急难"综合试点,建立健全儿童福利递送体系,加强对困境儿童的紧急庇护和援助,明确儿童临时救助的责任,建立健全儿童危险的发现和报告机制,统筹发挥各项救助的综合效应。

三、儿童福利和保护资源统筹

完善儿童福利和保护体系是在一定基础上展开的,它并不意味着将原来的体系完全推倒重来。现在的重点是将现有制度和资源整合起来,而不是重复建设、另起炉灶。

按照"四部委文件",儿童临时安置中心不应成为只是服务于被带离家庭儿童的安置点,更要成为教育辅导中心和家庭支持中心,即成为真正的"儿童之家"。从长远来看,它应该成为独立的非营利机构,为社区提供专门的儿童服务。单纯依靠民政部门的未成年人救助保护中心,力量显然远远不够。所以,应当整合民政部门的未成年人保护中心、教育部门的少年宫以及妇联系统的儿童中心,加大对这些机构日常运营的投入,而不是重建机构。2011年国务院颁布《中国儿童发展纲要(2011—2020年)》提出,至2020年,"90%以上的城乡社区建设一所为儿童及其家庭提供游戏、娱乐、教育、卫生、社会心理支持和转介等服务的儿童之家。"据统计,江苏、浙江、四川三个省的儿童之家数量已有上万个。但很多地区为了完成该纲要的要求投资建成了儿童之家，却没有日常投入。调查发现，有 27 个省份（93.1%）反映没有运行经费是本省儿童之家遇到的困难，有 27 个省份（93.1%）反映一些儿童之家没有专职工作人员，有 14 个省份（48.3%）反映一些儿童之家既无专职人员也无兼职人员。所以，充分利用这些已经建成的机构，将有效地解决儿童短期安置机构和家庭服务机构不足的问题。

当前，一方面儿童福利院的长期安置能力有限，另一方面社会上有强烈的收养儿童的需求。从效率角度来看，政府统筹社会收养和寄养的资源，而不是盲目增扩建儿童福利院，资金使用效率更高，对儿童也更有利。

第三节　社会力量参与

一、加大政府购买服务力度，制定儿童福利和保护政府购买服务办法

政府购买服务，是实现儿童福利和保护事务健康发展的公共财政手段，政府为各类儿童福利和保护机构提供一定的资金和资源，由其提供相应的专业性服务。政府购买服务有利于实现政府职能转变，还有利于培育和发展儿童福利和保护专业社会组织和专业人才队伍，有利于提高社会服务的效率和质量，更好地满足困境儿童的需求。北京市在儿童保护试点过程中购买社会专业服务的实践表明，由社工承办儿童福利和保护事务的优势在于：第一，在儿童保护方面，社工具有更强的专业性。社工开展的危机介入、心理辅导以及个案、小组等专业服务通常都是政府部门所不擅长的。第二，由于专门从事儿童保护工作，所以社工的责任心和事业心通常会更强一些。在丰台，为了一个关于监护权的个案，经过社工的努力，仅范围不等的协调会就召开了 7 次，最后动员全国最高法和最高检都参加了会议，社工为了取证多次跟踪未成年人的母亲发现她带孩子乞讨。第三，社工有着明确的专业价值观指导。助人自助、平等、尊重、增权等都是社工奉行的基

本价值观,这些价值观对于开展儿童保护工作是非常必要的。

但是,政府购买服务不能等同于"甩包袱",政府部门必须发挥好主导作用,承担好政策制定、资金保障、技术支持、监管评估等方面的职责。政府主导的优势在于:第一,相对于社工机构而言,政府掌握更加丰富的资源,这些资源对于儿童保护来说常常是必不可少的。例如,朝阳区试点的将台地区为社工免费提供办公场所设立儿童友善保护中心解决了场地资源,通过联席会议制度解决了行政资源、教育资源和医疗资源,北京市则通过政府购买服务解决了资金资源。这些资源单纯依靠社工机构显然是很难获得的。第二,相对于社工机构,居民对政府的信任度更高。密云家业如心社工事务所则与教育部门合作,由班主任事先跟家长进行沟通,社工入户就很顺利了,家长也更容易相信社工。第三,依靠居委会等基层组织,政府更方便也有更多的力量接触居民和困境儿童。密云通过建立县镇村三级网格化管理将各类困境未成年人全面纳入监督管理。在村居一级,村(居)委会负责几栋楼、几个单元,进行网格划分。这个网格员可能是村代表、保健员、林场的护林员、电工等,此外社区志愿者服务队伍也被纳入进来,从而较好地解决了单纯依靠社工人手不足的问题。

政府购买儿童福利和保护社会服务存在的困难有:第一,承接主体数量非常有限。儿童福利和保护社会组织大多处于起步阶段,在人员的组成方面鱼龙混杂,管理人员素质及水平,乃至办机构的动机都是不一样的,存在很大的差异。大多数社会组织都缺乏儿童福利和保护方面的经验。广大的中西部地区,甚至像山东这样的东部省份,专门从事儿童福利和保护工作的社会组织都寥寥无几。由此造成了"无服务可买"的局面。第二,以购买商品为主的政府购买办法不能适应服务购买。例如儿童福利和保护最复杂的是儿童的个案工作,但这项工作最需要的是社工的热忱、专业技能和时间投入,很少需要实物投入。这就给政府定价带来了很大的困难。第三,购买周期短,不适应儿童福利和保护工作的特点。儿童福利和保护工作需要社会组织对服务的社区有充分了解,儿童安置机构要保证儿童长期稳定地居住。但现在政府购买服务大多一年一次,这意味着社会组织如果第二年不能成功竞标，将会出现新的社会组织进驻社区，儿童被迫转移到新的机构等现象发生，这对儿童福利和保护是非常不利的。第四，绩效考评标准不够细致规范。由于处于起步阶段，各地普遍缺少一套成熟的儿童福利和保护政府购买服务绩效评价指标体系，绩效评价随意性大。

为解决上述问题，我们建议增加政府购买服务的财政预算，规范资金使用的行为，拓宽资源汲取渠道，加大对儿童福利和保护社会组织的培育力度，建立完善的评估机制和行业标准线，大力引进竞争机制，促进机构能力的增强，实现行业的优胜劣汰，提升服务质量。研究起草儿童福利和保护领域政府购买服务办法，调整购买服务周期，制定政府向社会力量购买儿童福利和保护服务目录，研究设计儿童福利和保护领域政府购买服务绩效评价指标体系，加强绩效考评。

通过政府购买服务等形式加大对儿童福利和保护社会组织的培育具有特别重要的意义。从我们调查的试点地区情况来看，社会组织参与力度小主要有两个原因——缺资金、没人才。以河南省洛宁县帮扶留守儿童工作为例，该县还没有社会组织，当地民政局正在积极筹备孵化社会组织，但是遇到的大问题是资金供应不足，没有针对留守儿童保护的专项资金。当地政府积极开展"慈善一日捐"活动，通过企业、员工捐款来筹资，可是这些资金对于筹建社会组织来说无异于杯水车薪。该县遇到的另一个问题是人才太少，具体说来应该是缺少能专门从事留守儿童保护工作的人才，特别是受过专业学科训练的社会工作者。没有相应的工作人员支撑组织运行，即使筹建出来，这些社会组织也会胎死腹中，起不到应有之效。

二、大力推进政府和社会资本的合作，引导社会力量参与儿童福利和保护

财政部联合建行、中行、农行等10家机构，共同发起设立中国政府和社会资本合作（PPP）融资支持基金。基金总规模1800亿元，将作为社会资本方重点支持公共服务领域PPP项目发展，提高项目融资的可获得性。PPP项目主要集中于保障性安居工程和养老等公共服务领域，具备儿童短期安置和儿童发展功能的儿童保护中心以及具备

儿童长期安置功能的儿童福利院都适合采用 PPP 模式融资兴建和运营。儿童福利和保护要抓住国家大力推广 PPP 模式的机会，引入社会力量，解决儿童福利和保护机构建设和运营资金不足的问题。

通过垫付前期开发资金、委托贷款、担保、股权投资等方式，加快 PPP 项目实施进度，提高 PPP 项目可融资性，引导各地项目采用规范的 PPP 模式，更好地吸引社会资本通过 PPP 模式进入儿童福利和保护领域，特别是具备儿童安置功能的儿童保护机构和儿童福利机构建设项目当中来。

在项目设计上，在确保儿童利益不受损害的前提下，谨慎选择社会资本，明确政府和社会资本的利益分享和风险分担办法，在确保政府主导的同时兼顾社会资本的利益诉求和风险防范要求。

三、管办分离、分类改革，实现儿童机构的公平竞争

按照行政事业单位分类改革的要求，明确儿童保护机构和儿童福利机构的属性。对国有儿童机构按照管办分离的原则，财政部门主要抓好国有资产管理，扮演好出资人的角色。政府重点做好立法和监管工作。逐步放宽儿童保护机构和儿童福利机构准入机制，对政府办儿童福利院和符合资质的民办儿童福利院在财政支持方面"一视同仁"，实现各类儿童机构的公平竞争，在竞争中不断提高服务水平和质量。民办福利院之所以频出问题，与管理不善有关，与投入不足的关系同样不可忽视。政府可以通过购买服务的形式购买民办儿童福利院的服务，前提是加强对福利院的监管和资质审查。

四、综合运用税收优惠政策，助力儿童福利和保护

第一，完善我国现行慈善捐赠优惠政策，重点内容包括扩大捐赠方享受优惠的受赠机构体系，将尽可能多的儿童保护机构和儿童福利机构纳入可享有捐赠人优惠的公益组织范围。适当提高企业所得税和个人所得税税前扣除比例，并允许超过扣除部分可以在以后更长年份递延。严格规范和区分营利性和非营利性社会公益机构，并加强接受捐赠儿童保护机构和儿童福利机构资金使用情况的监管。逐步放开向

符合条件的困境儿童和儿童福利和保护机构直接捐赠也可以享受税收优惠的限制,在社会对慈善机构信任不足的情况下鼓励捐赠。

第二,进一步降低登记门槛,实施税收减免优惠,扶持儿童福利和保护社工机构发展。

第三,建立儿童税收优惠制度,对于低收入家庭允许其在应税收入中根据贫困程度和子女健康状况提高税前扣除额。家庭收入越低,允许税前扣除的额度越高;子女重病或残疾,允许税前扣除的额度也高。

第四,建立儿童救助收入扣除制度,即对于有儿童抚养的家庭,在计算该家庭收入水平是否符合低保或其他救助资格时,按低保标准乘以子女人数在家庭收入中先行扣除,然后再计算家庭人均收入。这样有利于将更多的贫困家庭的子女纳入救助范围之中。

第四节 服务能力建设

一、重点加强儿童福利递送体系建设

我国大部分儿童救助政策都由政府机构或准政府机构执行。这样做的问题是:第一,救助对象的需求不能得到及时、准确的反映,救助政策会出现和救助需求之间的脱节。第二,救助方式单一,不能满足困境儿童多样化的需求,不能通过根据儿童的实际情况制定综合方案解决其问题。第三,救助力量有限,救助专业性不够。

基于此,我们建议加强专业的儿童救助队伍建设。在有条件的城市可以在区县一级设立专职儿童福利专员,由儿童福利专员负责购买专业社会工作服务。问题在于当前社会工作专业人才供给严重不足。美国 2004 年在册的 56 万人的社工队伍中,专门从事儿童家庭和学校社会工作的人员共有 27 万人,占总数的 48.6%[1]。而我国,2013 年

---

[1] 陆士桢. 从福利服务视角看我国未成年人保护[J]. 中国青年政治学院学报,2014(1):2-4.

全国未成年人保护中心共有社会工作师 50 人，助理社会工作师 44 人，合计 94 人，占职工总数的 4.7%❶。截至 2014 年年底，全国持证社会工作者共计 16.0 万人，其中：社会工作师 3.9 万人，助理社会工作师 12.0 万人❷。截至 2013 年 8 月，全北京市已在 16 个区县成立 59 家社会工作事务所，有约 400 名专职社工、300 名兼职社工和 8800 名志愿者参与社工事务所工作。但是，即使这样，社工的力量也还是远远不够的。按照全北京市 12 万困境儿童计算，即使全部持证社工都只服务于困境儿童，平均 1 个社工就要服务 7 个孩子。北京市有 300 多个街乡，所有的社工事务所都参与到儿童保护工作中来，平均每个街乡也只能分配到 1 名专职社工。而这意味着社工事务所助老、助残以及服务社区等大量的其他工作都要停下来。社工队伍发展最大的障碍一是待遇水平低，二是缺乏职业发展空间，三是服务经验和服务能力还处于起步阶段。北京尚且如此，中西部地区特别是农村地区，要在短期内发展出一批强大的社工队伍是不可能的。

联合国儿童基金会和民政部"赤脚社工"的试点做法值得借鉴，它有助于真正解决基层"最后一公里"儿童福利服务递送问题。2010 年年初，民政部社会福利和慈善事业促进司携手联合国儿童基金会、北京师范大学中国公益研究院及多所大学和研究机构，在云南、新疆、四川、山西及河南共同启动了为期六年的"中国儿童福利示范项目"，以 5 个省（自治区）的 120 个村社为基地，探索创新儿童福利服务模式，即将儿童福利服务的内容由补救型服务拓宽为包括预防和救助的普惠型服务，将儿童福利的服务对象范围由院内孤残儿童扩展到孤儿和弱势儿童乃至所有儿童，将儿童福利的监测和递送体系延伸到村寨和社区。该项目的一个突出特色是在每个村设立了一名儿童福利主任，这名儿童福利主任可以是专职，也可以是村内原有的妇女干事等兼职，但必须满足一个条件，即儿童福利主任必须是驻扎在村内的，熟悉全村的所有儿童，能随时在儿童身边提供儿童所需要的服务。同时其在村内有一定的

---

❶ 国家统计局. 中国统计年鉴 2014 [M]. 北京：中国统计出版社，2014.
❷ 民政部. 2014 年社会服务发展统计公报 [R]. 北京：民政部，2014.

威望，工作时能够得到村民的支持❶。因为这个福利主任很像我国以前的"赤脚医生"，所以被称为"赤脚社工"。

儿童福利主任能及时发现困境儿童，又熟悉不同国家部门的政策，可以为困境儿童申请救助和提供帮助，如申请低保、办理户口和医保等。组织和开展各种对儿童和家长的培训活动，提高安全意识，减少意外伤害和艾滋病等威胁。根据不同困境儿童的情况，为他们申请各种社会保障，并主动定期上门看望。因地制宜，针对各个村子各自的主要问题，集中解决。例如没户口多的集中解决户口，艾滋病多的集中解决艾滋病检测和治疗。在每个村开办儿童活动室，为孩子们提供安全的场地学习和娱乐，减少困境儿童的自卑和孤立。儿童福利示范项目取得良好成效，仅2013年6月至2014年6月，村儿童福利主任为4084名儿童申请到教育补贴，为685名病残儿童申请到补助或辅助设备，为1680名孤儿申请到孤儿津贴，为2456名特困生申请到最低生活保障❷。2015年，民政部正式启动"百县千村"基层儿童福利服务体系建设试点工作❸。

"赤脚社工"还不是严格意义上的专业社工，但他们土生土长，更容易接近本地儿童，更容易以当地人接受的方法提供服务，有着独特的优势。尽管从长远来看，"赤脚社工"需要有一个经过专门培训向专业社工转化的过程，在城市发展可能会遇到编制、待遇等诸多方面的限制，但它给我们的启示至少有两点：第一，推动儿童福利和儿童保护发展，离不开一支真正能够走进儿童中去的服务队伍的建设。第二，儿童社会工作既要专业化，又要本土化；既要有理论的指导，

---

❶ 黄晓燕，许文青. 区域性贫困地区儿童福利服务的思路与实践［J］. 社会工作，2012（11）：19 – 22.

❷ 联合国儿基会. 关于儿童福利项目的介绍［EB/OL］.（2015 – 12 – 19）［2019 – 10 – 29］. http：//www. unicef. cn/campaign/2015cdasema/index. php？utm _ source = baidu _ DG153&utm_medium = AUM&utm_campaign = % E8% BD% AC% E5% 8C% 96% 5F% E5% 93% 81% E7% 89% 8C _% E8% 81% 94% E5% 90% 88% E5% 9B% BD% E5% 84% BF% E7% AB% A5% E5% 9F% BA% E9% 87% 91% E4% BC% 9A.

❸ 民政部. 民政部召开"百县千村"基层儿童福利服务体系建设试点工作启动视频会［DB/OL］.（2015 – 10 – 08）［2019 – 10 – 30］. http：//www. mca. gov. cn/article/zwgk/mzyw/201510/20151000875857. shtml.

更要切合服务人群的实际需要，解决他们的实际问题。

二、重点加强儿童家庭服务

儿童福利和保护离不开对儿童家庭服务的支持，包括两个方面：经济支持和服务支持。经济支持的重点是完善对儿童的社会救助，特别是为有需要的儿童提供照料津贴或购买居家照料服务。服务支持主要是对困境儿童在心理、亲职教育以及资源链接等方面提供服务。在北京未成年人保护试点过程中，密云家业如心社工事务所就侧重于对困境家庭的支持。他们制定了家庭救助办法，包括心理援助和对困难家庭通过低保和儿童福利政策进行经济救助。社工对确定为重点个案的孩子就都要进到家里去进行生态系统资料的收集、排查等工作，然后着力做好家长的亲职教育。他们认为："大家都在提物质，需要这个需要那个，其实说到底，还是要重视父母的监护、养育、教育的能力，还得落到父母的职责上，父母的监护能力、父母的养育能力、父母的亲职能力。"

第五节　创新福利模式

如前所述，儿童社会政策可以分为残补模式、社会保护模式、家庭与父母权利模式、儿童发展模式。儿童发展模式是20世纪90年代中期之后出现的一种新模式，其理念和基本政策取向对我们完善儿童福利和保护财政政策具有很好的借鉴意义。建议中央财政支持开展相关试点，总结经验后在全国推开。下面重点介绍有条件现金转移支付制度（CCT）和儿童发展账户制度（CDA）。

有条件现金转移支付与传统的社会救助项目不同，贫困家庭要享受现金转移支付待遇必须遵从一系列条件，根据项目设计可以包括保证子女上学、接受医疗保健和其他社会服务等。有条件现金转移支付之所以称之为发展取向的，是因为其条件如教育、营养、医疗保健等对儿童人力资本的形成至关重要，而儿童人力资本的积累对于打破贫穷的代际传递发挥着重要作用。另外，重要的是，现金转移支付设置条件不是以惩罚为目的的,而是为了发现并确认隐藏在家庭不能满足这样的条件背后的原因,进而为这样的家庭提供进一步的服务和帮助。巴西、墨西哥等国家实施有条件现金转移支付的实践还取得了以下成效:实现了分散项目的整合,减少了行政成本,对受益人口的瞄准率大大提高,公共资源得到了更有效的使用,并形成了针对贫困人口的教育、卫生营养的大规模社会发展行动的整合效应。促进社会性支出的再分配,将效果欠佳的不针对具体目标群体的公共开支转为有针对性的现金转移支付,从而有助于稀缺资源用得其所。有条件现金转移支付的效率也很高,巴西的"家庭补助金"项目和墨西哥的"机会"项目分别覆盖了本国 1/4 和 1/5 的家庭,所用资金不到 GDP 的 0.5%,但总体贫困水平减小了约 4%,家庭收入与贫困线之间的差距缩小了 21%。总体来看,有条件现金转移支付项目在人力开发、低成本、灵活性和高人口覆盖率等方面的综合成效意味着其是一种有效且具有财政可持续性的长期减贫方法。亚洲开发银行认为在中国开展有条件现金转移支付显得正当其时,并提出了逐步实施与确定目标群体、确定转移支付额度、监测与评估以及建立机构框架、加强社会保障的全民覆盖等具体建议❶。

儿童发展账户是一种专门为儿童的长期发展而设立的储蓄或者投资账户。儿童发展账户具有多种用途,例如,账户内的资产可以用来支付大学费用、创业或者购买房产。这些用途都符合长期发展需求,因为它们可以形成人力或者其他资本,长存于个体生命发展的过程中并对个体的发展做出贡献。儿童发展账户通常具有如下一些特点来鼓励家庭为儿童的长期发展积累金融资产:例如,政府或其他机构可以对家庭存入儿童账户的资金进行配对,儿童发展账户不鼓励或者限制家庭把账户内的资金用于日常消费和开支。

指导儿童发展账户的理念是由美国谢若登教授所提出来的"资产

---

❶ 亚洲开发银行. 在中国开展有条件现金转移支付项目的理据[EB/OL]. (2013-04-18)[2019-11-02]. http://www.mof.gov.cn/mofhome/guojisi/pindaoliebiao/diaochayanjiu/201304/t20130418_830099.html.

建设"。资产建设理论认为，在后工业社会，社会政策需要从传统的维持收入和满足即时福利需求转向促进积极的社会参与和整合，社会福利项目应当是包容性的和进步性的，同时具备社会保护和社会发展的功能。与收入和消费为基础的政策不同，资产为本的社会政策强调资产拥有以及资产积累行为所带来的积极社会福利效应。资产建设可以缓冲收入波动的风险，促进形成个体和家庭的未来取向，打破贫困的代际循环，实现长期的社会保障和发展。

在亚洲，新加坡、韩国以及我国香港和台湾地区都有鼓励儿童通过儿童发展账户储蓄的政策。以新加坡为例，新加坡拥有全球最全面的以终身性的资产为本的社会政策，包括婴儿奖励计划、教育储蓄方案和高等教育账户。婴儿奖励计划以 0～6 岁的儿童为对象，旨在提高儿童出生率和支持夫妻双方成功抚养孩子。该计划包括两个部分：一部分是政府为新生儿发放的奖励金，这笔资金在新生儿出生后就自动存到了政府为每个儿童建立的儿童发展账户之中；二是家庭为儿童发展账户存款，政府提供 1∶1 的配款。存在儿童发展账户中的资金可以用于儿童看护、早期儿童教育、特殊教育和儿童健康护理。儿童开始小学教育后，账户中剩余的资金自动转入每个儿童的教育储蓄账户。教育储蓄账户是由政府为每个 6～16 岁儿童开设的专门账户，政府每年为小学生和中学生赠发 200 新加坡元和 240 新加坡元。教育储蓄账户中的资金主要用于儿童教育，并在儿童满 16 周岁或高中毕业后将剩余资金转入高等教育账户。

儿童发展账户首要的意义在于它是发展性的，它将政策目标从满足儿童即时的需要转向更长远的发展，通过儿童入学之后的开户储蓄，以及儿童每年都能获得的存款匹配，把孩子留在学校，通过储蓄为儿童入学、上大学等这些重要的教育投资行为做好长远的谋划。儿童发展账户还有其他一些意义，包括提高贫困儿童的自信心，帮助他们摆脱社会依赖的习惯等。这一点通过在儿童福利院的孤儿以及流浪儿童身上的实验得到了证实。儿童发展账户还有利于儿童学习金融知识，掌握理财技巧，量身制订金融计划。他们成人后所拥有的资源让他们有更多的发展机会。

参考文献

[1] 北京师范大学儿童福利研究中心. 澳大利亚的儿童福利制度 [J]. 社会福利, 2011 (3): 41-50.

[2] 财政部,教育部. 关于印发《进城务工农民工随迁子女接受义务教育中央财政奖励实施暂行办法》的通知 [EB/OL]. (2011-08-22) [2019-10-27]. http://jkw.mof.gov.cn/czzxzyzf/201108/t20110822_588203.html.

[3] 陈荞京. 北京试点困境儿童分类救助扩大救助范围 [N/OL]. 京华时报. http://news.sina.com.cn/c/2014-05-31/015930267510.shtml.

[4] 陈云凡. 儿童防虐体系比较: 社会政策视角 [J]. 中国青年研究, 2011 (9): 43-45, 52.

[5] 陈晓丽. 我国儿童福利发展现状 [J]. 中国民政, 2011 (8): 21-23.

[6] 程福财. 家庭、国家与儿童福利供给 [J]. 青年研究, 2012 (1): 50-56, 95.

[7] 程福财. 中国儿童保护制度建设论纲 [J]. 当代青年研究, 2014 (5): 65-70.

[8] 程静. 流动人口子女教育的问题与对策 [N]. 光明日报, 2014-2-22 (7).

[9] 崔洁. 北京市城市贫困家庭义务教育救助政策实施情况调查: 仅以北京市朝阳区为例 [J]. 劳动保障世界, 2011 (12): 4-9.

[10] 儿童福利机构建设蓝天计划 [EB/OL]. (2013-01-04) [2019-11-05]. http://www.mca.gov.cn/article/zwgk/mzbhshzzxm/201301/20130100405371.shtml.

[11] 顾敏. 政府当爸妈 困境儿童有靠山 [EB/OL]. (2015-02-05) [2019-11-10]. http://news.ifeng.com/a/20150205/43104359_0.shtml.

[12] 桂杰, 王亦君. 儿童大病救助联盟成立医疗救助对大病儿童力度有限 [EB/OL]. (2015-09-23) [2019-10-25]. http://article.cyol.com/m/

content/2015-09/23/content_11649195.htm.

[13] 郭静晃. 儿童少年福利与服务 [M]. 台北: 扬智文化事业股份有限公司, 2004.

[14] 郭文邺, 王茂林. 我国流浪儿童的现状研究 [C] // 救助流浪儿童国际学术研讨会论文集. 石家庄: 河北教育出版社, 2003.

[15] 国家统计局. 中国统计年鉴2014 [M]. 北京: 中国统计出版社, 2014.

[16] 国家统计局. 中国统计年鉴2015 [M]. 北京: 中国统计出版社, 2015.

[17] 国家统计局. 波澜壮阔四十载 民族复兴展新篇: 改革开放40年经济社会发展成就系列报告之一 [EB/OL]. (2018-08-27) [2019-10-15]. http://www.stats.gov.cn/ztjc/ztfx/ggkf40n/201808/t20180827_1619235.html.

[18] 国家统计局. 中国统计年鉴2019 [M]. 北京: 中国统计出版社, 2019.

[19] 国家卫生与计划生育委员会. 中国家庭发展报告2014 [M]. 北京: 中国人口出版社, 2014.

[20] 国家卫生与计划生育委员会. 中国家庭发展报告2015 [EB/OL]. (2015-05-14) [2019-10-15]. http://jtjy.china.com.cn/2015-05/14/content_7906488.htm.

[21] 韩晶晶. 儿童福利制度比较研究 [M]. 北京: 法律出版社, 2012.

[22] 韩克庆, 付媛媛. 儿童收养困局怎样打破 [J]. 决策, 2013 (2): 78-79.

[23] 韩丽. 全纳教育: 实现残疾儿童教育公平路径选择 [G] // 中国残疾人联合会. 中国残疾儿童现状与需求调查研究. 北京: 华夏出版社, 2011.

[24] 韩鹏云. 我国农村五保供养的制度变迁与路径选择 [J]. 安徽师范大学学报 (人文社会科学版), 2015 (3): 310-315.

[25] 侯雪竹. 专家: 政府应推动儿童大病医保全覆盖 [N]. 京华时报, 2013-7-22 (C02).

[26] 黄晓燕, 许文青. 区域性贫困地区儿童福利服务的思路与实践 [J]. 社会工作, 2012 (11): 19-22.

[27] 姬薇. 儿童大病医疗面临三大挑战 [N]. 工人日报, 2014-7-27 (3).

[28] 教育部. 和孩子们一起茁壮成长: 营养改善计划四年盘点 [DB/OL]. (2015-05-20) [2019-10-19]. http://www.gov.cn/xinwen/2015-05/20/content_2865250.htm.

[29] 金乐, 付卫东. 流动儿童教育财政的困境与出路 [J]. 华中师范大学学报 (人文社会科学版), 2010 (3): 156-160.

[30] 李春玲,王大鸣.中国处境困难儿童状况分析报告(一)[J].青年研究,1998(5):6.

[31] 李国正."十二五"农民工就业状况及收入增长的影响因素分析:以北京、石家庄、沈阳、无锡和东莞为例[J].理论与改革,2015(5):83-86.

[32] 李勇,徐通刚.浅谈财政拨款方式的现状、缺陷及改革思路[J].经济师,2000(12):99-100.

[33] 李振刚,尚晓媛,张丽娟.预算标准法与儿童抚养成本研究:以夏县农村儿抚养成本为例[J].青年研究,2011(6):11-24,92.

[34] 联合国儿基会.关于儿童福利项目的介绍[EB/OL].(2015-12-19)[2019-10-29].http://www.unicef.cn/campaign/2015cdasema/index.php?utm_source=baidu_DG153&utm_medium=AUM&utm_campaign=%E8%BD%AC%E5%8C%96%5F%E5%94%AE%E5%90%8E_%E8%81%94%E5%90%88%E5%9B%BD%E5%84%BF%E5%9F%BA%E4%BC%9A.

[35] 刘昌.2013中国学生资助发展报告:财政拨款共805.43亿元[DB/OL].(2014-08-26)[2019-10-20].http://edu.china.com.cn/2014-08/26/content_33343435.htm.

[36] 刘继同.中国儿童福利时代的战略构想[J].学海,2012(2):50-58.

[37] 刘文,邹丽娜.124例儿童虐待案分析[J].中国心理卫生杂志,2006(12):836.

[38] 刘文,邹丽娜,姜波.中日儿童虐待状况的分析与比较[J].中国特殊教育,2009(9):87-91.

[39] 刘文,刘娟,张文心.我国儿童保护的现状及影响因素[J].辽宁师范大学学报(社会科学版),2013(7):520-524.

[40] 刘养卉.农村最低生活保障制度存在问题及对策:基于甘肃省的调查分析[J].西北农林科技大学学报(社会科学版),2014(2):32-37.

[41] 卢珊,王小春.中国儿童收养问题的思考[J].社会福利(理论版),2014(8):36-38.

[42] 陆士桢.从福利服务视角看我国未成年人保护[J].中国青年政治学院学报,2014(1):2-4.

[43] 吕巍.民进中央呼吁让家庭收养成为孤儿救助重要渠道[DB/OL].(2015-04-26)[2019-11-01].http://www.rmzxb.com.cn/zt/2015

qglh/lhyw/456063. shtml.

［44］民政部. 民政部召开"百县千村"基层儿童福利服务体系建设试点工作启动视频会［DB/OL］.（2015 – 10 – 08）［2019 – 10 – 30］. http：//www. mca. gov. cn/article/zwgk/mzyw/201510/20151000875857. shtml.

［45］民政部. 2014 年社会服务发展统计公报［R］. 北京：民政部，2014.

［46］民政部. 2018 年民政事业发展统计公报［R］. 北京：民政部，2018.

［47］民政部政策法规司.《家庭寄养管理办法》条文简要说明［J］. 中国民政，2014（11）：36 – 41.

［48］潘琼琼. 论儿童家庭暴力的法律规制［J］. 法治与社会，2014（9）：76 – 77.

［49］皮艺军."虐童"浅析［J］. 青少年犯罪问题，2013（1）：13 – 19.

［50］乔东平，谢倩雯. 西方儿童福利理念和政策演变及对中国的启示［J］. 东岳论丛，2014（11）：116 – 122.

［51］乔晓春. 从"单独二孩"政策执行效果看未来生育政策的选择［J］. 中国人口科学，2015（2）：26 – 33，126.

［52］仇雨临，郝佳. 中国儿童福利的现状分析与对策研究［J］. 中国青年研究，2009（2）：26 – 30，46.

［53］全国城镇居民医保实际报销比例仅 52.28%［EB/OL］.（2014 – 09 – 22）［2019 – 10 – 26］. http：//www. chinairn. com/news/20140912/100248521. shtml.

［54］全国政协委员"把脉"农民工子女上学问题［EB/OL］.（2011 – 08 – 22）［2019 – 10 – 27］. http：//www. edu. cn/jiaodian_7820/20090311/t20090311_364795. shtml.

［55］冉崇谦，等. 达州市流浪儿童救助保护工作调查［J］. 社会福利，2002（12）：29 – 31.

［56］人力资源和社会保障部：2014 年度人力资源和社会保障事业发展统计公报［EB/OL］.（2015 – 05 – 28）［2019 – 10 – 27］. http：//www. mohrss. gov. cn/SYrlzyhshbzb/dongtaixinwen/buneiyaowen/201505/t20150528_162040. htm.

［57］阮雅婕，等. 基于系统动力学的"单独二孩"政策仿真研究［J］. 人口学刊，2015（5）：5 – 17.

［58］尚晓媛. 儿童保护制度的基本要素［J］. 儿童福利，2014（8）：2 – 5.

［59］尚晓媛，王小林. 中国儿童福利前沿（2013）［M］. 北京：社会科学文献

［60］尚晓援,张雅桦.建立有效的中国儿童保护制度［M］.北京:社会科学文献出版社,2011.

［61］沈寅飞."民间儿童救助组织:不敢说的'收养'".http://www.fyfzw.cn/a/zazhituijian/fy/2015/0303/86147.html.

［62］"深圳基本杜绝民间收养 近千人排队领养孩子".http://gd.qq.com/a/20130109/000012.htm.

［63］盛梦露.报告显示农村户籍儿童大病医保不足［EB/OL］.(2014-07-23)［2019-10-26］.http://china.caixin.com/2014-07-23/100707892.html.

［64］史李娟."十一五"以来我国农村五保供养制度现状分析［J］.南方论刊,2015(6):39,64.

［65］史威琳.城市低保家庭儿童社会保护制度分析［J］.北京社会科学,2011(1):14-18.

［66］唐钧.儿童福利:中国社会公共服务的盲点［J］.学习月刊,2013(2):39-40.

［67］王晨,门开阔.谁来拯救大病患儿［N］.中国青年报,2015-4-14(5).

［68］王晨,门开阔.专家:大病患儿基本医保实际报销比例不到45%［N］.中国青年报,2015-4-14(5).

［69］王婷婷,尚晓媛,虞婕等.发达地区儿童福利的制度设计:北京市的个案研究［G］//尚晓媛,王小林.中国儿童福利前沿(2013).北京:中国社会科学出版社,2013.

［70］王久安,张世峰,张齐安.关于流浪儿童救助保护情况的调查报告［J］.民政论坛,1999(4):7-10.

［71］王贤斌.新时期我国农村教育救助面临的困境与对策［J］.教育理论与实践,2014(28):32-35.

［72］王雪梅.儿童福利论［M］.北京:中国社会科学出版社,2014.

［73］王永红,陈晶琦.1762名大专学生童年期虐待经历及影响因素分析［J］.现代预防医学,2012(39):4654-4656.

［74］王振耀.重建现代儿童福利制度:中国儿童福利政策报告2014［M］.北京:社会科学文献出版社,2015.

［75］魏后凯,邬晓霞.中国的贫困问题与国家反贫困政策［N］.中国经济时

报，2007-5-31（A01）．

[76] 吴鲁平，韩小雷．孤残儿童家庭寄养政策研究［J］．中国青年研究，2006（1）：30-35．

[77] 许育点，陈碧玉．国家公权力介入家庭后的冲突关系：以儿少保护为核心［J］．东海大学法学研究，2014，42（4）：1-15．

[78] 薛在兴．流浪儿童问题研究述评［J］．中国青年政治学院学报，2009（6）：17-22．

[79] 薛在兴．美国儿童福利政策的最新变革与评价［J］．中国青年研究，2009（2）：16-21．

[80] 薛在兴．孤残儿童生活费标准测算之恩格尔系数法［J］．社会福利，2008（1）：38-40．

[81] 薛在兴．孤残儿童生活费标准测算办法研究［J］．中国社会导刊，2007（8下）：18-19．

[82] 薛在兴．流浪儿童救助机构内社工介入的反思［J］．中国社会导刊，2007（12下）：23-25．

[83] 薛在兴．流浪儿童教育之行动研究［J］．中国青年政治学院学报，2006（6）：17-20．

[84] 薛在兴．流浪儿童机构救助的困难、困惑与思考［J］．中国青年研究，2006（5）：5-9．

[85] 薛在兴．流浪儿童救助保护中的教育模式研究［J］．中国青年政治学院学报，2005（6）：33-38．

[86] 薛在兴．社会排斥理论与城市流浪儿童问题研究［J］．青年研究，2005（10）：1-7，13．

[87] 亚洲开发银行．在中国开展有条件现金转移支付项目的理据［EB/OL］．（2013-04-18）［2019-11-02］．http：//www.mof.gov.cn/mofhome/guojisi/pindaoliebiao/diaochayanjiu/201304/t20130418_830099.html．

[88] 姚建龙．防治儿童虐待的立法不足与完善［J］．中国青年政治学院学报，2014（1）：10-12．

[89] 杨亮．2014年中央1600亿元投向义务教育均衡发展［N］．光明日报，2015-2-10（08）．

[90] 易谨．系统视域下儿童保护初步研究［J］．中国青年社会科学，2015（1）：100-104．

[91] 英国救助儿童会．儿童保护之机构政策：保护儿童、防止虐待［C］．英国救助儿童会出版资料，2003．

[92] 曾凡林，昝飞．家庭寄养和孤残儿童社会适应能力发展［J］．心理科学，2001（5）：580-582，639．

[93] 詹红，雷平华，罗月华．福利院3种养育模式对孤残儿童身心发育影响调查分析［J］．江西医药，2010（7）：681-683．

[94] 张希敏．中国共救助城市生活无着流浪人员六十七万多人［EB/OL］．(2004-12-22)［2019-10-29］．http://www.chinanews.com.cn/news/2004/2004-12-22/26/519779.shtml．

[95] 赵川芳．我国儿童保护立法政策综述［J］．当代青年研究，2014（9）：71-78．

[96] 张娇东．留守儿童保护中的监护制度缺位与重构［J］．重庆科技学院学报（社会科学版），2012（3）：56-58．

[97] 张丽芬．论残疾儿童的社会福利［J］．商业文化（学术版），2007（5）：223-224．

[98] 张润君，刘红旭．甘肃农村低保中存在的问题及其路径选择［J］．湖南农业大学学报（社会科学版），2007（6）：49-53．

[99] 张世峰．探索建立"监测预防、发现报告、帮扶干预"联动反应机制［J］．中国妇运，2015（6）：10-12．

[100] 张向葵，蔡迎春．走向行动定向的儿童研究：国外儿童福利政策研究及启示［J］．东北师大学报，2005（4）：131-134．

[101] 中国残疾人联合会．中国残疾儿童现状与需求调查研究［M］．北京：华夏出版社，2011．

[102] 中国残联等．2013年度中国残疾人状况及小康进程监测报告［EB/OL］．(2014-08-12)［2019-10-18］．http://www.cdpf.org.cn/sjzx/jcbg/201408/t20140812_411000.shtml．

[103] 中国儿童受虐比例达七成，受害者易变身施暴者［DB/OL］．(2015-05-28)［2019-11-02］．http://data.163.com/14/0528/05/9TAERD2B00014MTN.html．

[104] 周成超，等．威海市居民儿童虐待态度及其影响因素分析［J］．中国儿童保健杂志，2006（3）：276-278．

[105] 祝玉红．聆听与尊重：儿童权利视角下对儿童虐待经验的探索性研究

[J]. 实证调研,2013（4）:50-55.

[106] 邹明明. 英国的儿童福利制度[J]. 社会福利,2009（11）:56-57.

[107] 邹明明. 瑞典的儿童福利制度[J]. 社会福利,2009（12）:58-59.

[108] 邹明明,赵屹. 美国的儿童福利制度[J]. 社会福利,2009（10）:58-59.

[109] OECD. Doing Better for Families [DB/OL]. （2015-02-09）[2019-11-15］. http://www.oecd.org/els/family/doingbetterforfamilies.htm.

[110] Zaixing Xue. Urban street children in China: a social exclusion perspective [J]. International Social Work,52（3）:401-408.